本书受教育部人文社会科学一般项目（青年基金项目）"动态系统理论视域下二语词汇错误母语影响研究"（18YJC740144）、青岛大学规划教材建设项目（JC2022027）资助，特此致谢！

外语写作中的
词汇偏误与准确性

（西）玛丽亚·皮拉尔·阿古斯丁·利亚奇　著

张连跃　译

中国海洋大学出版社

· 青岛 ·

图书在版编目（CIP）数据

外语写作中的词汇偏误与准确性／（西）玛丽亚·皮拉尔·阿古斯丁·利亚奇著;张连跃译 . -- 青岛:中国海洋大学出版社,2025.3. -- ISBN 978-7-5670-4090-8

Ⅰ. H31

中国国家版本馆 CIP 数据核字第 2025488WZ2 号

图字-15-2025-25

出版发行	中国海洋大学出版社		
社　　址	青岛市香港东路 23 号	邮政编码	266071
出 版 人	刘文菁		
网　　址	http://pub.ouc.edu.cn		
订购电话	0532－82032573（传真）		
责任编辑	邵成军	电　　话	0532－85902533
印　　制	日照日报印务中心		
版　　次	2025 年 3 月第 1 版		
印　　次	2025 年 3 月第 1 次印刷		
成品尺寸	170 mm ×230 mm		
印　　张	15.75		
字　　数	259 千		
印　　数	1—1 000		
定　　价	79.00 元		

丛书主编:爱尔兰都柏林三一学院戴维·辛格尔顿教授

本丛书汇集了涉及一种或多种非母语语言的情况下语言习得和处理的书籍。因此,"第二语言"应理解为其最宽泛的含义。丛书中的各卷以不同的方式,一方面阐述和讨论了实证研究成果,另一方面提供了一定程度的理论反思。在后一种情况下,丛书并未抱持任何特定的理论立场,也不排斥任何相关的视角——社会语言学、心理语言学、神经语言学,等等。本丛书的读者群包括从事二语习得项目的大四本科生、参与二语习得研究的研究生,以及对二语习得内容感兴趣的一般研究人员和教师。

· 致 谢 ·

在撰写本书的过程中,许多人作出了宝贵的贡献。首先,我要感谢戴维·辛格尔顿(David Singleton)教授对本书的最初提议给予的帮助并分享其深刻见解,以及他对这项研究的浓厚兴趣。倘若没有他的支持,这本书是不可能完成的。我还要感谢"多语言问题(Multilingual Matters)"的编辑人员,尤其要感谢安娜·罗德里克(Anna Roderick),感谢她善意的邮件和随时提供的帮助。

我非常感谢戴安娜·卡特(Diana Carter)博士对本书早期版本在语言方面提供的帮助,尤其要感谢阿曼达·麦考伦·莫里斯(Amanda McCaughren Morris)校对手稿,还有她在语言问题上提供的意见、建议和帮助。我还非常感谢数学家、拉里奥哈大学讲师蒙特塞拉特·圣马丁·佩雷斯(Montserrat San Martin Pérez),感谢她在统计学方面给予的支持和建议。

衷心感谢书稿的审稿人,他们为我提供了非常有趣、透彻和睿智的意见和建议,在很大程度上提高了本书的质量。

我尤其要衷心感谢弗朗西斯科·何塞·鲁伊斯·德·门多萨·伊巴涅斯(Francisco José Ruiz de Mendoza Ibañez)教授的慷慨帮助、支持和善待。

在机构层面,我要感谢拉里奥哈自治区和拉里奥哈大学通过 GLAUR 小组(glaur. unirioja. es)提供的资金和机构支持。我要感谢拉里奥哈大学现代语言系及其学术和行政人员的帮助和支持。我还要感谢教育和科学部通过研究项目提供的资助(资助编号:BFF2003-04009-C02-02 和 HUM2006-09775-C02-02)。

最后，我衷心感谢罗莎·玛丽亚·希门尼斯·卡塔兰(Rosa María Jiménez Catalán)博士，在我的学术生涯中，她一如既往地给予我慷慨的帮助，并始终给予我敏锐而慷慨的指导。

我已竭尽全力地追溯和确认所有资料的来源，但我对或许无意中遗漏的资料来源表示歉意。我也知道，尽管有上述人员和机构提供帮助，这部著作仍远非尽善尽美。所有讹误，责任均在笔者本人。

· 缩略语一览表 ·

CPH	关键期假说
EA	偏误分析
EAP	学术英语
EFL	英语作为外语
ESL	英语作为第二语言
FL	外语
IL	中介语
L1	第一语言
L2	第二语言/外语/目标语言
NL	母语
SLA	二语习得
T1	四年级的第一场测试
T2	六年级的第二场测试
TL	目标语言

目录
CONTENTS

引 言

概 述

在过去几十年里,对于词汇和词汇相关问题的研究,有了显著的增长[①]。词汇是语言发展的核心,这一认识促进了词汇领域研究的增加。其中有几个方面的原因(James,1998:143-144)。首先,如今看来,语法和词汇之间的界限比我们设想的还要模糊。词汇与其他语言系统密不可分。从语音学、句法学、形态学、语义学和语用学等不同角度对语言进行的研究,都将词汇作为其核心和定义要素(参见 Singleton,2000:第 1 章)。其次,学习者认为,词汇是语言中最为重要的方面,因此,把语言的学习等同于词汇的学习。在这层意义上,我们同意 Singleton(2000:12)的观点:"语言通常由词语组成。"此外,词汇偏误也广泛见于许多不同的研究。因而,它们也被认为是偏误中最为严重的一类。最后,我们必须强调词汇的功能,它是交际、语言评估尤其是写作评估的一个重要方面。只要掌握了词汇知识,即使没有语法知识,也可以进行交流。因此,词汇对语言教学和学习具有重要意义。

近年来,词汇偏误也被二语习得和教学领域的研究者所关注。但总的来说,以词汇偏误作为核心问题的研究,不如对一般词汇问题的研究来得丰富。对小学生的研究尤其不足。从词汇偏误的角度考察词汇发展的历时研究,几乎也不存在。而且,大多数有关词汇偏误的研究,主要侧重对这些词汇偏误进行描述和分类,而在该领域需要开展的研究,是探索词汇偏误在写作评估、词

[①]　本研究是以下研究项目的一部分:FFI2010-19334、BFF2003-04009-C02-02 和 HUM2006-09775-C02-02。——作者原注

汇知识和二语词汇习得中的作用。

在多数教学情境下，经常出现的偏误被视为学习或教学过程中的失败。不过，关注偏误，可以就二语习得过程得出富有说服力和信息量的见解。弄清词汇偏误的内容、原因和时间，对确定如何改正这些偏误，以及怎样实现成功的学习大有裨益(Ellis, 1997b: 15)。具体来说，词汇偏误可以用来体现二语写作能力和词汇知识。由于需要确立客观和可靠的办法和标准来评定学习者的二语写作能力，因此需要对词汇偏误在该问题中的作用加以考察。

对词条不认识或认识不足，就会导致偏误。"偏误"这一概念已从负面看法转为正面，被视为二语习得过程中无可避免的现象。它帮助我们了解语言习得是如何进行的，在哪些地方进展不顺利，经历了哪些阶段，哪些过程不够扎实，尤其是学习者正处于哪个习得阶段。偏误可以指出方法上可能存在的种种不足，以及任何存在问题的学习领域。因此，在做教学设计之前，应当先进行偏误分析。此外，正如一语偏误能表明一语词库的性质，词汇偏误能揭示出二语词库的结构(Laufer, 1991a: 321)。最后，学习者可以从他们的错误中汲取经验，通过偏误找出他们存在问题的二语领域，进而多加练习。

有足够的证据表明，词汇偏误是写作质量的重要预测因素，是词汇知识的相关衡量标准，也是了解词汇习得过程的重要依据。对任何语言使用者，尤其是非母语学习者来说，写作都是很难的技能；因此，词汇偏误层出不穷。对学习者的写作过程和写作成果进行评估，是一项艰巨的任务，需要客观的写作质量衡量标准，来促进和加快写作评估。事实证明，词汇量是确定写作质量的关键。同样，词汇偏误也被证实是重要的写作评估标准和质量预测因素。语际表现的质量一般根据交际性来进行判定，故如果一个语篇能很好地交流，其质量就会得到积极的评价。有鉴于此，一篇文章中出现的词汇偏误越多，其交际性就越低，质量也就越差(Engber, 1995)。

因此，本书主要关注从四年级到六年级的两年时间里，低龄西班牙学习者的词汇偏误产生情况，旨在通过考察词汇偏误，探索被试的写作和词汇知识的发展。通过研究对词汇偏误发生机制的解释，我们能够逐步发现那些在词汇习得中被激活的过程。

考虑到分析的方法和该研究的对象类型，本书所展现的研究属于偏误分析和二语词汇习得领域。本研究的主要价值在于，关注词汇偏误和作文成绩之间的关联关系,以期为评估提供客观的标准和关于教学重点的线索。对学习者来说,这些研究结果也很重要,因为他们可以从中了解到在写作时应该注意什么。

本研究方法的新意在于,它从词汇偏误入手研究词汇习得。此外,本研究还具有独创性和新颖性。虽然它处于传统的偏误分析方法的框架之下,但其角度是新的。本研究以偏误分析和词汇偏误为工具,评估、评价和测量其他语言建构,如写作能力和所接受的词汇知识。

本书分为两大部分。第 1 部分为第 2 部分提供了理论背景,第 2 部分是一项原创性的实证研究。第 1 章探讨了二语词汇习得的过程,第 2 章考察了一些影响词汇(偏误)产生的变量,主要集中在水平和词汇量上。第 3 章研究了写作评估与词汇量之间的关系。第 4 章对以往有关词汇偏误的研究进行了批判性的回顾。本书第 2 部分展示了一项原创性的研究实例,将词汇偏误、写作评估和接受的词汇知识联系起来。各个章节专门解释了研究方法、随着时间的推移词汇偏误产生的变化、词汇偏误在写作质量中的作用及其与接受的词汇量的关系。最后,本书讨论了对实践的影响、局限性和进一步研究的建议。

第 1 部分
词汇能力和词汇偏误

第1章

第二语言中的词汇习得

　　词汇在总体语言习得和交际(第一语言和第二语言[1])中的重要性是不容置疑的(Clark, 1993; Dagut, 1977; Harley, 1995; Laufer, 1990b; Singleton, 1999, 2000; Smith 和 Locke, 1988; Yoshida, 1978)。学习二语词汇的过程始于接触二语,一直持续到掌握了二语的其他方面。正如 Schmitt(1998:281)所指出的,尽管这是一个核心的、持续性的现象,但二语词汇习得过程的许多方面仍然是神秘的:"词汇习得机制是二语习得中最引人入胜的谜题之一。"本章将探讨二语词汇学习,尤其关注低龄学习者的词汇习得。本章还论述了一语和二语词汇发展过程的差异,以及一语词汇和二语词汇之间的关系。

　　关于一语和二语的词汇发展,已有大量的研究,[2]但缺乏一个包罗万象的心理语言学框架来解释这些研究。因此,该领域的研究支离破碎,这些研究如下:词汇量的大小,词汇知识的不同维度,词汇知识、接受和理解方面的被动/主动区别,词汇教学和词汇学习策略等。Channell 早在 1988 年就注意到了这个问题:

> 　　现在有很多二语词汇习得的理论,它们涉及教学技巧的诸多方面(而且仍在持续增长),多数教师(和学习者)对词汇发展重要性的重视也大大提高。但与此同时,人们对二语词汇习得和词汇使用的心理方面,了解依然十分有限。(Channell, 1988:83)

Hudson(1990)也发现了这一普遍存在的不足。

> 　　据我所知,这个领域还没有关于词义是如何习得的系统模型。研究这一课题的多数作者,都假设二语词汇发展与一语词汇发展的

方式相同,但都没有正式说明词义发展方式是什么样的。(Hudson,1990:222)

尽管对二语词汇学习的研究已经有了显著的增加,但上述情况近十年来仍然没有改观。对二语词汇学习最常见的解释,是将第一语言的研究成果扩展到另一种语言的词汇学习上,其根据是二语词汇的运作方式类似于一语词汇,一语和二语的词汇习得和处理,至少遵循着可以比较的方式。因此,有关一语词汇加工的研究结果,也被视为与二语有关(Singleton,1999:第3章;Stoller 和 Grabe,1995)。不过,在开始学习二语时,二语学习者已经开始形成他们的一语词汇,这一事实可能意味着一语和二语词汇发展之间存在着差别(Singleton,1999:第2章)。我们将在后续章节进一步探讨这个问题。我们先来看一下那些试图解释词汇习得的不同理论。

·二语词汇习得理论·

关于二语词汇习得的本质,有很多不同的观点,但可以区分出两种主要的互补方法,它们各自强调这一过程的不同方面。第一种方法强调词汇发展是一个分阶段的过程(参见 Ellis,1997a:133 页及以后各页;Jiang,2000;Schmitt,1998)。第二种将词汇的习得视为联想网络的发展(Meara,1984,1996)。

词汇习得作为分阶段的过程

有一种可能是,词汇是分阶段连续发展的。研究者试图从词条的习得过程中发现一些系统性,并试图将可预测的习得阶段分离出来。因此,Gleitman 和 Landau(1996:1)主张,词汇学习不仅仅是映射过程的结果,而且有一个系统化的过程在发挥作用,它就像指导句法习得的高度结构化的先天原则一样。

从这一角度对词汇习得作的研究,可以包括以下几个维度:(1)每个词条的不同类型知识(语素、句法、搭配、语义等)的习得顺序;(2)不同词类(名词、动词、副词、形容词等)的习得顺序;(3)特定词条的习得顺序;(4)词汇处理的发展阶段。

关于第一个研究维度,Schmitt(1998)主张,对单个词语的习得进行历时性的研究。例如,在他 1998 年的文章中,他测量了四类词汇知识的发展习得情况:书写形式、联想、语法行为和意义。这项研究旨在找出这四种词汇知识之间是否存在等级关系。他所使用的测量方法,都未能就词汇能力的发展层级给出积极的证明。其他遵循同一思路的研究,在确定词汇习得可能经历的发展阶段方面,同样未获成功。不过,人们普遍承认,词汇发展存在着一些规律性的模式(参见 Curtis,1987:45;Palmberg,1987;Schmitt 和 Meara,1997;Viberg,1996;Yoshida,1978)。对一语词汇发展的自然观察支持这样一种观点,即词汇知识并非"是"与"否"的问题。新词和词的各个方面是以渐进的方式获得的。词汇知识的不同方面,例如形态、搭配、在上下文中适当运用词条或多义词知识,似乎在二语习得过程的不同时刻融入词条当中。同样,属于不同词类的词条,所经历的习得速度似乎也各不相同,名词习得在前,动词习得在后(Ellis和Beaton,1993;Laufer,1990b,1997b;Marsden和David,2008;Myles,2005;Singleton,1999:141-142)。

关于词类习得的研究并不算多,但 Marsden 和 David(2008)以及 Myles(2005)最近的一些研究认为,随着学习者二语水平的提高,动词的输出也增加了。这种观点认为,在动词输出增加的同时,名词的输出减少了。低水平学习者的输出中充满名词,但动词在这些输出中几乎不存在。动词对认知和语言的要求较高,这似乎是动词在名词之后才被掌握的原因。这一论点也适用于形容词和副词,它们在学习者的输出中也晚于名词。单就动词而言,其论点如下所述:动词的习得不仅意味着形成了形式-意义的连接,还意味着习得了句法限制、形态变化、动词与主语、动词补足语之间的对应知识。根据这种观点,掌握动词所涉及的认知负担,要高于掌握名词所涉及的认知负担,这也是动词出现较晚的原因。

随着学习者二语能力的提高,他们开始发展动词和其他词类的形态句法特征。为说明这一点,我想从我们的数据中选取一些作文为例。我们从这些例文中可以看出,随着学习者水平的提高,其名词的使用比例会下降,但动词(包括情态动词 can)、形容词和副词的使用比例则会上升。

〈30 号学习者,4 年级〉

3 月 29 日星期一

亲爱的爱德华兹先生与夫人:

你们好,我的名字叫×××!我住在洛格罗尼奥,来自西班牙。我九岁了。我个子很高,有着棕色的眼睛和大耳朵。我的学校叫×××。我住在一座小城市里。我喜欢足球、网球、篮球,还喜欢米饭、土豆、黄瓜、意大利面、沙拉、冰激凌、巧克力蛋糕、米饭和香蕉。我的英语老师叫路易斯。我最喜欢的科目是体育。我最喜欢的颜色是黄色。我住在一栋大房子里,有两个卫生间、四间卧室,没有客厅和楼梯。我的班级很小,只有27张桌椅、一台电脑、一块黑板和34张照片。我的生日是8月18日。艾萨克

名词:你们好、名字、眼睛、耳朵、城市、学校、足球、网球、篮球、米饭、土豆、黄瓜、意大利面、沙拉、冰激凌、巧克力、蛋糕、香蕉、英语老师、科目、体育、颜色、房子、卫生间、卧室、客厅、楼梯、班级、椅、桌、电脑、照片、生日、8月:34个

动词:叫、住、喜欢、有、做:5个

形容词:高、棕色的、大、小、最喜欢的、黄、小:7个

副词:0个

〈30号学习者,6年级〉

你好,我的名字叫×××!我住在洛格罗尼奥(拉里奥哈)。我是家中唯一的孩子。我父亲的名字叫×××和×××。我在×××学校上学,这个地方有篮球和足球训练营地。洛格罗尼奥是个小城市,但那儿有很多房子。我喜欢和朋友们踢足球、吃比萨,但我不喜欢吃鱼。我去我的村庄。它的名字叫贝萨雷斯。它是很小的村庄。它有一个回力球场、一座教堂和一个村公所。村里只有十个居民。这些居民住在一座非常老旧的房子里。我个子很高,夏天的时候头发是金色的,秋天的时候头发颜色更深。我的眼睛是棕色的。我的学校有三个地方。一座小房子。年幼的学生在这间房子里上课。一座大房子。大房子里是大孩子们。最后一个地方是体育中心。在这里我能踢足球。哦,我是美国总统。我在北极有一只鸟和一只狗。我的父亲中了彩票,太不可思议了!我有一个只用金子做成的钟表。我有两个鼻子和三条胳膊,但有一条胳膊很小。克里斯蒂安是一只蚊子。

名词:名字、孩子、父亲、地方、营地、足球、城市、房子、朋友、比萨、鱼、村庄、教堂、村公所、居民、头发、夏天、眼睛、学校、学生、孩子们、总统、鸟、体育中心、狗、彩票、钟表、金子、鼻子、胳膊、蚊子:31个

动词:叫、住、去、喜欢、踢、吃、能、中、有、做:10个

形容词:小、老旧、高、金色的、深、棕色的、年幼、大、最后、不可思议、很多、唯一的:12个

副词:很、更:2 个

在影响单个词汇习得速度的因素中,研究人员主要辨别出了发音的难易、长度、形态复杂性、抽象性、多义性、语义不透明度、同义性、词频和显著性(Ellis,2004;Ellis 和 Beaton,1993;González Alvarez,2004;Laufer,1990b,1997b;Singleton,1999:136-147)。除了二语词汇的这些语音、拼写和语义特征,二语和一语词汇的对应程度也决定了易学性,也就是学习二语的难易程度。一个单词越是难学,预计影响这个单词的词汇偏误也就越多。因此,在我们的样本中,像 birthday 这样又长形式又复杂的单词,就会出现很多词汇偏误。这个词的不同呈现方式如下:

- My *bidray* is in febroary.
- My *birthey* is the third of April.
- My *birday* is in September.
- My *verdey* is day 22 may.
- On friday is my *birdthay*.

考虑到一个词条各个组成部分(语义、句法、形态和形式)的整合程度,Jiang(2000)提出了一个分阶段进行的指导二语词汇发展的理论模型。这个模型借鉴了正式教学环境中一语和二语词汇习得的两项基本差异。二语词汇习得受两重限制:(1)"输入在质和量上的欠缺";(2)"早已建立的一套跟一语词汇系统密切相关的概念/语义系统"(第 49 页)(参见 Ellis,1997a:133 页及以后各页)。

根据 Jiang(2000)的研究,二语词汇习得分为三个阶段。首先,学习者关注特定词条的形式规范,甚至会尝试将给定的二语形式与他们的一语译文联系起来。这被称为"词汇发展的形式阶段"。其次,随着语言和词汇经验的增加,学习者会把其一语对应词的语义和句法特征附加到二语词条上。词汇学习的这一阶段,意味着将新的单词形式与预先存在的(一语)词义相匹配(Ellis,1997a:134)。Jiang 将这一阶段称作"一语词条转达阶段"。在这一阶段,词汇迁移非常常见(参见 Ellis,1997a:134)。最后,当学习者有了相当多的二语经验,跟二语词汇相关的语义、句法和形态信息就会并入相应的词条,从而摆脱了任何类型的一语转达;这就是"二语整合阶段"。认知语言学对词汇习得的解释也是如此(Robinson 和 Ellis,2008;VanPatten 等,2004)。

认为二语词汇习得可以作为一系列有等级、有系统的阶段来进行，意味着词汇系统具有系统性和规律性。这是词汇发展领域研究的进步，因为传统上，词汇被认为是一堆杂乱无章的单词，没有任何预定的顺序（参见 Dušková，1969；Warren，1982）。上述解释二语词汇习得性质的尝试，表明研究视角发生了显著的变化，重新燃起了人们对语言的词汇部分的研究兴趣。词汇偏误的研究也有类似的发展，后文将予以介绍。

词汇作为联想网络

词汇研究的第二个主要趋势，是认为词汇的发展是通过联想网络进行的（Meara，1984，1996）。这种观念认为，词汇中的单词存在某种系统的安排，因此有人提出，在寻找词汇学习方法时，要充分考虑这种系统性（Dagut，1977；Meara，1996；Singleton，1999）。从这一角度来看，新词条是通过与已经存在的词建立各式各样的联系，来进入二语词汇的。

Meara（1984，1996）断言，学习词汇要建立一套联想关系，即一个语义-形式网络，它随着每一个新词的学习而自我重组；Beheydt（1987）和 Robinson（1989，1995）支持这一观点，认为新词的信息通过语义-形式连接，与旧词的信息联系起来。因此，词汇学习意味着通过吸收新词或已知词的更多语义和/或形式特征，来扩展和强化这些联系。

这些网络的核心是"原型性"这一概念（参见 Weinreich，1974）。原型被认为是语义范畴的核心或最佳范例。基于这种观点，词汇习得包括给原型增添新的细腻差别甚至新的词义，从而拓宽语义范畴，包括在新词条之间建立多义、同义、反义或转义关系，从而用新词条扩展语义范畴（Cameron，1994，2001；Coady，1995；Gass，1988；Laufer，1991a；Meara，1996；Nagy 和 Herman，1987；Nation，1990；Schmitt，1995；Schmitt 和 Meara，1997；Wesche 和 Paribakht，1996）。举例来说，设想一个英语二语学习者掌握了"dog（狗）"这个单词，它的直接含义是"以对人忠诚而著称的四足家畜"。这将构成该词的原型。随着二语学习经验的增加，这个词也会有新的含义，如比喻性或内涵性的"可鄙的人""丑陋的人""由钉、杆或钩组成的各种通常用于固定、抓握或紧固的简单机械装置"或"毫无特色或做作的时尚或庄重姿态"（参见 www.merriam-webster.com）。此外，学习者还会融入与原型在语义和形式上相关的其他词：

如这个词的形态变体（doggie（小狗）、to dog（尾随）、dog-eared（折角的））、同义词（canine（犬）、hound（猎狗））、与这个词相关的表达方式（put on the dog（摆架子）、lazy dog（懒狗）、going to the dogs（走投无路）、hot dog（热狗））、具有相反或对比关系的词（cat（猫）、wolf（狼））以及具有同义或上下级关系的词（mammal（哺乳动物）、animal（动物）、spaniel（长毛垂耳狗）、German shepherd（德国牧羊犬））。

从这个模型可以看出，并非所有的二语词汇都有同样的机会，在一定的时间跨度内，被二语学习者习得。我们的思维是按类别组织起来的，而这些类别又围绕着一个原型词，是它决定了学会一个词的可能性大小（González Alvarez，2004）。基本词汇最先被二语学习者学会和记住，因为它们在概念上是最简单的。回到前面的例子，学会"dog（狗）"这个词会比相关的"animal（动物）"或"spaniel（长毛垂耳狗）"更快、更容易，因为前者更中性，更少标记性（Cameron，1994，2001；Singleton，1999；Weinreich，1974）。如果学到的二语原型词与母语原型词不一致，学习者就必须借助更多的二语词汇信息来重建这个类别，直到与母语原型词相似为止（Beheydt，1987；Cameron，1994，2001）。一个非常突出的例子是"bread（面包）"这个概念。面包的原型词 bread 与西班牙语中的 pan 并不完全对应。西班牙的英语学习者首先将面包的形式与已经存在的 pan 的概念形象相联系起来。然而，随着二语学习经验的增加，学习者会放弃一语的概念，代之以二语的概念，并融入与面包相关的二语的意义和形式（bread and butter（生计）、loaf（一条面包）、brown bread（黑面包）、bread roll（面包卷）、bread slice（面包片）、bun（小圆面包））。

根据这一思路，对某一特定词条的掌握程度，可能取决于心理词库中词与词之间关系的巩固程度。随着对一个词认识的加深，它与词库中其他词所保持的联系，在性质和强度上都会发生变化（参见 Singleton，1999：第 4 章）。因此，一个词越接近核心词汇，它与其他核心词汇的语义联系就越强（Wolter，2001）。

词条的形式（语音和拼写）也被认为在头脑中构建和连接词语方面起着重要作用。在母语者儿童尤其是低水平二语学习者的心理词库中，词条之间的关系主要表现为语音联系，即词语之间是通过形式的相似性而不是意义关系建立联系的。比如，"dog（狗）"一词在语义上与"cat（猫）"或"bark（狗叫）"相关（分别是范式关联和句法关联），而在语音上与"bog（沼泽）"相关（例子取自 Wolter, 2001:43）。这种语音和语义词汇关系的证据,强调了单词的形式方面(语音和书写)在二语词汇学习中的重要性。相应地,词汇偏误可能不仅涉及单词的语义部分,它的形式也会受到影响,如拼写错误、自造词、选择错误。[3]

二语和一语中的词汇组织

了解词条是如何组织和取用的,可以帮助我们深入了解词汇是如何习得的,尤其是如何进行最佳教学。有三种基本观点试图根据所存储词条之间建立的联系类型,来说明一语和二语词库的组织结构。

第一种观点(Meara, 1983, 1984, 1992, 1996)认为,一语和二语词库在结构上有质的区别。该研究认为,一语词库主要是语义组织,而二语词库中存储的词主要是语音相关。这一结论是通过比较一语和二语学习者进行的单词联想测试数据得出来的。为说明这一点,我们不妨想想单词"book（书）"的联想词。在母语者的词库中,这些词可能包括"read（读）""write（写）""novel（小说）""library（图书馆）""edit（编辑）""publish（出版）""hardback（精装本）""bookshop（书店）""one for the book（值得一提的事例）""in one's book（在某人看来）"等。根据 Meara 的观点,在二语学习者的词库中,可能出现的是"bookshop（书店）""cook（厨师）""hook（钩子）""textbook（课本）""foot（脚）"等形式联想词。

关于词汇组织的第二种观点认为,即使是二语初学者,也会通过建立语义关联,在词库中储存单词。根据这种观点,一语和二语词库的功能基本相同。影响所建立的联想类型的,是整合进词库中的单词数量(即学习者知道多少单词)、每个特定词条的整合程度(即对有关词条的了解程度)以及特定单词的性质(Ellis 和 Beaton, 1993; Meara, 1996; Nation, 1990; Ringbom, 1983; Singleton, 1996, 1999:139; Wolter, 2001)。

第三种观点是基于产出/理解差别的词汇组织和取用模式。一些学者(Channell, 1988; López Morales, 1993; Nattinger, 1988)认为,在产出过程中,单词是通过语义关联来获取的,而在理解过程中,单词之间的形式(语音/拼写)关联才是词汇组织和取用的原因,无论是在一语还是在二语中都是如此。根据这一模式,在产出过程中,词语被编入语义网络,而在理解过程中,词条被编入形式(语音/拼写)网络。对这种模式的支持者来说,一语和二语词库的运作模式是一样的,组织结构也是一样的。

通过比较一语和二语的口头错误,Channell（1988）得出结论:两组人产生的词汇偏误,性质是相似的,这意味着,在某种程度上,一语和二语词库彼此相似,组织方式相似,单词按语音排列,并通过语义关联相联系（Coady,1995;De Groot,1993;Kroll,1993;Kroll 等,2002;Singleton,1999:第 4 章和第 7 章）。[4]

一语和二语词库的关系

词库通常被定义为一种语言的使用者所拥有的、能够识别并在交流中有效使用的词或词条的心理储备（如 Cervero 和 Pichardo Castro,2000:189-193）。如果一个人会说两门以上的语言,那他或她就会拥有和语言数量一样多的词库。但实际情况并非这般明朗。关于是否存在这样的词库,以及词库之间的相互关系,认识上还存在颇多分歧。

很多研究涉及了词汇处理、词汇组织和词汇取用等问题（参见 De Bot 和 Schreuder,1993;De Groot,1993;Ecke,2001;Hatzidaki 和 Pothos,2008;Kroll,1993;Kroll 等,2002;Li,2009;Pérez Basanta,1999;Singleton,1999）:第 4 章和第 7 章;Sunderman 和 Kroll,2006;Wolter,2001）。Weinreich（1974:910）讨论了两种语言系统在二语学习者头脑中的相互关系。根据他的论述,一语和二语词库之间的关系,可以分为三种情况:

（1）并列关系,学习者头脑中同时存在两套独立的形式-意义联系;

（2）混合关系,即双语者用一个概念将两个不同的词联系在一起;

（3）从属关系,一语词汇形式在二语的概念和二语的词汇形式之间起着中介的作用。

图 1.1 对这些作了总结。Weinreich（1953,1974）认为,第一语言和第二语言词库之间这些不同类型的关系,并不是一成不变的,而是取决于学习者对第二语言的经验。不同类型的词汇组织可以在同一头脑中并存。后来的研究（De Groot,1993;Kroll,1993;Kroll 等,2002;Li 等,2008）也支持这一主张,即从属关系与二语水平低有关,而混合结构与二语水平高有关。除了水平,其他影响第一语言和第二语言词库之间建立的关系类型的因素包括单词之间在形式或语义上的相似性;学习环境,即词语是如何习得的（Singleton,1999:189-190,2000:183）,以及获取词语的方向（一语→二语或二语→一语）（见 Kroll,1993）。

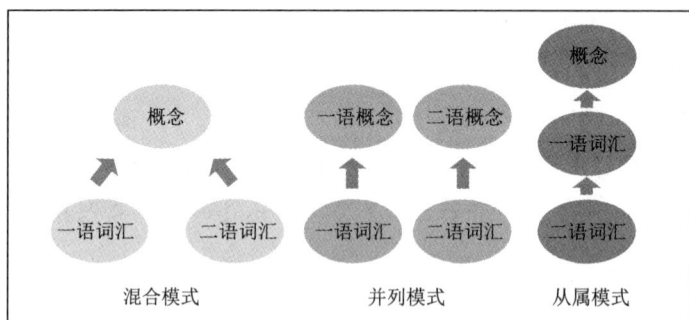

图 1.1 一语和二语词汇关系三种模式的说明

可以推测,儿童学习二语词汇的过程与上述成人的学习过程大致相似。尽管如此,由于认知发展、语言和词汇发展、教学经验和输入的不同,成人和低龄学习者之间还是存在明显的差异的。这些差异可能会影响词汇习得的路径和速度。因此,我们需要详细回顾一下儿童二语词汇习得的过程。下一节将专门分析低龄学习者的语言习得。

·低龄学习者的词汇习得·

本节将探讨低龄学习者的词汇发展过程。了解儿童是如何习得词汇的,将有助于识别、分类、分析并最终解释他们的词汇偏误。调查二语词汇学习不仅对词汇偏误的研究有意义,而且,了解第一语言词汇库是如何获得的,也即词汇偏误出现背后的语言策略,为我们提供了有趣的见解。到目前为止,我们已经讨论了试图说明二语习得过程的一些不同解释。但在研究和讨论低龄英语学习者的词汇偏误产生时,有必要指出成人和儿童二语词汇学习的不同特点,以及低龄学习者第一语言和第二语言词汇习得的详情。遗憾的是,对低龄学习者二语习得的研究相对较少(参见 Philp 等,2008),儿童二语词汇习得的研究更是凤毛麟角。

基于这些考虑,我们总结了有关婴幼儿和儿童如何学习母语词汇的研究。在简要阐述了母语词汇发展的假说之后,我们将介绍低龄学习者的二语词汇习得过程。

母语的词汇习得

一般来说,母语的词汇习得始于婴儿期。一个公认的事实是,严格来讲,词语是婴儿最早的语言产出。[5] 尽管词汇是最早出现的语言系统,但永远无法全部掌握。我们一生都在扩充我们的词库,将新词添加到我们已知的词表(词库)中,或者"积累我们部分掌握的词汇的知识"(Cameron,2001:74;Goldsmith,1995;Harley 和 King,1989;Laufer,1991b)。Ard 和 Gass(1987)赞同词汇在语言习得中的首要地位。他们提出,词汇发展是句法发展的原因,而不是结果。这不仅意味着词汇先于句法,而且意味着句法是通过词汇学习的(Cameron,2001:xiii;Robinson,1995:240;Singleton,2000)。

人们普遍认为,交际的需求和意图触发了第一语言词汇的发展,并随之触发了第一语言词汇的习得(Ninio,1995;Sánchez Rodríguez,2002;Singleton,2000:166)。这种观点认为,婴儿感到有必要跟父母、保姆或同伴进行互动,因此,他们开始迅速将新词纳入自己的词库。这种婴儿词汇快速增长的现象被称为"词汇喷发"[6](参见 Goldfield 和 Reznick,1990)。研究结果表明,这种词汇快速增长的特点是词汇表中名词或者说物体名称的增加(Goldfield 和 Reznick,1990)。这就是所谓的"命名爆炸",似乎源于年幼学习者对周围事物命名的冲动(参见 Goldfield 和 Reznick,1990;Poulin-Dubois,1995;Singleton,1999:第 2 章;Vihman 和 Miller,1988:180)。

儿童学习单词主要是为了交际。他们需要用名称来表达自己的日常生活经历以及周围的人事物。为此,儿童必须学习指代这些现实的常规语言符号。这些命名周围世界的词语,构成了他们交际用语的语义内容和语言形式。

Clark(1993)将这个学习单词的必要过程,称为"从输入中分离出单词形式、创造潜在意义,并将意义映射到形式上"(Ellis 和 Heimbach,1997:249)。单个单词可以用来执行各种交际功能,因此,儿童可以用同一个单词发号施令、提问或表示惊讶。例如,小孩子说"爸爸?!"可以有以下几种意思:

(1)爸爸在哪里?这是提出问题;

(2)让爸爸过来,这是发出命令;

(3)爸爸来了!这是表示惊喜。

词汇习得的早期阶段有两个基本的普遍现象:词义过度扩展和词义扩展不足。前者是指儿童将同一个词用于周围所有与该词实际所指有共同点的事物,比如管所有男人都叫爸爸。后者则是一种相反的现象,即儿童用一个词来指代他们所知道的特定事物。例如,"狗(dog)"只用于指家里的狗;对其他狗,儿童会使用其他词语(Anglin,1985;Goldfield 和 Reznick,1990;Sánchez Rodríguez,2002)。渐渐地,婴儿吸纳的词汇越来越多,并能将它们组合成词汇链:两字词、三字词,等等,直到掌握句法和形态规则,形成完整的句子(Crystal,1980;Singleton,1999:第 2 章)。

总之,第一语言词汇的习得是一个缓慢而反复的过程,贯穿人的一生。它是一个双重的过程,包括词汇和概念的发展,即新形式的学习是与新意义和新概念相联系的。这是第一语言和第二语言词汇习得的基本区别。二语词汇习得意味着纳入新的二语形式,它们(通常)是跟已经存在的概念联系在一起的;也就是说,二语学习者学习新词来指代旧的概念,但也要掌握第一语言缺乏的新概念,现有的概念也要修正(Singleton,1999)。例如,我们可以想一下英语和西班牙语如何划分一天的时间。在西班牙语里,一天通常被分为三个部分,分别称为 mañana(从黎明到午餐)、tarde(从午餐到黄昏)和 noche(从黄昏到黎明,即天黑时段)。 英语则认为一天有四个不同的时段:上午、下午、傍晚和夜晚。虽然第一个和第四个时段大致相同,但母语是西班牙语的英语学习者必须学习新单词带来的新概念:下午,尤其是傍晚。

二语词汇习得

在文献中,有关儿童二语词汇习得的研究主要有两个方向:(1)两种语言的同时习得;(2)第一语言习得先行开始后的第二语言习得。关于同时学习两种语言的研究,即关于双语同时学习的研究,是早期习得研究的主要内容。这些研究针对的是双语学习者个体(参见 Burling,1978;Celce-Murcia,1978;Itoh 和 Hatch,1978;Leopold,1978)以及双语群体(参见 Hancin-Bhatt 和 Nagy,1994;Pearson 等,1995;Umbel 和 Oller,1994;Verhallen 和 Schoonen,1993,1998)。儿童二语词汇习得研究的另一个趋势以历时研究为代表,即跟踪研究对象在学习第二语言过程中的词汇发展(参见 Moya Guijarro,2003;Niżegorodcew,2006;Yoshida,1978)。这两种趋势的共同点,是它们都研究自然环境中的二语词汇习得。

遗憾的是,有关低龄学习者在正式语境中通过教学习得二语词汇的研究并不多见(参见 Cameron,2001;Moon 和 Nikolov,2000;Moya Guijarro,2003)。因此,我们必须借鉴语言课堂以外的研究成果,包括一语词汇习得、双语学习者的词汇发展以及以目标语言为交际语言的二语词汇习得(Cameron,2001:2)。

词汇联想和翻译测验被用来探索儿童一语和二语的词汇习得过程(参见 Cameron，1994，2001；Erdmenger，1985；Li 等，2009；Meara，1992，1996；Singleton，1999)。通过追踪低龄学习者建立的词语联系，研究者能够确定不同的词条是如何与其他先前掌握的单词联系起来习得的。在这方面，最重要的发现可能与分类领域有关，与原型效应有关(Cameron，1994：30)。

有几项研究(如 Cameron，1994；Erdmenger，1985)表明，学习二语词汇的儿童依赖于他们的一语分类和词汇联系，以此作为进一步发展二语词汇的基础。简而言之，儿童倾向于像他们在一语词汇中构建词汇联想那样，在二语词汇中构建同样的联想(Erdmenger，1985)。这一发现对低龄二语学习者的词汇教学具有重要意义。考虑到在二语词汇习得过程中，母语分类是始终存在的，儿童可能无法从纯粹的二语联想的教学中获益，因为这有可能会减缓甚至阻碍二语词汇的发展。另一种似乎值得推荐的方法，是利用一语的联想路径，来推动二语词汇的增长(Cameron，1994，2001；Erdmenger，1985)。

从这一观点来看，在小学的头几年引入外语课程时，应该根据已经发展形成的一语词库，对二语词条进行系统性的排序(Cameron，2001)。Moya Guijarro（2003)发现，低龄英语学习者首先掌握的，是属于他们日常直接语境和实际生活的具体和抽象的词汇。之后，他们才会吸纳一些不太熟悉的单词，伴有更为复杂的词形变化。

他们也很容易理解那些指代具体对象的新单词的含义，比如桌子、树和狗。这样看来，教授那些意思很容易与动作、肢体语言、字卡、图片、图画和其他物品联系起来的单词，会比较有用。至于那些含义抽象、没有具体参照物的单词，比如爱、正义或希望，可以留到以后再学。这与母语词汇发展的情况极为相似(例如，见 Anglin，1985)。

有关一语和早期二语研究的另一项重要发现，是语块的产出。与儿童学习一语一样，二语学习者在他们具备分析单个词语意义能力之前，就能一次产出语块或整体性的表达方式(参见 Robinson 和 Ellis，2008)。这种预制语言指的是现成的表达方式，它们被学习者作为记忆词块使用，学习者对它们不加分析地作为单个词语来使用。研究表明(如 Ellis，1997a)，预制语言是一语和二语发展过程中的一个重要阶段。它与创造性的二语习得过程和社会化技能有关。正如 Palmberg（1987)注意到的那样(另见 Ellis，1997a；Wray，2002)，低龄学习者的词汇发展呈现出清晰的模式,他们的词汇能力就是通过这种模式发展起来的;对公式化语言的使用就是其中之一。我们从我们的数据中也观察到了这种现象。我们在研究对象的书面交流中发现了这样的例子:

- 我的生日快乐在二月。
- 我的你叫什么名字叫安娜。

·一语和二语词汇习得的异同·

在一语内化之后学习二语,即使是在儿童二语词汇发展的背景下进行,也明显缺乏一个前言语阶段。如前所述,似乎二语学习者说出的话"从一开始就主要是由有意义的元素组成"(Singleton,2000:180)。但(儿童)二语学习者与一语学习者在"努力分离出有意义的单元,并将它们与现实的各个方面联系起来,内化和复制这些单元的形式特征,并揣测和储存它们的确切含义"(Singleton,1999:82)方面,有许多共同的问题。

在所有语言子系统中,都可以观察到一语和二语词汇习得的相似性。因此,一语和二语学习者都努力学习新的发音,区分哪些发音差别是音位差异,哪些不是音位差异,学习单词的拼写以及它们的变体,并(部分地)学习新概念和旧概念的新分布(Singleton,2000:181)。此外,一语和二语的词汇发展似乎以同样的方式进行,这一点已经被它们共同展现出的某些现象所证实:词汇的易变性、联想类型的变化(从句法到范式)、过度扩展、扩展不足,以及容易想象的词汇先行习得(Ellis 和 Beaton,1993;Moya Guijarro,2003;Singleton,2000:181)。

尽管"二语词汇发展不是在真空中进行的",而是"以至少一门其他语言的词汇发展为背景"(Singleton,1999:41),但这些相似之处表明,在两种词汇发展过程之间存在着一些差别。基本上,人们指出了两种主要的差异(见Singleton,1999:79-80):(1)二语词汇习得的认知和身体发育的阶段更高;(2)存在已经词汇化的概念。

先前存在的语言系统,使得一语词汇习得与二语词汇习得产生了差别。二语词汇在学习过程中被映射到一语的概念上,然后进入已经存在的(一语)图景中(Ellis,1997a:133;Ellis 和 Heimbach,1997;Jiang,2000)。

将二语词汇映射到一语图景中,常常会出现差异和问题,因为不同的语言是以不同的方式来组织世界的(Cameron,2001:80;Robinson 和 Ellis,2008)。二语词条与映射它的一语概念或图景之间的不对称,导致了词汇偏误(参见 Jiang,2000)。正是这些特定类型的词汇偏误的出现,将一语和二语的词汇学习区分开来。跟成人一样,学习二语词汇的儿童也会使用第一语言词汇迁移策略,来应对新词汇带来的词汇困难(参见 Celaya 和 Torras,2001;Erdmenger,1985;Harley 和 King,1989;Selinker 等,1975;Szulc-Kurpaska,2000)。

　　一般来说(不是必然如此),一语词汇迁移会导致儿童在输出时出现化石化的词汇偏误。化石化的错误因学习者而异,但可能出现的化石化错误是 "There weren't much people at the party" 中 much 和 many 这种语义混淆,或者 bad 和 badly 这种形容词和副词混淆,或者 "It was a very fun(意思应为'好笑的')movie" 这种 funny 和 fun 的混淆。

　　此外,Niżegorodcew(2006)指出,在严格的外语学习环境下的幼龄儿童(3~4 岁)的二语词汇发展与一语词汇习得不同,因为对他们来说,二语并非他们常用的交流媒介(第 174 页)。他们知道二语和一语属于不同的交流领域。除此以外,输入在质和量上的贫乏,也使得一语和二语在正式语境中的发展有所不同。

·小结·

　　词汇被视为儿童语言发展的重要组成部分。在一语和二语的习得过程中,词汇代表着语言发展的开端,并在其中发挥着核心作用。因此,弄清词汇习得是如何进行的,对二语习得领域具有极其重要的意义。本章回顾了试图解释词汇发展的主要理论趋势,强调了儿童如何获得一语词汇能力,然后重点关注二语的情况。

　　看起来,儿童的词汇习得源于社会互动,一语和二语都是如此。然而,新出现的词汇和二语词汇学习中已经存在的认知系统,给后来的学习过程带来了影响。一语词汇迁移是一语存在带来的最重要、最明显的影响。尽管如此,一语和二语的词汇发展似乎是以极为相似的方式进行的。

　　除以上方面外,二语词汇习得和写作表现还会受到其他变量的影响,如学习者、学习任务和语境变量。根据特定的学习环境、学习者的个性特征以及要完成的任务,低龄外语学习者的产出可能会有所不同。年龄、性别、一语背景、二语水平、智力、学习动机、语言态度、主题任务和学习环境,都会影响儿童的学习表现。下一章将对可能影响低龄学习者输出的一些主要学习者和情境变量进行评论。我们将特别关注对本研究设计中考虑到的变量的分析和解释。

·注释·

1. 在此,除非另有说明,二语(Second Language, SL)和外语(Foreign Language, FL)这两个术语将不加区分地使用。

2. 见 Pavičić Takač(2008),Bogaards 和 Laufer(2004),Read(2000),Singleton(1999),Coady 和 Huckin(1997),Gleitman 和 Landau(1996),Sajavaara 和 Fairweather(1996),Huckin 等(1995),Schmitt 和 McCarthy(1997),Clark(1993),Schreuder 和 Weltens(1993),Arnaud 和 Béjoint(1992),Gass 和 Schachter(1990),McKeown 和 Curtis(1987),等等。

3. 词汇习得是以联想的方式进行的,词汇是由联想网络组织起来的,这种说法解释了形式相似的词条的误选或混淆(语音(拼写)驱动的联想)和语义混淆(语义驱动的联想)的存在。同样,这类词汇偏误也证明了词汇是由联想网络组织起来的,并指出了词条之间的语义和形式(语音/拼写)关系。

4. 相反的观点见 Wolter(2001),他认为一语和二语的心理词库虽然功能相似,但结构不同。也就是说,它们的组织方式不同,但服务于相同的目的,即有效的交际。

5. 实际上,婴儿首先发出的是声音,然后再组合成单词。这些语音表现(声音、声音组合(咕咕声)、咿呀学语、原词),被认为是语言习得的前语言阶段(见 Berko Gleason, 1997; Singleton, 1999; Smith 和 Locke, 1988)。 恰当的语言表达,意味着在恰当的语境中,连贯地使用有意义的词语(Goldfield 和 Reznick, 1990: 172; Singleton, 2000: 166)。

6. 必须指出的是,并非所有婴儿都经历过这样一个词汇快速增长的时期。有些幼儿的词汇量是逐步增长的,名词和其他词类同时均匀地融入其中(见 Goldfield 和 Reznick, 1990)。语言输入和环境条件,或许与这些儿童没有词汇快速增长期有关。

第2章

影响词汇产出的变量

　　二语的习得和使用,受到一系列由学习者特点和学习环境决定的变量影响。与一语习得不同,二语的习得和使用过程会受到外部因素的影响,它们共同决定了学习水平的高低。本章概述了影响二语写作任务中词汇产出的各种变量。第一节概述了有关二语学习研究文献中的个体变量和语境变量。随后的小节探讨了语言水平和词汇量。我们将根据这两个变量对二语词汇量的影响,更具体地说,是对词汇偏误的影响进行研究。

·影响词汇产出的变量概述·

　　传统上,研究人员和教师都注意到,尽管二语学习者普遍倾向于以相似的方式处理目的语,但他们在熟练度、表现和水平上表现出巨大的差异。他们的中介语的这种变化倾向,可以追溯到学习者的某些外部或内部变量的影响。一些学者(Cook, 1991/1996; Ellis, 1997b; Littlewood, 1984; Skehan, 1989)研究了这些变量的性质,以及它们对二语输出的影响程度和类型。

　　研究人员通过观察学习者的二语成绩(中介语学习)和每个学习环境的具体情况,已经能够确定一系列变量,来解释学习者语言之间的差异。这些变量可分为两大类:个体或学习者差异和语境差异(Cook, 1991/1996; Ellis, 1997b; Littlewood, 1984; Muñoz, 2001)。

　　个体或学习者差异

　　第一组变量包括学习者个人特有的变量,如年龄、性别、母语、智力、认知风格、个性、动机和语言态度。由于这些变量都是学习者的内在因素,因此几乎不可能以有利于学习的方式来改变它们。不过,学习动机和语言态度比较特殊,因为它们可以受到教师的影响,并以有利于学习过程的方式加以改变(Littlewood,1984:67)。根据学习者的年龄、性别、母语、智力、外向程度和交际能力等变量,我们可以预期他们在词汇习得和使用方面会有不同的发展。Littlewood(1984:51)认为,"个体差异只是反映了特定学习者在这条共同道路上能走多快,走多远",而不能导致学习者在二语习得过程中走上不同的道路。例如,两个年龄相同但母语不同的女性学习者,一个是西班牙人,另一个是中国人,同时开始学习英语。人们可能会预期,她们在二语习得过程中经历同样的阶段,但最有可能的是,由于一语和二语的相似性,西班牙语母语者进步得更快。

这些个体变量与二语习得和使用之间的关系仍不明确,这方面的研究结果也是矛盾的。就年龄来说,人们公认,二语习得过程开始的年龄,是二语学习和成绩的决定性因素。然而,关于低龄学习者是否比大龄学习者学得更快、成绩更好,研究结果并无定论(García Mayo 和 García Lecumberri,2003;Muñoz,2001)。同样,研究结果也不确定,女孩在总体语言习得方面是否优于同龄的男孩(Al-Othman,2004;Lin 和 Wu,2003;Wen 和 Johnson,1997),尤其是在词汇发展方面(Agustín Llach 和 Terrazas Gallego,2008;Grace,2000;Jiménez Catalán 和 Ojeda Alba,2007;Scarcella 和 Zimmermann,1998)。其他关于学习者变量的研究,着眼于一门特定语言的母语者是否能比另一门语言的母语者更快、更有效地学习英语或另一门外语(Altenberg 和 Granger,2002;VanParys 等,1997),以及某些词汇学习方式和策略是否比其他方式和策略更为有效(Pavičić Takač,2008)。但研究结果大相径庭,显然还需要进一步研究外语词汇学习中的这些变量和其他变量,以及它们之间的相互作用。

语境差异

第二组变量包括学习者外部的变量和与学习环境相关的变量。这些变量如下:

• 学习环境:自然习得和正规课堂二语学习;
• 教学方法:听说法、交际法、注重形式法、内容与语言整合学习法(CLIL);
• 要执行的任务的主题;

- 语言输入的性质;
- 学习环境的情绪氛围;
- 教师变量:教师的个性、方法和严格程度。

一般来说,教师可以改变这些外部环境变量,以提高学习效果。在很大程度上,语言学习的速度、语言输出的质量和数量都取决于这些外部变量。例如,如果我们改变任务的类型,就可以预期语言输出的质和量会有所不同;如果我们改变教学方法,也可以预期学习结果会有所不同。

总之,二语的习得和使用,会随着个体差异和环境差异的变化而变化。但是,学习者与学习者之间以及学习环境与学习环境之间的差异程度和差异类型并不明确。

·水平·

在正式的二语习得中,水平跟年级、教学内容的增加和年龄相对应。简单地说,随着在校英语学习者年龄的增长,他们的年级越高,通常水平越高(见Muñoz,2003;Naves 等,2005)。

随着学习者年龄的增长和对二语知识的掌握,他们的表现会比以前更好。因此,研究人员相信,不同水平对学习语言有不同的影响。表 2.1 列出了水平对二语习得的影响的研究结果。

表 2.1 总体二语学习中的能力差异

研究	研究语言的哪一方面	水平差异
Andreou 等(2005)	总体语言表现	高>低
Brutten 等(1986)	发音的发展	高>低
Hansen 等(2002)	回忆旧词、学习新词	高>低
Atai 和 Akbarian(2003)	习语学习	高>低
Yang(2001)	知道色彩单词	高>低
Mecartty(1998)	阅读技能的运用	高>低
Codina Espurz 和 Usó Juan(2000)	阅读理解	高>低
Victori 和 Tragant(2003)	策略运用和综合	高>低
Wen 和 Johnson(1997)	策略效度	高=低

续表

研究	研究语言的哪一方面	水平差异
Wen 和 Johnson（1997）	恰当的策略运用	高>低
Augustín Llach（2009a），Celaya（2006），González Álvarez（2004）	母语影响	高>低
MacIntyre 等（2002），Wen 和 Johnson（1997）	学习动机	高>低

高=高水平学习者；低=低水平学习者

事实证明，在学习二语的多个领域中，学习者的水平起到了重要的作用。总体而言，二语水平高的学习者，在不同的二语任务中都会展现出优势（Andreou 等，2005）。比如，高水平学习者在发音和听音（Brutten 等，1986）、回忆旧词和学习新词（Hansen 等，2002）、习语学习（Atai 和 Akbarian，2003）以及更多色彩单词的输出（Yang，2001）方面表现更佳。

水平不同的学习者在阅读技能方面也表现出不同的能力。水平低的学习者在基本的推理能力方面表现不错，而水平高的学习者在更复杂的阅读能力方面更胜一筹（Mecartty，1998）。此外，水平也是阅读理解的决定性因素。Codina Espurz 和 Usó Juan（2000）认为，二语需要达到一个阈值水平，才能运用以前的知识理解书面文本。学习者的水平越高，他们的阅读理解能力就越强。

随着学习者水平的提高，他们的词汇学习策略也在增加（Victori 和 Tragant，2003）。大多数熟练的学习者依靠的是更缜密的策略，如分析或分类，而不是社交策略。Wen 和 Johnson（1997）的研究表明，学习成绩差的学生与学习成绩好的学生使用同样的策略，但却不能恰当地运用这些策略。此外，随着学习者二语的经验增加，对母语的依赖也会减少，因此，成绩好的学生很少使用他们的母语（Agustín Llach，2009a；Celaya，2006；González Álvarez，2004；Wen 和 Johnson，1997）。高水平学习者在学习二语时，也会表现出更高的学习动机（MacIntyre 等，2002 年；Wen 和 Johnson，1997）。表 2.1 总结了这些研究。

水平和写作技能

关于写作技能的研究表明，学习者的语言能力越强，他们的二语写作质量就越高（Lasagabaster 和 Doiz，2003；Manchón 等；Wang，2003）。在词汇和句法复杂度等书面表达的衡量指标上，高水平学习者都优于低水平学习者。Lasagabaster 和 Doiz（2003：155）指出："能力较强的学生比能力较差的学生能写出更长、更复杂和更准确的文章。"同样，De Haan 和 van Esch（2005）、Cumming（2001）、Grant 和 Ginther（2000）以及 Fernández（1997：54-56）也认为，随着二语经验的增加，文章会越来越长，词汇也会越来越丰富。水平较高的学习者的文章显示，他们的话语从"口语"类型转向了"书面"类型，名词化、被动结构、连词、从属关系和词汇衔接手段，是他们的文章的特征（Cumming，2001；Grant 和 Ginther，2000）。

词汇层面的问题最常出现，水平不同的学习者都会利用他们的母语知识来解决这些问题。尽管如此，水平较低的学习者会借助母语来弥补词汇上的不足，而水平较高的学习者则会利用母语来寻求灵感，进一步阐述自己的想法（Berg，1999；González Álvarez，2004；Manchón 等，2000；Wang，2003；Wang 和 Wen，2002）。同样，随着写作水平的提高，用于写作构思的时间也会延长，而实际写作时间则会减少（Manchón 等，2000）。De Haan 和 van Esch（2005）发现，一语和二语写作的研究中出现了类似的结果，学习者在用二语写作时，用于构思的时间较少。然而，正如 Roca de Larios 等（2007）表明的那样，其他写作过程与水平无关。他们的结论是，写作过程的基本构成要素与学习者的二语能力无关，而构思过程的构成要素，则与学习者的二语掌握程度密切相关。

Manchón 等（2007）观察到，在进行二语写作时，策略性的写作过程会从母语迁移过来。实际上，这种迁移与二语水平有着密不可分的关系。事实上，如果学习者没有达到一定的二语水平，就不可能迁移在母语中获得的写作技巧。这被称作技能迁移的门槛水平（Cabaleiro González，2003）。因此，学习者的二语水平越高，母语写作技能就越有可能得到迁移，从而学习者的文章也就越好。Codina Espurz 和 Usó Juan（2000）也观察到类似的阅读技能迁移门槛水平。

表 2.2 概述了本节涉及的有关二语能力和写作技巧的研究。

表 2.2　二语写作的能力差异

研究	研究语言的哪一方面	水平差异
Lasagabaster 和 Doiz（2003），Wang（2003），Manchón 等（2000）	写作输出的质量	高>低

续表

研究	研究语言的哪一方面	水平差异
Berg（1999）	写作输出的质量	高=低
De Haan 和 van Esch（2005），Cumming（2001），Grant 和 Ginther（2000）	文本长度和词汇丰富程度	高>低
González Álvarez（2004），Wang（2003），Wang 和 Wen（2002），Manchón 等（2000），Berg（1999）	母语依赖	高=用于阐述灵感与想法 低=用于覆盖词汇的空白
Manchón 等（2000）	构思时长	高>低

高=高水平学习者；低=低水平学习者

水平和偏误

关于偏误的产生与水平之间的关系，主要有两种说法：(1)随着水平的提高，出错会减少；(2)随着水平的提高，出错的类型也会发生变化。

第一种说法并非总能得到实证证据的支持。长年观察发现，即使是高级学习者在使用二语时仍会不断地出错，因此，研究人员得出结论，有些偏误会在学习者的中介语中形成化石，永远无法纠正（见 Olsen，1999；Palapanidi，2009；Selinker，1972；Vázquez，1991）。此外，对中介语的研究表明，高水平学习者的错误率很高，从而驳斥了高级学习者比低级学习者出错少的说法（Ambroso，2000；Lennon，1991b，1996；Vázquez，1991）。尽管高级学习者也会犯相当数量的错误，但有些研究（Bardovi-Harlig 和 Bofman，1989；Fernández，1997；Grant 和 Ginther，2000；Lennon，1991b；Palapanidi，2009）显示，错误的产生有所减少，这表明学习者的中介语出现了积极的进展，出错有所减少，文本长度有所增加。

为解释高级学习者仍会大量出错这一事实，一些作者提出，高水平学习者的产出，性质上要更为复杂（Fernández，1997；Lasagabaster 和 Doiz，2003；Ruiz de Zarobe，2002，2005b）。换句话说，在某种结构中不经常出现错误，并不意味着该结构没有难度，或者该结构的掌握程度很高，而是表明该结构在学习者的学习中不经常出现（比较：回避）。特定结构中错误的增加，可能掩盖了该结构使用量的增加。因此,这可能是一种积极的发展信号,而不是消极的信号。

对于第二种说法,即随着水平的提高,出错的类型也会发生变化,Lasagabaster 和 Doiz(2003)强调,在书面文章中观察到的错误类型和频率取决于学习者的能力水平。有几项研究调查了高级学习者中某些类型偏误的持续性,并将其与低水平学习者的偏误进行了比较。通常情况下,低水平学习者会产生更多受母语影响的偏误,而高水平学习者则倾向于表现出更多目的语主导的偏误(Ambroso,2000;Fernández,1997;Olsen,1999;Palapanidi,2009)。

对研究结果的分析,呈现出一些相互矛盾的结论。Taylor(1975)发现,中级学习者在学习过程中最常出现迁移错误。Palapanidi(2009)、Naves 等(2005)、Lasagabaster 和 Doiz(2003)、Wang(2003)、Celaya 和 Torras(2001)、Olsen(1999)、Fernández(1997)和 LoCoco(1975)报告称,在语言水平较低的学习者中,跨语言影响造成的偏误数量较多,不过他们承认,在较高水平的学习者中也存在母语的影响。相反,Mukattash(1986)和 Sanz(2000)认为,母语影响在高级学习者中更为普遍,而那些可追溯到母语影响的错误则有可能成为化石。

对该矛盾结果的一个可能的解释,是低能力学习者主要使用母语词汇,不加任何修改,以弥补他们的词汇差距(González Álvarez,2004),而高级学习者使用他们的母语知识,基本上是为了创造词汇(见 Ambroso,2000;Celaya 和 Torras,2001;Manchón 等,2000)。然而,Roca de Larios 等(2007)发现,寻找词汇时的补偿性和创造性过程,并不取决于水平高低。

与此相一致,Palapanidi(2009)观察到,形式方面的词汇偏误在水平较低的学习者中非常常见,但随着学习者水平的提高,这些偏误会逐渐减少,而语义词汇偏误则成为最常见的偏误类型。

通过对各种类型的偏误进行编码(González Álvarez,2004;Grant 和 J. Ginther,2000:143),可以研究二语写作者是如何随着目的语水平的提高而发展的。这一事实基于在二语发展的不同阶段发现的不同类型的偏误。例如,选择错误的数量会随着水平的提高而减少(Grant 和 Ginther,2000:141;也可参见 Hawkey 和 Barker,2004)。

表 2.3 列出了有关二语错误产生的水平差异研究。

当然,要提高水平,学习者需要常常接触二语。不同的接触量和不同的教学时长,会产生不同的语言水平。因此,我们有理由相信,接受过不同课时教学的学员,会表现出不同的水平,从而在使用二语时会有不同的表现。值得注意的是,迄今为止,很少有研究对不同水平的学习者所犯的词汇偏误进行研究和比较(但可以参见 Palapanidi,2009)。

表 2.3　二语错误产生的水平差异

研究	研究语言的哪一方面	水平差异
Grant 和 Ginther(2000),Fernández(1997),Lennon(1991b)	偏误的产生	高<低
Bardovi-Harlig 和 Bofman(1989)	词汇偏误的产生	高<低
Ruizde Zarobe(2002,2005b),Lasagabaster 和 Doiz(2003),Fernández(1997)	偏误的产生	高低大致相当
Bardovi-Harlig 和 Bofman(1989)	词法和句法错误的产生	高低大致相当
Taylor(1975),LoCoco(1975),Fernández(1997),Olsen(1999),Palapanidi(2009)	母语迁移错误	高<低
Mukattash(1986),Sanz(2000)	母语迁移错误	高>低
Naves 等(2005),Lasagabaster 和 Doiz(2003),Wang(2003),Celaya 和 Torras(2001)	母语迁移词汇偏误	高<低

高=高水平学习者;低=低水平学习者

教学时间与语言发展

接触目的语的时间长短问题,跟年龄和语言水平问题密切相关。接触的类型、时间长短或强度,在不同程度上决定了学习者的二语表现。此外,"值得强调的是,接触时间本身被广泛认为是区分语言水平的关键因素"(Singleton,1989:237)。毫无疑问,接触目的语的时间长短(大致相当于在课堂上学习二语的教学时长)被认为是影响语言水平的一个相关因素,也是二语学习成功与否的一个重要预测工具(Burstall 等,1974:123;Carroll,1969:63;Harley,1986:21;Muñoz,2001:15;Singleton,1989:237)。

如表 2.4 所示,实证研究支持这一理论。加泰罗尼亚(见 Muñoz,2008;

Muñoz 等,2005)和巴斯克地区(见 García Mayo 和 García Lecumberri,2003)的最新研究成果,都明确证实了接受教育时间长短对二语能力发展的影响。

表 2.4　二语学习中的教学量差异

研究	研究语言的哪一方面	教学量差异
Muñoz(2001)	听力理解/听觉感知	多>少
García Mayo(2003)	语法判断/元语言意识	多>少
Ruizde Zarobe(2002,2005b),Muñoz 等(2005),Naves 和 Miralpeix(2002),Torras 和 Celaya(2001)	写作能力	多>少
Ruiz de Zarobe(2002,2005),Lasagabaster 和 Doiz(2003),Torras 和 Celaya(2001)	偏误的类型	多≠少
Naves 等(2005)	语法错误的产生	多<少
Terrazas Gallego 和 Agustín Llach(2009)	接受词汇量	多>少
Martínez Arbelaiz(2004)	语法准确性	多>少,但适用于高级学习者
Martínez Arbelaiz(2004)	语法准确性	多>少,但适用于高级学习者
Martínez Arbelaiz(2004)	母语运用	多<少,适用于低中级学习者
Martínez Arbelaiz(2004)	词汇运用	多=少

多=教学时长多的学习者;少=教学时长少的学习者

因此,输入的时间长短能够准确地预测语言学习的结果,尤其是在听力理解和口语感知方面(Muñoz,2001:31)。接触时间长短对语法判断和元语言意识的测试也有着积极的影响,因此,学习者接受的输入越多,他们在语法方面的表现就越接近母语(García Mayo,2003)。词汇和句法的复杂性,会随着学习者对目的语的大量接触而增加(Muñoz 等,2005;Naves 和 Miralpeix,2002;Ruizde Zarobe,2005a,2005b;Torras 和 Celaya,2001)。在不同的熟练阶段,错误的产生和错误类型的差异会略有减少(Lasagabaster 和 Doiz,2003;Ruiz de Zarobe,2002,2005b;Torras 和 Celaya,2001)。随着教学量的增加,跨语言迁移产生的词汇偏误也会减少(Naves 等,2005)。一项关于接受性词汇量发展的历时研究(Terrazas Gallego 和 Agustín Llach,2009)表明,随着学习者教学时长的增加,他们接受的词汇知识也会增加。此外,研究结果表明,纳入词库的词汇量会逐步增加。通过对接受词汇量的研究,可以得出结论:接触目的语的时间越长,词汇量就越大(Laufer,1998;López-Mezquita Molina,2005;Milton 和 Meara,1998;Pérez Basanta,2005)。

最近,Martínez Arbelaiz(2004)对西班牙语(作为二语的西班牙语)环境中的沉浸式学习进行了研究。结果表明,经过三个月的教学,学习者在多个方面都取得了进步。更具体地说,低中级学习者的流利性和语法准确性有了显著提高。此外,教学结束后,他们使用母语的情况也有所减少。中级学习者的流利性和语法准确性也有很大提高。然而,高级学习者的书面表达在流利性、语法准确性和词汇使用方面,并没有明显的进步。

根据这些证据,我们可以得出这样的结论:对中级学习者来说,教学量会带来显著的进步,但对高级学习者来说,这种进步并不是那么显著,而且比较缓慢,很难在第一时间感知到,因为他们学到的是细微的差别和细节,而不是全新的结构。

年龄和语言发展

文献调查显示,尝试解释二语学习中与年龄有关的差异的立场,显然是多种多样的:(1)生理学的(关键期假设),(2)神经学的(见 Stowe 和 Sabourin,2005),(3)认知的(Cenoz,2002;Moskovsky,2001;Muñoz,2000;Singleton,2003),(4)情感的(Kormos 和 Csizér,2008;MacIntyre 等,2002),(5)语言的(母语和目的语之间的竞争;Singleton,2003),(6)输入因素(Cenoz,2002;Marinova-Todd,2003;Muñoz,2000;Scarcella 和 Higa,1982;Singleton,1989,2003)和(7)输入协商因素(Marinova-Todd,2003;Oliver,2000;Scarcella 和 Higa,1982)。但年龄所起作用的确切性质,尚未得到明确阐述(Harley,1986:xi,22;Larsen-Freeman 和 Long,1991;Singleton,1989:第5章)。

这些因素都可以纳入到天性-教育(或遗传-环境)这个连续统一体(Hakuta 等,2005;Harley,1986;Muñoz,2001)中,以解释跟年龄有关的语言习得差异。这个连续统一体包括各种解释性假设,从基于生物学的解释,如关键期假设、大脑侧化,到基于环境的解释,如课堂互动、输入性质、输入协商或接触时间。

在对教学情境下的英语水平进行总体测量时,在不同的口语和书面技能测试中,起步较晚的学习者表现优于起步较早的学习者(Cenoz,2002,2003;Muñoz,2000,2001,2008;Muñoz 等,2005)。然而,对于低水平学习者(接受200小时的教学以后)来说,低龄和大龄学习者在听力理解中的结果相似(Muñoz,2000,2001)。考虑到这一结果,Muñoz(2000:174)得出结论:"尽早开始学习尤其有利于听力理解。"Cenoz(2002)的研究结果表明,低年级学生仅在发音方面超过高年级学生,而在写作技巧和听力理解方面表现相似。同样,Harley(1986)也发现,参加英法双语晚期沉浸式课程的学生,与参加早期沉浸式课程的儿童获得了相似的水平。

在正规学习环境中,较晚开始学习者的优势还体现在二语发展的不同领域中,如英语中主语代词的习得(Ruiz de Zarobe,2005a,2005b)、词汇输出(Cenoz,2002;Ruiz de Zarobe,2005a)、形态句法的发展(Marinova-Todd,2003)、语法判断和元语言意识(García Mayo,2003)、音型(元音/辅音)感知(García Lecumberri 和 Gallardo,2003)、发音技能(García Lecumberri 和 Gallardo,2003;Muñoz,2003)、听觉接受技能(Muñoz,2003)、总体写作技能(Lasagabaster 和 Doiz,2003)、交际能力(Lasagabaster 和 Doiz,2003)、写作流畅性(Lasagabaster 和 Doiz,2003;Naves 和 Miralpeix,2002),书面文章中的词汇、句法和篇章的复杂性(Lasagabaster 和 Doiz,2003),以及词汇复杂性,而非句法复杂性(Naves 和 Miralpeix,2002)。

与大多数关于课堂第二语言学习中与年龄有关的差异的研究相反,Yamada 等(1980)的研究表明,年龄较小的学习者在词汇学习方面超过了年龄较大的学习者。因此,他们得出结论:对于词汇学习来说,年龄越小越好。此外,他们还提到,低年级学生的死记硬背能力更强,发音和模仿能力也更强,从而支持了他们的观点。

对偏误的研究结果相互矛盾。Ruiz de Zarobe(2002,2005b)、Lasagabaster 和 Doiz(2003)以及 Celaya 和 Torras(2001)的研究发现,在教学内容相同的情况下,高年级学生的错误率低于低年级学生。尽管如此,Torras 和 Celaya(2001)认为,以无差错句子的数量来衡量,开始学习的年龄对书面表达的准确性没有影响(第112页)。Celaya 和 Torras(2001)(另见 Lasagabaster 和 Doiz,2003)

发现,受母语的影响,不同年龄的学习者会出现不同类型的词汇偏误。然而,
Cenoz(2001,2003)的研究发现,不同年龄段的学习者从母语迁移的情况相似。
García Lecumberri 和 Gallardo(2003)也指出,母语的影响和使用在所有年龄组
中都普遍存在,是所有学习者的主要策略,与年龄无关(第 128 页)。

关于策略的使用问题,Victori 和 Tragant(2003)报告说,大龄的学习者使
用更多的策略,而且策略的种类更多,认知策略也更复杂,如记忆技巧、分析或
分类。相比之下,低龄的学习者更喜欢使用社交策略,因此,在学习中更多地
依赖外部资源,如向老师寻求帮助或与父母一起学习。

根据这些研究结果,我们可以得出结论,正规学校环境中的二语学习者可
以从较晚开始学习中获益。研究人员一致认为,如果不加强对二语的接触,过
早开始学习二语并不能提高学习速度和最终成绩(Muñoz,2008)。表 2.5 汇总
了上述研究的结果。

表 2.5　二语学习中与年龄有关的差异

研究	研究语言的哪一方面	年龄差异
Muñoz 等(2005),Cenoz(2002,2003),Muñoz(2000,2001)	总体水平	晚开始者>早开始者
Harley(1986)	总体水平	晚开始者=早开始者
Muñoz(2000,2001),Cenoz(2002)	听力理解	晚开始者=早开始者
Ruizde Zarobe(2005a),Cenoz(2002)	词汇输出	晚开始者>早开始者
Ruizde Zarobe(2005a,2005b)	主语代词的习得	晚开始者>早开始者
Marinova-Todd(2003)	形态句法发展	晚开始者>早开始者
García Mayo(2003)	语法判断和元语言意识	晚开始者>早开始者
García Lecumberri 和 Gallardo(2003)	音型感知	晚开始者>早开始者
García Lecumberri 和 Gallardo(2003),Muñoz(2003)	发音技巧	晚开始者>早开始者
Muñoz(2003)	听觉接受能力	晚开始者>早开始者
Lasagabaster 和 Doiz(2003)	总体写作技巧	晚开始者>早开始者
Lasagabaster 和 Doiz(2003)	沟通能力	晚开始者>早开始者

研究	研究语言的哪一方面	年龄差异
Lasagabaster 和 Doiz（2003），Naves 和 Miralpeix（2002）	写作流畅性	晚开始者>早开始者
Lasagabaster 和 Doiz（2003），Naves 和 Miralpeix（2002）	词汇复杂性	晚开始者>早开始者
Lasagabaster 和 Doiz（2003）	句法复杂性	晚开始者>早开始者
Yamada 等（1980）	词汇习得	大龄者<低龄者
Ruizde Zarobe（2002,2005b），Lasagabaster 和 Doiz（2003），Celaya 和 Torras（2001）	偏误产生	大龄者<低龄者
Torras 和 Celaya（2001）	偏误产生	大龄者=低龄者
Lasagabaster 和 Doiz（2003），Celaya 和 Torras（2001）	偏误类型	大龄者≠低龄者
Cenoz（2003），García Lecumberri 和 Gallardo（2003）	母语迁移	大龄者<低龄者
Victori 和 Tragant（2003）	策略运用（频率与范围）	大龄者>低龄者
Victori 和 Tragant（2003）	策略类型	大龄者=记忆术、分析、分类。低龄者=社交（外部资源）

年龄因素与学习者不同程度的认知,跟语言发展密切相关。在大多数考察学校环境下二语学习的研究中,年龄通常是跟年级相关的。语言水平和教学时长通常也与年龄存在一致性。

·词汇量·

与本研究相关的另一个学习者变量是二语词汇量。本节解释了词汇量的概念,回顾了一些涉及这一概念并探讨其性质的研究。本节还讨论了词汇量在二语习得中的作用,指出了词汇量在语言发展和表现中至关重要的原因。最后,为了简要介绍词汇量的测量方法,我们探讨了一些为确定学习者掌握多少词汇而开发的测试方法。

词汇研究领域经常区分词汇知识的深度和广度。前者是指词汇知识的质量;换句话说,是指学习者对他们所认识的单词的了解程度。词汇知识的深度旨在回答这样一些问题:如了解一个词涉及哪些内容、词库是如何组织的、哪些方面会影响词汇知识的质量,或如何测量(Laufer,1991b,1997a,1997b;Laufer 和 Paribakht,1998;Meara,1983,1992,1996;Nation,1990,2001;Qian,1999,2002;Read,1997,2000,2004;Schmitt,1998,2000;Schmitt 和 Meara,1997;Waring,2002;Wesche 和 Paribakht,1996)。词汇知识的广度,指的是学习者词汇量的大小,即学习者认识多少单词。

词汇是以渐进的方式习得的(Schmitt,2000;Schmitt 等,2001:79;Terrazas Gallego 和 Agustin Llach,2009);因此,词汇量随着语言经验的增加和新词汇整合进心理词库而发生变化。关于词汇量的研究也涉及母语使用者所掌握的单词数量。根据对词汇的定义和测量词汇知识的测试形式的不同,对词汇量的估计也有很大差异。Meara(1996)注意到,对英语母语者来说,估计值从 15 000 个单词(Seashore 和 Eckerson,1940)到 200 000 个单词(Hartman,1946)不等,而在最近的估计中,有学者认为母语使用者知道 20 000 个词群(Nation,1993a;Nation 和 Waring,1997)。

外语学习者永远不可能像母语学习者那样积累这么多的词汇;但他们词汇量的大小在很大程度上取决于他们的水平。同样,他们的水平也在很大程度上取决于他们的词汇量(Morris 和 Cobb,2004;Qian,1999,2002)。确定学习者需要多大的词汇量才能在二语中发挥作用,是非常重要的,这对词汇教学计划也有影响。

尽管所需的词汇量会因具体任务的不同而不同,但目前的研究主要集中在阅读一般文章所需的词汇量上(Laufer,1992,1997a)。根据词频标准,从高频到低频,Laufer(1992,1997a)认为,为了能够理解英语文章 95% 的内容,学习者应该认识大约 5 000 个单词,这些单词组成了 3 000 个词群。简而言之,一篇文章中每 20 个单词,就可能有一个不认识(Cobb 和 Horst,2004;Hazenberg 和 Hulstijn,1996;Hirsh 和 Nation,1992;Nation,2001,2006)。这 5 000 个单词覆盖了文章中 95% 的内容,属于这门语言中出现频率最高的单词。因此,我们可以说,如果一个学习者认得英语中出现频率最高的 5 000 个单词,那么他或她就能理解 95% 的文本内容。研究人员还探讨了理解口语所需的单词数量问题（Adolphs 和 Schmitt，2004；Nation，2001）。据估计，要理解不同语境中 90％～94％的口语，至少需要掌握 2 000 个词语形式（Adolphs 和 Schmitt，2004）。一些研究发现，词汇量与阅读理解之间存在重要的相关性（Terrazas Gallego 和 Agustín Llach，2009；Cameron，2002；Laufer，1992，1996；Qian，2002）。这些研究指出，词汇是阅读理解的促进因素。学习者认识的单词越多，其阅读理解能力就越强。根据 Laufer（1996：55）的说法："事实证明，阅读理解与词汇知识的关系密切，比与阅读的其他要素之间的关系更为密切。"

词汇量的大小不仅对促进二语阅读至关重要（Anderson 和 Freebody，1981；Coady 等，1995；Grabe 和 Stoller，1997；Laufer，1996，1997a；Nation，1993a；Qian，1999，2002），而且正如 Meara（1996：37）所指出的："在其他条件相同的情况下，词汇量大的学习者比词汇量小的学习者更能熟练掌握各种语言技能。"我们接下来将看到，书面表达也能从大量词汇中受益（Engber，1995；Grant 和 Ginther，2000；Jarvis 等，2003；Laufer 和 Nation，1995；Lee，2003；Leki 和 Carson，1994；Meara 和 Bell，2001；Meara 和 Fitzpatrick，2000；Meara 等，2000；Miralpeix 和 Celaya，2002；Morris 和 Cobb，2004；Muncie，2002；Nation，2001）。总之，丰富多样的词汇和"充分的词汇知识是有效使用语言的先决条件"（Read，2000：83）。

在严格意义上的二语习得环境中，学习者在母语国家学习二语，如果缺乏词汇知识，会导致普遍的学业失败。换句话说，大量的词汇知识不仅会使学习者在二语学习中取得成功，而且会使学习者在其他学校科目中取得成功（Hancin-Bhatt 和 Nagy，1994；Harley，1995；Verhallen 和 Schoonen，1993，1998）。

在估算词汇量时，必须充分选择测试工具和测试词样。要测试的词必须是随机选择的。有两种基本工具可用于选择测试中的词汇：词频表和词典（Curtis，1987：38-41；Nation 和 Waring，1997；Read，2000：86-87；Schmitt，2000：165；Wesche 和 Paribakht，1996：15-16）。有几种测试词汇量的方法，其形式如下：（1）多项选择测试；（2）核对表；（3）配对练习（同义词和反义词）；（4）翻译练习（Meara，1996；Nation，2001：第 10 章；Read，2000：87 页及以后的页码，1997；Schmitt，2000：174 页及以后的页码；Wesche 和 Paribakht，1996：16 页及以后的页码）。

在英语作为外语的教学中，最常用的词汇量测试工具有以下几种：

• Nation（1990：261-272）设计的词汇水平测试（所接受词汇知识测试），以及 Laufer 和 Nation（1999）设计的词汇水平测试（产出性词汇知识测试）；

• 词频分布概况（Lexical Frequency Profile）[1]，由 Laufer 和 Nation（1995）设计；

• Meara 和 Jones 设计的 Eurocentres 词汇量测试（1987）；

• Lex_30[2] 是 Meara 和 Fitzpatrick（2000）基于联想设计的词汇量测试；

• P_Lex 是 Meara 和 Bell（2001）设计的词汇关联测试；

• DIALANG 测试，由欧盟（Lingua 计划，Council of Europe，2001，附录 C）资助，由大约 20 所欧洲大学设计和实施（科学协调员是 Charles Anderson）。它包括双语列表式和核对表式词汇测试，涉及 14 门欧洲语言，其中包括西班牙语和英语。如今，该测试由兰卡斯特大学主持。

所有这些词汇量测试都以词频表为基础，它们根据学习者所掌握的每个词频级别的单词数量来衡量词汇量的大小，如 1 000 个最常见的词频级别、2 000 个最常见的词频级别。根据这一衡量标准，学习者掌握了罕见词或频率较低的词，就表示词汇量较大。Nation（2001）认为，如果被试认识低频词，意味着他们也认识高频词，反之则不成立。

尽管人们经常尝试设计可靠的测试工具来评估词汇量，但与样本的选择和规模、结果的普遍性或测试实际测量的词汇知识类型有关的一些问题却不断出现（Meara，1996；Wesche 和 Paribakht，1996）。研究二语学习者的词汇知识水平是至关重要的，因为以往的研究已经将词汇和词汇量大小确定为影响作文质量和阅读理解的最重要因素之一，甚至是预测因素。

·小结·

本章介绍了影响语言学习者的两个学习变量的有关研究：语言水平和词汇量。据观察，这些变量是相互关联的，它们共同作用于语言的发展，并对语言发展和语言表现产生积极的影响。水平、教学量、学习者的词汇量大小，以及学习者在多个语言方面的表现之间，存在着正相关的关系。但必须指出的是，就偏误而言，偏误的绝对频率并不一定会随着水平、教学量或词汇量的增加而减少，但偏误的类型会发生变化。

·注释·

1. 该测试也有一个法语版本,适用于以法语作为外语的学习者(见 www. lextutor. ca)。

2. 该测试也有一个法语版本(见 www. lextutor. ca)。

第3章

词汇与写作

到目前为止,我们已经研究了与语言有关的一般语言性质的问题,更具体地说,是与词汇习得和影响这一过程的变量有关的问题。本章将讨论写作技能的发展、运用和评估。写作、写作评估和词汇知识之间的关系是本章的重点。写作和写作评估在一定程度上取决于学习者的二语词汇能力水平。反之,写作实践也会对词汇知识的发展产生一定的影响。

·培养写作技能·

写作技能跟口语和阅读密切相关。写作和口语都是输出技能,但后者依赖于听觉模式,而前者依靠视觉来实现。有不同的理论试图解释写与说之间的关系。结构主义和行为主义学派大力支持的传统观点认为,口语是语言的真实表现形式,而写作只是口语的一种呈现。最近,这一理论趋势已被摒弃,取而代之的是捍卫写作和口语独立性的观点,即认为它们是两种不同但相互关联的交流方式(参见 Harklau, 2002; Matsuda, 2003: 16; Weigle, 2002: 14)。因此,尽管这两种技能使用相同的语言资源,却通过不同的思维过程、不同的社会背景和不同的目的来实现。既然口语和写作是两种不同的语言能力,那么在语言教学和语言习得的过程中,就应该对它们进行相应的区别对待(Cassany, 1989: 40-44; Weigle, 2002: 14-16)。在词汇方面,与口语文本相比,写作呈现出来的词汇更五花八门,低频词汇也更多(Cassany, 1989: 39; Weigle, 2002: 16)。

这两种输出技能最显著的区别之一,就是学习者习得它们的情境和方式。口语是在生命的最初几年自然而然、无意识地习得的,而书面语言是在有意识的情况下发展起来的,通常是在学校,而且是在学习者已经掌握了口语技能的情况下(Cameron,2003;Weigle,2002:14)。

学习写作的过程与学习阅读的过程密切相关。读写能力的发展与语言学习,尤其是在正规学校环境中的语言学习息息相关。尽管阅读和写作之间的关系似乎是常识,但研究人员才刚刚开始探索二者之间的联系(Eisterhold,1990:89)。

有几种理论试图解释读写关系(Cassany,1989;Eisterhold,1990;Grabe,2003)。方向论的观点认为,阅读和写作是通过相同的机制或结构习得的,一旦在一种模式中习得了这种机制或结构,就可以迁移到另一种模式中。但这种迁移只朝一个方向进行,即从阅读到写作或从写作到阅读。确定迁移的方向,对教学至关重要,因为这会影响到在语言教学中先传授哪种技能的决定(Eisterhold,1990:89)。尽管两种迁移方向的模型都有大量的证据佐证,但通常都是从阅读对写作发展有何影响的角度来探讨这种关系的(Eisterhold,1990:89;Grabe,2003:243)。

阅读被认为是写作技能发展过程的核心,也是内容信息和真实语言范例的宝贵来源。阅读通过以下几种方式促进写作:(1)通过源文本提供写作内容(Campbell,1990;Grabe,2003:244;Hyland,2003:17;Vandrick,2003;Weigle,2002:27-28);(2)提供真实的语言运用实例(Hyland,2003:17;Vandrick,2003);(3)提供目的语中信息组织的修辞模式(Cassany,1989:63-80;Eisterhold,1990:88;Grabe,2003:246);(4)提供用于掌握写作的技能和策略(Grabe,2003:247;Hyland,2003:17;Weigle,2002:27)。[1]

看来,(广泛)阅读能扩大词汇量,从而为写作提供表达手段(Grabe,2003:249)。Krashen(2004)认为,广泛的快乐阅读是获取词汇的最有效途径,尤其是在阅读的同时开展词汇活动(参见 Kweon 和 Kim,2008;Lehmann,2007;Min,2008;Pigada 和 Schmitt,2006;Webb,2008)。许多作者也致力于证明,阅读任务比其他词汇习得任务(如双语列表、造句、配对练习或强化阅读)更加有效。

他们发现,后者同样非常有效,甚至比广泛阅读更有效,但衡量的时间范围只是短期之内（Agustín Llach，2009b；Barcroft，2004；Cho 和 Krashen，1994；Horst 等，1998；Laufer，2003，2006）。

一语写作和二语写作似乎有非常相似的表现，但不尽相同。一语和二语的发展需要考虑的情况也不一样。因此，要界定什么是写作能力，以及写作技能是如何获得的，是一项艰巨的任务。

写作理论

对二语写作的学习进行解释的模型，将其视为一种结果或过程，一种社交活动或认知活动，或一种注重形式的活动或注重内容的活动。解释二语写作技能的习得和发展的观点，借鉴了母语的研究，强调了一语和二语写作之间的主要区别。这些关于写作本质的概念，也对应着二语写作课程中所实施的不同教学方法（Cumming，2003：74-75；Hyland，2003：2；Matsuda，2003：19）。

写作的不同概念，可以归纳为三大二分组，它们不应被视为彼此对立的，而应被理解为互补和重叠的，各自侧重于写作的一个特定方面[2]（Cumming，2003：74-75；Hyland，2003；Johns，1990；Matsuda，2003；Silva，1990；Weigle，2002）。这样写作就被看成是：

- 结果或过程，
- 认知活动或社交活动，
- 内容主导的活动，或形式主导的活动。

在文献中，结果与过程的区别可能是最经常出现的，也是引起争论最激烈的。写作的结果论表明，应特别关注语言结构，因为学习者的书面文本才是重点。准确性至关重要，语法和词汇知识是写作不可或缺的先决条件。写作涉及对句法模式、词形变化、词汇和衔接方式做出正确的选择，再将它们组合成连贯的文章（Hyland，2003：3；Matsuda，2003：19-20；Silva，1990：13）。因此，语法和词汇偏误被认为是"糟糕的"写作，以及学习者缺乏写作技能的表现。

根据这种将写作视为结果的观点，练习写作和大量写作是学习者学习写作的方法（Kroll，2003：115）。在二语课堂上，写作的基本目的是练习语法和词汇，强化口语习惯。写作练习本身不是目的，而是手段。通过写作，学习者可以巩固词汇和其他语法结构的知识（Hyland，2003：4；Silva，1990：13）。反过来，教师也可以利用写作练习来评估学生在语言习得方面取得的进步

（Chastain, 1988：364）。因此，写作的目的有两个：首先，练习本节课的词汇和语法（Hyland, 2003；Weigle, 2002：12）；其次，帮助培养为交际目的服务的写作能力。

写作技能领域的最新研究趋势认为，写作是一个认知过程，由几个相互影响的阶段组成（Grabe, 2001；Hyland, 2003；Kroll, 2003；Matsuda, 2003：21；Wang 和 Wen, 2002；Weigle, 2002：22-35）。这一理论的主要支持者 Flower 和 Hayes（1981）指出，构思、起草、修改和编辑是写作过程的主要阶段。（特别针对二语写作的理论，可以参见，如 Wang 和 Wen, 2002。）这些阶段不是按线性顺序排列的，而是在认为必要时，递归式进行的（Hyland, 2003：11）。编辑阶段的目标不仅包括语言纠错，还包括组织观点和引入新观点。

将写作作为一种过程来学习的方法，需要经历写作过程的各个阶段：构思和列出大纲、产生想法、撰写数稿、重读文本、修改、重构、编辑，并能在需要时随时调用这些认知子过程中的任何一个。过程模型将写作视为一种认知活动，并承认写作的主要目的是交流和表达意义（Silva, 1990：15；Valero Garcés 等, 2000；Zamel, 1983：165）。写作还被视为一种社交活动。因此，写作过程必须结合语言使用的话语和语境因素，比如考虑特定学科或文化的内容、目标受众、结构习惯或目的（Hyland, 2003：18；Weigle, 2002：20）。还需要考虑不同的体裁，比如如何撰写报告、新闻报道、学术论文或判决书。专门用途英语和学术英语都源于这种方法（Bruce, 2005；Silva 和 Matsuda, 2001；Zhu, 2004）。

将写作视为过程的写作理论，无论是强调其认知性质还是社会性质，都突出了写作过程的内容导向。因此，写作中所表达的思想，至少与话语的准确性同等重要（Hyland, 2003：16；Silva, 1990：15-16）。与此相反，其他语言观则以形式为导向，即关注句子和段落的构造。从这个角度看，写作就是按照修辞的惯例，将单词编排成句，再将句子编排成段（Hyland, 2003：3；Silva, 1990：14）。

注重内容的方法强调源文本的重要性，源文本有助于产生想法，从而促进写作的过程。因此，阅读在培养写作技能方面发挥着重要作用（Hyland, 2003：17）。除了阅读，研究还指出了一语读写能力对学习二语写作的影响。就二语的情况来说，将二语阅读技能和一语读写技能迁移到二语写作中，取决于学习者对目的语的掌握程度。大多数研究者认为，一语和二语写作在某种程度上是不同的，因为它们的学习环境截然不同。

二语写作中的一语读写能力和二语水平

在二语写作技能的习得方面,有两大问题值得特别留意:一语读写能力和二语水平(Cabaleiro González,2003;Eisterhold,1990;Hyland,2003;Krapels,1990;Kubota,1998;Wang,2003;Weigle,2002)。学习二语写作似乎涉及与一语写作相同的写作过程。但这两种情况也有一些区别。

一语和二语写作者的首要明显区别,就是二语写作者的语言系统和一语读写能力已经完全成熟,有时甚至只是部分成熟。幼儿不会在同一天说出和写出他们的第一个字,但课堂上的二语学习者会(Harklau,2002:334)。只是二语学习者对二语的掌握还不够熟练(Eisterhold,1990:94),而且学习者之间的二语水平也存在很大差别。二语学习者在母语和其他二语方面的个体差异,以及他们的性别、年龄、学习动机或个性,都会影响他们的水平,也许这就是成绩水平参差不齐的原因(Hyland,2003:33-34;Krapels,1990:45)。一语读写能力和二语水平,是学习二语写作的关键因素。

影响二语读写互动以及一语和二语读写能力之间关系的基本过程,就是迁移现象(Eisterhold,1990:99;Grabe,2003:247;Kobayashi 和 Rinnert,2002;Wang 和 Wen,2002)。不过,一语读写能力对二语写作的确切影响,尚有争议。虽然研究人员对这种迁移的影响存在分歧,但普遍认为,先前的语言和文化经验是影响二语写作习得的因素(Eisterhold,1990;Grabe,2001,2003:247;Hyland,2003:34;Krapels,1990;Kroll,1990;Kubota,1998;Wang,2003;Wang 和 Wen,2002;Weigle,2002:35-39)。

有几项研究指出了一语读写能力对二语写作的有利影响或正向迁移作用(Eisterhold,1990;Freidlander,1990;Krapels,1990;Kubota,1998;Manchón 等,2000,2007;Silva 等,2003)。在学习二语写作时,学习者会受益于他们在第一语言阅读和写作中掌握的技能。学习者会将他们在母语写作中运用的写作技能和过程迁移到二语写作中。尽管一语和二语写作遵循同样的构思、起草、修改和编辑这一递归式的过程(Cabaleiro González,2003;Krapels,1990;Kubota,1998;Manchón 等,2000;Matsuda,2003;Weigle,2002:35-37;另见 De Haan 和 van Esch,2005:102),但二语写作者表现出来的想法比较少,他们在构思和编辑方面花的时间也更少,而更多地关注语言错误(语法结构和词汇选择)(Cabaleiro González,2003:36;Krapels,1990;Manchón 等,2000;Woodall,

2002）。低水平学习者尤其如此，因为学习者的水平越高，他们的二语写作跟一语写作就越发相似（见 Manchón 等，2000；Wang，2003；Wang 和 Wen，2002）。此外，与一语写作相比，二语写作显示出更多的可变性。一语写作则更为单一。二语学习者迁移一语读写能力的程度是相同的（Freidlander，1990；Wang 和 Wen，2002；Woodall，2002）。

除了利用一语读写技能来进行二语写作外，学习者在进行二语写作时，还会使用一语来弥补二语词汇的不足，或通过检索一语的内容信息，来产生新思路（Berg，1999；Freidlander，1990；Krapels，1990；Manchón 等，2000；Roca de Larios 等，2007；Wang，2003；Wang 和 Wen，2002；Woodall，2002：11）。一语写作习惯的负向迁移也是研究的主题。研究结果表明，一语的干扰会导致二语写作水平下降，因为学习者直接迁移了其一语的修辞习惯，而这些习惯往往与二语的修辞习惯不同（综述可见 Hyland，2003：34；Kubota，1998）。

由于对二语了解有限，更具体地说是对目的语词汇了解有限，二语阅读技能向二语写作的迁移有可能会受阻（Clark 和 Ishida，2005；Pérez Basanta，2005；Qian，2002 等）。正如 Weigle（2002：36）所指出的，语言能力不足可能会妨碍源文本的解读，文本的产出也可能会受到语法和词汇问题的干扰，最后，缺乏文化和社会知识，或者不符合读者的期待，有可能导致修辞方面出现错误。正如一些研究表明的那样，有限的二语知识会导致文章较短，文中包含的观点较少，凝聚力较差，错误较多（例如，可参见 Hyland，2003：34；Wang，2003）。

一语迁移并不是二语写作发展的全部。Grabe（2003：248）和其他人提出了一个问题：二语写作更依赖于一语的读写能力，还是更依赖于二语水平。实证证据支持这两者。有一种观点认为，如果学习者的一语写作能力差，那么他或她的二语写作能力也差；如果学习者的一语写作能力强，那么他或她的二语写作能力也强。无论他或她的二语水平如何，这种观点强调了一语读写能力的作用（Freidlander，1990；Krapels，1990；Medgyes 和 Ryan，1996）。近期的研究指出，二语水平是习得二语写作技能的最重要因素（Grabe，2003：248；Kubota，1998；Wang，2003）。Roca de Larios 等（2007）指出，有些阐述过程与水平无关，而另一些则会随着二语水平的提高而发展。

随着二语能力的提高，二语写作在句法模式、修辞习惯和词汇选择的使用上，似乎越来越像母语写作（Cumming，2001；Grant 和 Ginther，2000；Manchón

等,2000;Wang,2003;Wang 和 Wen,2002)。熟练写作者的文章显示出更广泛和具体的词汇(Cumming,2001:4;Hawkey 和 Barker,2004)。简而言之,写作有助于词汇的发展,写作中词汇的使用提高了文章的质量(见"写作评估"一节),因为"词汇知识已被证明是与读写经验共同发展和显著变化的"(Harklau,2002:338)。此外,Díaz Galán 和 Fumero Pérez(2004)证实了词汇在写作教学中的重要性,因为给学生提供恰当的词汇,有助于文本的组织和一般文本的输出(另可见 Bacha,2001;De Haan 和 van Esch,2005;Wang,2003)。

总体而言,有关二语写作的研究主要集中在高级学习者身上。正如 Krapels(1990:49)所指出的,关于二语初级学习者和二语低龄学习者的二语写作研究比较少见。下文回顾了涉及儿童二语写作发展的少量文献。

写作与低龄学习者

儿童外语教学以口语为主。小学阶段的语言学习是通过说和听来进行的。阅读,尤其是写作,由更高层级的教育来解决,通常是初中甚至高中的事。实际上,很可能全世界的小学教师都花了一些时间向小学生传授二语读写技能。正如 Roca de Larios 等(2007)所指出的,中小学课程强调了教授二语写作的必要性。尽管如此,实际情况表明,到中学教育结束时,大多数学习者都无法用二语撰写文章,他们唯一的二语写作经验,大多局限于完成语法和词汇练习。

虽然一些学者(Cameron,2001;Harklau,2002;Matera 和 Gerber,2008;Torras 和 Celaya,2001)探讨了儿童如何学习二语读写,但大多数关于儿童语言习得的研究都集中在二语的口语交际上(见 Philp 等,2008)。尽管在该领域开展了一些研究,但人们对二语读写技能是如何习得的知之甚少。教低龄学习者使用二语书写和阅读,是一项特别复杂的任务。儿童面临的挑战是,他们必须学会用二语写作,而此时他们的一语读写系统仍在发展,二语口语系统尚未发育成熟(Weigle,2002:6)。从这个意义上讲,Matera 和 Gerber(2008:29)认为,当学习者已经掌握了大量的二语词汇,对自己的新语言充满信心,并在自己的一语中发展了一定的读写能力时,就应该开始学习二语读写。

Torras 和 Celaya(2001)研究了两组低龄西班牙语学习者的写作发展情况。实验开始时,他们的年龄在 8 到 11 岁之间,实验结束时,他们的年龄在 12

到 14 岁之间。据他们观察,学习者在写作的流畅性、准确性、词汇和语法复杂性方面都有进步,但流畅性进步较快。因此,在研究结束时,学习者写出的作文篇幅较长。12 岁以下的学习者在作文中使用的句法结构范围有限,这使他们能够非常准确和流畅地写作。当学习者达到 12 岁时,他们的语法能力有所提高。这种增长归因于:(1)认知和概念的进一步发展;(2)更好的二语能力;(3)更强大的一语读写能力;(4)在 11～12 岁时,学习者在学校接受了明确的语法教学。

　　总之,可以将两种主要方法结合起来,以促进学习者在小学二语课堂上读写技能的成功发展。一方面,依赖于一语技能的传授会对学习二语的读写产生非常积极的影响。另一方面,强调读写的交际性质,即读写是为了表达和分享意义,这对于引发读写能力的发展可能是至关重要的。

　　当低龄学习者开始用二语进行阅读和写作时,他们的识字能力只在一语中得到了部分发展。这使得他们的迁移能力有限(Singleton,1999:48-50)。与其他类型的知识、技能和策略一样,识字技能也可以从母语迁移到二语中(Kobayashi 和 Rinnert,2002;Manchón 等,2007)。研究者观察到,在一语和二语写作过程中,会使用相同的策略,但这些策略在二语写作中使用较少。使用一种尚未完全掌握的语言进行写作,由此带来的认知负担,是造成一语和二语写作中策略使用数量存在差别的原因(Cabaleiro González,2003:36)。

　　尽管一语技能迁移对二语读写能力的发展有促进作用,但我们不能忘记,一语读写能力在低龄学习者身上只是得到了部分发展,因此,只有读写知识的某些方面可以进行迁移。Torras 和 Celaya(2001)认为,初学英语这门外语的低龄学习者,无法从一语写作技能中获益,因为他们的一语还没有完全发展成读写策略。二语写作的其他方面必须完全由低龄学习者自己掌握,如将观点组织成段落,再将段落组织成更长的文章(Cameron,2001:136-137)。考虑到低龄学习者的二语资源非常有限,二语口语技能是读写学习的一个相关因素。向低龄学习者传授读写技能,也要提高他们的一语阅读和写作,以及二语的口语技能。Matera 和 Gerber(2008:34)认为:"明确强调书面语言的意识,能让儿童的写作有显著的提高。"换句话说,写作练习和其他读写活动的指导,能够促进写作,提高写作的质量。

在英语作为外语学习中的写作能力培养

在英语作为外语的教学中,学习阅读,尤其是写作,对母语为其他语言的使用者来说,是一项特殊的挑战,哪怕这些语言采用同样的写作系统。对西班牙语母语者来说,主要存在两方面的问题。首要困难是,英语中的音形关系很不规则,这使得"英语成为一种复杂的字母书面语言"(Cameron,2001:138),声音和字母通常不一致。而西班牙语的书写却能忠实地呈现发音。发音与书写之间的巨大差异,使得英语书写任务变得相当困难。不发音的字母,例如,在 through、cimb 或 talk 中;同一字母发音不同,如 hand、cat 和 walk 中字母"a"发音不同;或者用几个不同的字母,表示同一个发音,如 but、son 和 none 中 [ʌ] 的发音,这些例子都说明了这些困难。掌握英语的拼写习惯,需要了解大量的不规则现象、拼写规则和大量的孤例。

低龄西班牙语学习者在学习英语写作时,必须面对的第二大困难,就是英语音节中字母的组合分布。复辅音、辅音丛、重复的元音或连续排列的元音(如 beautiful、doors 和 intelligent),对母语是西班牙语的学习者来说,都是极大的挑战,从而带来许多书写的问题。

学习者在用英语写作时面临的其他挑战,与修辞习惯有关。研究者需要对比修辞学研究和比较不同语言的篇章形式,发现两者之间的差异,然后才能区分出可能的难点(Connor,2003)。不同文化和语言对如何将自己的想法组成连贯的话语,有着不同的偏好,这可能会带来问题,导致二语写作欠佳(Connor,2003:218;Weigle,2002:20-22)。

就英语而言,研究表明,它的文本结构是线性的,即引入主旨,然后在文章的其余部分展开,这也被称为演绎论证(Connor,2003:226;Hyland,2003:45-47;Kubota,1998;Weigle,2002:20-22)。英语散文被定义为"作者负责型",这意味着创造有意义和有效交流的责任完全落在作者身上,而读者则更多地扮演被动角色,接受意义的灌输(Connor,2003:226;Johns,1990)。作者负责的文本要具备点明语篇结构的路标:什么在前,什么在后;大量的连接手段;清晰、直接和直白的陈述;便于读者理解的解释(Hyland,2003:48;Johns,1990:27;Weigle,2002:21)。此外,一语英语写作强调批判性思维、原创性、创造性、逻辑性、洞察力和个人的声音(Grabe,2001:44)。Neff(2006)认为,对西班牙语修辞习惯的研究很少。不过,她发现,在通过使用"我们"来构建作者的声音方面,西班牙语者学习英语时,迁移了一语的修辞习惯。Neff(2006)还提出,使用话题引入语,如 Es preciso admitir que...("有必要承认……"), Es conveniente apuntar que...("不难看出……")和 Es necesario señalar que...("有必要指出……")(第 66 页),是西班牙语写作的特点。López Guix 和 Wilkinson(2001)在对西班牙语和英语进行比较时发现,英语偏向于并列结构,而西班牙语偏向于从属结构。

写作技能和词汇

词汇与写作技能之间的相互作用是双重的。一方面,写作练习有助于词汇的发展。另一方面,词汇知识是写作活动的核心,而且,词汇被认为是评价写作的标准。通过写作,学习者可以练习语言、句法结构、词法,尤其是词汇。据观察,词汇量会从写作练习中获益良多,反过来,写作课程也会大大提高词汇能力(Cameron,2001;Harklau,2002;Katznelson 等,2001;也可参见 Lee 和 Muncie,2006)。据信,二语学习者的大部分词汇能力,都是通过书面语言获得的(参见 Urquhart 和 Weir,1998;Nippold,1998;Fitzgerald,1995,转引自 Harklau,2002:338-339)。

Muncie(2002)进一步证明了写作练习在词汇能力发展中的作用。他发现词汇发展与写作练习高度相关。他在对日本大学生进行的实验中发现,过程写作有助于学生扩大词汇量,而且他从分析数据中得出结论,如果在写作之前的阶段就明确关注词汇,那么词汇就会得到更大的发展。

同样,Lee(2003)也发现,写作任务可以最大限度地增加词汇学习机会,通过保留新学词汇,特别是激活那些已经学过的词汇和使用已知的词汇,可以帮助学习者发展二语词汇。这些研究结果表明,写作对词汇发展具有积极的作用,而且指出了在二语课堂上使用书面文本作为练习和发展词汇技能工具的好处(Bruton,2007;Hulstijn 和 Laufer,2001;Raimes,1985:248;San Mateo Valdehíta,2003/2004)。

教师、研究人员和学习者,都承认词汇知识对写作发展的重要性。在 Polio 和 Glew(1996)的研究中,学生们提到了掌握适当词汇对写作文的重要性,并谈到了他们在写作某个话题的文章时,因为缺乏足量的合适词汇而遭遇的困难(第 43-44 页)。Leki 和 Carson(1994)在研究学习者对英语习得课程的看法时发现,学习者认为词汇是学术写作中最重要的因素,并主张扩充词汇是其提高写作成绩的关键因素。Tercanlioglu（2004：152）的研究对象也认为，词汇是写作中最关键的因素。近来，Matera 和 Gerber（2008）发现，二语词汇量较大的低龄学习者的写作水平，明显高于词汇量较小的同龄人。此外，词汇量大的学习者对写作教学活动的反应也更好。

　　总之，根据学生的看法和调查研究的结果，词汇知识是决定写作能力的一个因素。但词汇并不是影响写作质量的唯一因素，因为在评估写作时，还要考虑其他的方面。

·写作评估·

　　写作能力被认为是语言水平的指标之一，尤其是在学术环境下。世界上许多大学的分班考试，以及入学和毕业考试，都包括写作测试，有的是专门测试写作，有的是作为更多测试的一部分（Hamp-Lyons，2001，2003；Hyland，2003；Weigle，2002）。同样，在某些机构的语言测试（英语作为外语的托福考试和剑桥英语作为外语的考试，或德语作为外语的德语语言证书考试，西班牙语作为外语的对外西班牙语水平证书考试，或者法语作为外语的法语学习文凭考试）中，写作能力占最终得分的很大一部分。因此，评价写作能力成为一项重要任务，必须准确、公平地进行。

　　信度和效度是写作评估领域研究的一个突出问题（Bacha，2001；Cherry 和 Meyer，1993；Crusan，2002；Hamp-Lyons，1990，2003；Hyland，2003：215-220；Janopoulus，1993；Penny 等，2000；Polio，2001；Smith，1993；White，1993）。首先，信度指的是考试所测内容的一致性。如果一个评分员在两个或两个以上不同的考试时间内，都得到相似的结果（评分员内在信度），或者两个或两个以上的评分员，使用同样的评估手段，得到相似的结果（评分员组间信度），或者如果一名被试在不同的写作任务中，表现出相似的成绩（工具信度），那么就可以说，这项考试非常可靠（Cherry 和 Meyer，1993：114-118）。

　　其次，如果一项考试确实达到了它所说的测试目的，那它就是有效的（见 Hamp-Lyons，1990，1992，2003）。[3] 为了验证效度，可以使用已知的其他测量工具来检测同样的文章，从而对该写作测试进行研究（Hamp-Lyons，2003：165）。信度和效度是相关的问题。Cherry 和 Meyer（1993：115）指出，信度是效度的必要条件，但不是充分条件。为了获得高度可靠和有效的测试方法,经过种种尝试,出现了各种评估写作能力的程序:(1)测量工具,(2)评分过程,(3)评分标准。下文将对这些方面详细地加以探讨。

写作能力的评估手段

写作能力的评估要用到多种测试形式。评估写作的三种主要方法是多项选择法、限时即兴写作法和综合评估法。图3.1概括展示了这三种测试形式,表3.1列举了这三种写作评估方法的主要特点。

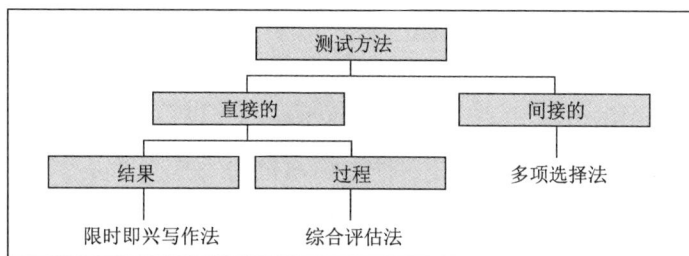

图 3.1　写作测试方法

表 3.1　写作测试方法的主要特点

多项选择法	限时即兴写作法	综合评估法
客观	主观	主观
易于执行	易于执行	耗费时间
易于打分	需培训评分员	需培训评分员
高统计信度	信度较低	信度较低
效度低	效度高	效度最高

多项选择法通常被称为"间接"写作测试(Crusan,2002;Hamp-Lyons,2001,2003;Hyland,2003;Weigle,2002;Williamson,1993),主张通过间接检测语法和词汇能力,来对写作进行评估。它采用推理方式,从学习者的语法和词汇能力得出对写作能力的判断。正因为采用了多项选择的形式,间接测验可以客观衡量写作能力。虽然其设计相当耗时,但实施和评分简单快捷,评分员几乎无需培训(Hyland,2003:217)。然而,间接测试缺乏效度,因为它是通过其他语言测量方法来间接评价写作的。在多项选择法写作测试的所有优点中,较高的统计信度[4]最为突出(Hyland,2003:217)。事实上,客观的间接测试正

是为了满足美国大学对入学考试和分班考试的标准化和信度要求而产生的。它取代了以前所谓的"直接"测试法（Camp, 1993; Hamp-Lyons, 2001: 118; Hyland, 2003: 216; Williamson, 1993）。

直接测试有两大方法：限时写作和综合评估。对写作能力的直接评估以写作的内容为根本——它们评价的是实际写作（Weigle, 2002: 46）。任何包括作文的写作考试，都被认为具有很高的效度，因为写作能力可以通过写作表现来直接衡量。尽管直接测试法具有较高的效度，并整合了写作的所有要素，但其信度却低于间接评价法。尽管评分员以前接受过培训，但他们对写作的评分并不总是一致的（Hyland, 2003: 217）。尽管如此，Jacobs 等（1981: 3）认为，直接评估如果运用得当，可以达到很高的信度。[5]

在写作课程和写作理论中，占据主导地位的写作方法是"写作即过程"。但在写作评估中，结果评估要优先于过程评估（Cho, 2003: 166; White, 1993: 91）。到目前为止，最常用的写作测验方法是作文测试。但最近的写作评估实践已经出现了一种新的趋势：综合评价（Council of Europe, 2001[CEFR]; Hamp-Lyons, 2001; Hirvela 和 Sweetland, 2005; Hyland, 2003; Weigle, 2002）。

综合评估反映了写作是一个递归式过程的理念，包括构思、起草、修改和编辑等阶段。简而言之，它强调的理念是"写作是一个过程"，写作"要像在课堂上教授和练习的那样去写"（Weigle, 2002: 197; 另见 Halden-Sullivan, 1996）。许多作者认为，将写作视为过程而不是结果来评估，是评判写作能力的一种更有效、更公平的方法（Cho, 2003; Halden-Sullivan, 1996）。

作品集是学生文章的集合，展示了从课程初期的初稿到最终版本的进展（Hirvela 和 Sweetland, 2005; Hyland, 2003: 233; Weigle, 2002: 第 9 章）。通过分析学习者的多个写作样本，以及从一篇草稿到下一篇草稿所做的修改，教师可以看到他们的写作技能是如何在课程中发展起来的（Halden-Sullivan, 1996; Weigle, 2002: 217）。综合评估似乎与作文考试一样，也要对写作质量加以评判，以衡量写作能力，比如要评判准确性、词汇丰富度以及是否有错误（Hyland, 2003: 238; Weigle, 2002: 217-227）。

限时即兴写作法是典型的直接测试法，它将写作视为结果，因此，只对一篇文章做出评价。作文测验是在时间限制下进行的，在写作文之前，先要阅读一段文章或写作提示词。它是最常见的写作评估工具，即使在重视过程方法的今天也是如此（Hyland，2003；Weigle，2002；White，1993：91）。

　　作文测验易于实施，但其评价和评分却很成问题。为提高测验的信度，人们采用了许多不同的评分步骤。下一节将会回顾直接测试法文献中的主要评估方法。

　　直接评估写作质量的评分步骤

　　对写作质量的评判，可以从多个不同的角度进行。为获得高度可靠的测试工具，研究人员设计了一套号称具有测试一致性的评估方法。这些评估方法中相关性最强的是整体评分法、分析评分法、基于主要特点评分法和基于各项特点评分法（Argüelles Álvarez，2004；Hamp-Lyons，2001，2003；Hyland，2003；Weigle，2002）。这四种评分量表有两个不同点：（1）它们对作文质量给出的是单项评分，还是多项评分；（2）它们是通用工具，还是专为特定任务设计的工具。表3.2改编自Weigle（2002：109），总结了四种评分量表。

表3.2　评分量表的类型（改编自 Weigle，2002：109）

	专为特定任务设计	通用于一类写作任务
单项评分	主要特点评分法	整体评分法
多项评分	各项特点评分法	分析评分法

　　整体评分法的信度研究成果颇丰（例如可参见 Williamson 和 Hout，1993；另见 Penny 等，2000）。用整体评分法评价写作能力，意味着对文章有一个整体印象，并对写作做出一个单一的总体判断。对写作能力的评判是以评分表或评分标准为背景进行的，评分表或评分标准概述了主要的评分标准，即什么样的文章才是好文章（Hyland，2003：227；Weigle，2002：112-114）。此外，评分员在评分时，还可以参照代表各个等级的参考范文（Smith，1993：148-149）。

　　交际效果可以说是质量评判的核心。因此，学习者的写作能力，将根据他们的文章是否表达了自己的意思来进行评估。写作能力的评估应该以作者的交际能力为基础（Cumming 等，2005；Engber，1995；Janopoulus，1993：320）。Janopoulus（1993：318）提出，如果衡量的对象是交际能力，对二语写作水平的整体评分才会具有建构效度。

　　为了进行整体评分，评分员要接受评分标准培训，并了解优秀作文的特点。这种培训旨在提高评分员之间的信度,从而提高这项测试工具的信度。除了培训工作比较耗时以外,整体评分法的实施速度相当快,因为它只需要评分员读一遍文章就行(Hyland,2003:227;Weigle,2002:112-114)。整体评分法的其他优点还包括以下方面:它关注作文的优点,能够强调文本的不同方面,因此,能提供这些具体方面的重要信息(Hyland,2003:227;Weigle,2002:112-114;White,1993)。与 White(1993)类似,Weigle(2002:114)也认为,整体评分法比其他类型的写作评价形式(如分析评分法)更有效。整体评分法要求评分员对文章进行整体阅读和评估,这很像现实中注重读者的写作方式。

Weigle(2002:114)列出了整体评分法的一系列缺点,主要是它只提供单一的分数(Hyland,2003:227)。特别是在二语作文中,单一的分数很难说清楚学习者真正的写作能力主要来自哪些方面,究竟是良好的修辞组织能力、句法结构的准确使用、恰当的词汇选择,还是内容的完整性。 单一的整体评分也很难解释,每个评分员的评分依据究竟是什么。总之,整体评分法的得分既不透明,也未提供足够的信息(Bacha,2001)。

整体评分量表的例子不胜枚举(Weigle,2002:112;Williamson,1993:2)。其中被引用最多的例子是托福写作考试中使用的评分标准,以前被称为书面英语测试(TWE)的量表,以及密歇根英语语言评价测试(MELAB)(Polio,2001:92;Weigle,2002:112-114)。 有关整体评分量表的更多例子可参见Weigle(2002:第 7 章)和 Hyland(2003:228)。这些整体评分量表的显著区分特点,是在评分标准中定义描述词的方式,以及所考虑的掌握层次的数量,最常见的量表分为四到六个掌握层次(Hyland,2003:227)。

分析评分法解决了整体评分法的主要缺点,即只提供一个分数。在分析评分中,对写作质量的判断是根据文章的多个特征做出的。从这个意义上讲,分析评分被认为是将写作视为多方面的和复杂的(Hamp-Lyons,2003:176)。分析评分不是给出一个单一的总分,而是分别对不同的文本组成部分进行打分评判(Argüelles Álvarez,2004:85)。这些组成部分包括内容、组织、连接、词汇、语域、语法和写作手法(Hyland,2003:229)。因此,分析评分能提供有关写作特点的更为详细的信息(Bacha,2001;Hamp-Lyons,2003:176;Hyland,2003:229;Weigle,2002:114-115)。这对于写作能力的不同方面表现出不同水平的二语学习者来说尤其有用(Hyland,2003:230;Weigle,2002:120)。

对每一项评分标准,比如内容、组织或词汇,分析评分法将掌握程度分为几个等级,如优、良、中、差或极差。每个次级标准都有一套明确的描述词,每个掌握程度都有明确的界定(Weigle,2002:119-120)。为每项评分标准的每个级别定义描述词,就是根据写作的每个特定特征来说明写作在每个级别上的优劣程度。这是一项相当艰巨的任务,但对可靠的评估来说,是至关重要的。

分析评分法的主要缺点之一,就是很难给每段描述词提供清晰明确的定义。如果每项评分标准中每个掌握程度的描述不明确,那么使用分析评分量表进行评估,结果很可能就不可靠(Weigle,2002:120)。分析评分法的其他缺点(见 Weigle,2002:120)如下:(1)设计量表和确定评分标准需要大量时间;(2)每篇文章都要读两遍,耗时较长;(3)认知要求较高,即评分员必须同时注意多个特征,这带来比较大的认知负担(Hyland,2003:230)。 因此,分析评分法虽然更耗时,但比整体评分更可靠(Penny 等,2000:146)。

有些分析评分量表提供的,是由特定量表分数组合而成的单一综合分数。这就带来了另一个问题,因为在给出综合质量分数的同时,分析量表所能提供的某些信息就丧失了(Weigle,2002:120)。"英语作为二语的作文概况(ESL Composition Profile)"是最著名、使用最广泛的分析量表之一,它也会提供一个综合性的总分(Weigle,2002:115;Wolfe-Quintero 等,1998)。该量表由 Jacobs 等(1981)设计,通常称为"概况(Profile)",它有五个评分量表,每个量表又将掌握程度分为四个等级:优秀到很好、好到一般、一般到差和非常差。

五项评分标准分别是内容、组织、词汇、语言运用和写作手法。每项评分标准的得分都不同,内容最高 30 分,组织和词汇最高 20 分,语言运用最高 25 分,写作手法最高 5 分。最高分为 100 分,最低分为 34 分。该概况通常报告一个综合性的总分,但也能提供每个评分项的分数。附录 1 重现了该概况的评分标准,以及每个评分项目和掌握程度的描述词。

分析评分法量表的其他例子,还有教育目的英语测试(TEEP)和密歇根写作评价评分指南(参见 Hamp-Lyons,1992;Weigle,2002:115-119)。

当用于写作评价的评分量表是为特定写作任务而设计时,它被称为主要特点或多重特点评分法(Hamp-Lyons,1992,2003:175-176;Hyland,2003:229-230;Weigle,2002:110-112)。基于特点的评分方法突出了每项特定任务中优秀作文的特征。在主要特点评分法中,写作任务的某一特定方面,例如恰当的文本分段、有创意的回答、有效的论证、参考文献和对读者的考虑(Hyland，2003：230)，会被突显出来，还会设计出详细的评分标准或该特点的一组描述性标准，用于评价写作表现(Hamp-Lyons，2003：175；Weigle，2002：110)。在这方面，主要特点评分法类似于整体评分法，不同之处在于，前者取决于当前正在执行的特定写作任务，并不一定以交际效果作为主要的质量标准，而是取决于学习者完成写作任务的成功程度。

与此相反，在多项特点评分法中，写作任务中的几个突出特点，会被选作写作质量和写作能力的判断依据。在这种情况下，不同的写作特征会得到不同的分数，在每种特定情境下，每种特点都会得到一个分数。例如，"概括文本""考虑论点的正反两面"或"构建摘要部分的进展结构"的能力(Hyland，2003：230)。由 Hamp-Lyons(1992,2003)亲自开发的多重特点评分法，实际上是一种为特定任务而设计的分析评分法。Weigle(2002：111)和 Hyland(2003：231)分别提供了主要特点和多重特点评分标准的例子。

为特定写作任务制定的评分步骤，具有很高的效度和信度(Hamp-Lyons，1991：253，见 Argüelles Álvarez，2004：88)，无论它们给出的是一个总分还是多项分数。这是因为，它们的评分标准反映并评价了学习者在要求他们做的事情方面的真实表现；换句话说，它们是对情境敏感的(Hamp-Lyons，2003：176；Hyland，2003：229)。不过，由于只能用于单一的写作任务／主题，其设计既昂贵又费时。由于主要特点评分太耗费人力，因此并未得到广泛应用(Hamp-Lyons，2003：176；Weigle，2002：110)。

表 3.3 呈现了评分步骤的主要特点。

尽管上文已经对不同的考试形式和评分步骤做了回顾，但对写作能力评估所依据的标准，还没有进行详细的研究。下文将探讨评分员在评估时所考虑的书面文章的主要特点。

表 3.3　各评分步骤的主要特点

	整体	分析	主要特点	多重特点
基本原则	—总体印象 —评分标准、基准 —交际效果	—几种评分量表(有时是作文分数) —评分标准 —不同的写作特点	—就单个特点做单一的评估	—不同的写作特点 —评分标准 —情境敏感

续表

	整体	分析	主要特点	多重特点
词汇的作用	一有助于交际 一不会明确考察	一写作质量的一个方面 一明确考察	一有可能是主要特点,也可能不是(取决于情境)	一有可能是要考察的特点之一,也可能不是(取决于情境)
实例	TOEFL, TWE	Profile, TEEP, MWASG[1]	NAEP[2]评分指南	特殊研究中的那些
研究	Cumming 等(2005), Woodall(2002), Berg(1999), Engber(1995), Jano-poulus(1993)	Cabaleiro González(2003; Profile), Helms-Park 和 Stapleton(2003; Profile), Fathman 和 Whalley(1990; Profile), Campbell(1990; Profile)	见 Weigle(2002: 110-111)	见 Hyland(2003: 231), Gearhart 等(1995)

1 该缩写代表《密歇根写作评估评分指南》(Hamp-Lyons, 1992; Weigle, 2002: 115)。

2 该缩写代表"国家教育进步评估"(Weigle, 2002: 115)。

直接评估写作质量的评分标准

写作能力是一种技能,通常通过考察学习者所写文章的质量来评估。写作的几个特点促成了文章的质量,因此,评分量表或评分标准侧重于其中的一个或几个方面(Cho, 2003; Hyland, 2003: 220-226; Polio, 2001; Weigle, 2002: 122-127)。

一篇好的文章并不是单方面的结果,比如文章的语言是否准确,或是否组织得当,而是来自诸多特点的综合,比如连贯性,凝聚力,语言、语法、词汇和句法的准确性,恰当和相关的内容,以及句子和段落的恰当组织(Council of Europe, 2001: 64-68; Jarvis 等, 2003; Polio, 2001; Reid, 1990)。事实上,Wolfe-Quintero 等(1998)指出了写作能力的三个主要组成部分:流畅性、复杂性和准确性。

举例来说,Jarvis 等(2003)指出:"书面文字的质量与其说是取决于个别语言特点的运用,不如说是取决于这些语言特点是如何串联使用的"(第 399页)。他们的实验基于一组来自不同语言背景的学习者的书面作文。作者认为,作文的质量取决于某些语言特点;而其他一些语言特点,则可能出现或不出现在高分作文中(第 401 页)。

表 3.4 概述了主要的写作评价标准以及界定这些标准的描述词。

表 3.4 主要定性写作评估标准的示例总结

评分标准	描述词
可交际性	文本是否能很好地传达信息?能否被理解?
内容	文本是否与任务和提示相关? 文章是否成功有效地完成了写作任务?
修辞组织 (话语特征)	文本是否根据这类文本的修辞习惯来组织的? 是否连贯一致?主要观点是否突出?是否正确地得出?
词汇	文本是否使用了足够的词汇?——大范围的词汇? 词汇的选择是否合适?词汇的选择是否有偏误? 它们是否影响交际?含义是否模糊?
句法准确性	文本是否运用了恰当的结构?是否有语法或句法错误? 是否影响交际?含义是否模糊?
写作手法	文本是否符合拼写、标点和大小写规范?是否有很多错误? 是否影响交际?含义是否模糊?

可交际性或交际的效度,是评价写作质量的最重要也是最广泛运用的标准之一(Cumming 等,2005;Hawkey 和 Barker,2004;Hyland,2003;Weigle,2002)。许多负有盛名的评分标准都明确地以交际效果为基础,如托福、剑桥第一英语证书、雅思和基础英语技能测试的写作部分(Weigle,2002:第 7 章)。对写作能力的判断是以学习者在二语中的交际能力为基础的(Janopoulus,1993)。文章的交际效果越好,质量也就越高。事实上,交际效果这一概念似乎是写作质量评价的基础。在写作评估中,语言准确性、语法和词汇不是问题,除非它们妨碍了交际功能(Weigle,2002:164-165)。

在评估文章质量时,有关如何传递信息的其他方面——修辞习惯——也起到了重要的作用。此外,一篇文章如果能展现出足够的词汇量、恰当的句法结构、连贯性和凝聚力、语域特征以及很少的错误(拼写[6]、标点、词汇或语法),

就会被评定为高质量的文章（CEFL，2001：64-68；Polio，2001）。

对写作能力的定性判断，要么基于交际效果，要么基于对某些文本要求的完成情况。这些要求涉及内容、修辞组织、语言准确性、词汇选择或文本写作手法。这些对写作能力的定性判断，来自对写作特点的整体印象观察。

但定量测量也可用于评价写作能力。这些方法包括计算已知与语言发展和作文得分相关的文本特征（Helms-Park 和 Stapleton，2003；Polio，2001；Reynolds，2001：442）。因此，随着这些特征的增加，文章的质量也会提高。这些特征包括：每篇作文的总字数（它"通常表明段落内的展开、结构的完整性和流畅性"（Reid，1990：195））、平均单词长度、词汇数量、词汇特殊性或多样性、词汇复杂性（使用低频词汇）、措辞的原创性或个性、T 单元数量、每个 T 单元的分句数量、每个 T 单元的单词数量、无差错 T 单元数量、错误数量和词汇偏误数量。[7]

这些定量特征通常可分为流畅度（每篇文章的字数和 T 单元的数量）、复杂度（从句数量、词汇密度和具体性）和准确度，如无差错句子的数量和错误密度（参见 Grant 和 Ginther，2000；Martínez Arbelaiz，2004；Torras 和 Celaya，2001；Wolfe-Quintero 等，1998）。

第四代写作评估：基于计算机的写作评估[8]（Hamp-Lyons，2001，2003；Weigle，2002：236）的实施，让写作质量的量化测量方法的运用受益良多。通过计算机对文章进行评分，可以识别和量化不同水平写作的质量特征，如文章长度、词汇密度、词汇多样性和平均句子长度（Hamp-Lyons，2003：120-121；Weigle，2002：234）。计算机根据文章中突出的表面特征（如文章长度、T-单元数量或词汇密度），考虑其出现频率及其对整体写作质量的相对贡献，给文章打分。每项特征对作文质量的贡献程度必须事先确定。许多研究都对不同文本特征的预决能力进行了考察（Cumming 等，2005；De Haan 和 van Esch，2005；Engber，1995；Grant 和 Ginther，2000；Jarvis 等，2003；Lee，2003）。

计算机评分法最重要的优点如下：（1）它是一种非常快速的评分程序；（2）它非常可靠，因为计算机程序可以可靠地发现和计算它所负责的每一个文本方面（Hamp-Lyons，2001：121；Weigle，2002：234-236）。不过，计算机辅助评分也有一些缺点。第一个缺点是不考虑意义，因为只考虑了表面特征。不过，Weigle（2002：235）提到了潜在语义分析（LSA），这是一种计算机论文评分程序,旨在从文本中提取单词和段落的语义相似性。第二个缺点是,为写作评价的目的设计程序,是一项昂贵而费时的活动(Weigle,2002:234;另见 Valero Garceés 等,2000:1852)。

Polio(2001:95-107)指出,除了衡量写作质量外,对文本特征的统计还可用于其他目的。其中包括评估特定教学方法的效果(Berg,1999;Frantzen,1995;Kepner,1991),比较不同的任务或话题(Kobayashi 和 Rinnert,1992;Reid,1990;Zhang,1987),比较不同类型的写作者(Bardovi-Harlig 和 Bofman,1989;Berg,1999;De Haan 和 van Esch,2005;Hawkey 和 Barker,2004),检查语言测试的效度和信度(Fisher,1984),或检查学习者在写作方面的进步,以及随着时间推移在准确性方面的变化(De Haan 和 van Esch,2005;Fernández,1997;Grant 和 Ginther,2000;Laufer,1991b)。

已发现的、与写作质量或作文得分相关的文本特征,其数量并无定数。但并非所有的写作特征都会对作文得分产生相同的影响(Chiang,2003;Reid,1990)。词汇和词汇特征经常被认为是写作质量的重要指标。大多数评分量表,无论是整体评分量表还是分析评分量表,都包含词汇部分。在处理作文中的词汇使用时,选择适当的词条、使用广泛的词汇,以及语义或形式上相关的词汇混淆,经常被视为标准描述词。下面的章节将介绍词汇和偏误在作文质量评价中的作用。本节的重点是研究词汇作为写作质量指标的作用,然后讨论偏误作为作文质量指标的作用。重点会放在词汇偏误与作文分数之间的关系上。

词汇作为直接评估写作质量的评分标准

完善的词汇能力或"丰富而多样的词汇"(Laufer 和 Nation,1995:307)是良好写作不可或缺的条件。词汇在评判写作质量方面也发挥着重要作用。词汇知识是阅读、写作和听力的先决条件,因此,词汇知识甚至可以预测这些技能的表现(Qian,2002;Staehr,2008)。词汇丰富度经常被当作评价书面文本质量的可靠标准,因为词汇能力可能是衡量作文质量的最有力的指标(参见 Santos,1988;另见 Bacha,2001;Staehr,2008;Weigle,2002:69)。Jarvis 等(2003)发现,除了文章长度,连词、模棱语、夸张词、强调词、指示代词、减弱语、定语从句、被动语态和关系从句、词汇多样性在高分作文中始终存在。

在写作评估中,词汇几乎是所有评分标准中的质量相关评分标准。同样,不同的词汇丰富度衡量标准,也与作文得分密切相关,因此,也成为衡量写作质量的量化标准。

作为评分标准的另一个组成部分,词汇被认为在一定程度上会影响文章的质量。因此,尽管每种评分标准对词汇使用了不同的描述,但一般来说,如果一篇文章展现出广泛而复杂的词汇范围,如果它进行了充分的词汇选择,如果它错误很少,如果它显示了对二语词汇的形式和语义特性的掌握,那它就会得高分(Hawkey 和 Barker,2004;Victori,1999)。具体而言,词汇部分的描述指标包括词汇选择、词汇范围、无选词错误或较少的一语词语偏误(Weigle,2002:第 7 章)。

一些研究表明,作文分数与词汇知识的不同衡量标准之间存在很强的交互作用,具体如下:

• 词汇明确性(类型/标记词比率)(Cumming 等,2005;De Haan 和 van Esch,2005;Engber,1995;Fernández,1997;Grant 和 Ginther,2000;Jarvis 等,2003;Lee,2003;Mutta,1999);

• 词汇多样性(Jarvis 等,2003;Lee,2003);

• 词汇复杂性(Lee,2003;Morris 和 Cobb 2004;Mutta,1999);

• 词汇独创性或使用其他学习者作文中没有的词汇(Mutta,1999);

• 词汇变化,包括和不包括错误(Engber,1995);

• 词汇数量(Fernández,1997;Laufer 和 Nation,1995;Mutta,1999;Reid,1990)。

词汇量影响词汇的丰富性。Laufer 和 Nation(1995)通过词汇频率表(LFP)证明,词汇量的大小反映在学习者对词汇的生产性使用上。词汇知识和词汇使用之间可以建立一种关系。因此,词汇量大的学习者使用的高频词较少,而低频词较多。写作质量也因此受益。研究发现,LFP 能可靠地反映词汇知识,因此,被认为是在评价写作质量时确定影响因素的有用工具(Laufer 和 Nation,1995)。词汇量(无论是主动还是被动词汇量)与作文质量之间的关系,尚未得到广泛研究。

Reynolds(2001)的研究强调了词汇重复作为连接手段和意义基础的重要性。考虑到连贯是高质量写作的一个公认特征(Chiang(2003:476)认为,连贯是"文章整体质量的最佳预测指标"),词汇重复,即恰当运用词汇来体现文本中的语义关系,是良好写作的参考指标。Liu 和 Braine(2005)的研究结果与此类似,词汇连贯手段与作文分数的相关性最高。因此,一篇作文展现的词汇连接手段越多,评分就越高。与此相关,值得注意的是,词汇是交际的核心,这或许可以解释词汇在评估写作这一交际活动中的重要作用。

Engber(1995)的研究是迄今为止最具相关性的研究之一,该研究探讨了特定文本特征与作文分数的相关程度。它考察了词汇水平(通过词汇变化来衡量)、词汇偏误数量和读者对作文整体质量的判断之间的关系。书面英语测试的整体评分量表根据交际效果,将掌握程度分为六个等级,用于对学习者的作文进行评分。此外,该研究还对作文的词汇多样性、无错误词汇多样性、词汇密度和词汇偏误进行了仔细检查,将其总分作为作文分数。分析结果表明,词汇水平和词汇变化在书面作文质量评价中起着重要作用(也可参见 Nation,2001:177-178)。

Mutta 在 1999 年的一项研究显示了与 Engber(1995)类似的结果。使用较多词汇、使用低频词汇和包含原创词汇的作文得分最高。研究最后指出,在写作中使用丰富而大量的词汇对提高作文质量非常重要。同样,Cumming 等(2005)、De Haan 和 van Esch(2005)、Morris 和 Cobb(2004)、Jarvis 等(2003)、Lee(2003)以及 Grant 和 Ginther(2000)的研究,也揭示了词汇知识与写作质量之间的密切关系,表明词汇量可以预测作文得分,是作文质量的指标。更具体地说,Staehr(2008)发现,接受性词汇量与书面作文质量之间存在显著的相关性。此外,学习者掌握 2 000 个最常见的单词,可以使写作成绩高于平均水平。然而,Chiang(2003:477)指出,在给作文评分时,评分员会关注文章质量的客观特征,以及一些更主观的特征,包括令评分员感到不悦的方面。

除词汇量外,语言准确性也是评价写作的主要标准,无论是在整体评分量表中还是在分析评分量表中,也无论是采用定性还是定量的测量方法(Glenwright,2002;Hamp-Lyons,2003;Hawkey 和 Barker,2004;Hyland,2003;Polio,1997,2001;Weigle,2002)。文献中使用了各种语言准确性测量方法,包括形态的、句法的和词汇准确性的(见 Wolfe-Quintero 等,1998)。到目前为止,最常用的语言准确性衡量标准是错误统计,无论是否对这些错误进行分类(Polio,1997)。下文将讨论词汇偏误作为写作质量指标的作用。

词汇偏误作为直接评估写作质量方法的评分标准

写作评估通常基于文章中的错误。在学校、学术界或普通语言课程等正式场合,错误历来是评价作文质量的指标。时至今日,在交际法和"写作即过程"的时代,人们认识到,除了语言错误的数量之外,还有许多因素决定着写作的好坏。因此,语言准确性仍是二语写作评价的一个相关概念(参见 Council of Europe,2001;Hawkey 和 Barker,2004;Lee,2003;Polio,1997)。这一点从专门研究语言准确性(如 Kroll,1990;Polio,1997)和调查不同的教学技巧以提高语言准确性和减少偏误产生的研究数量中,也可以看得出来(Berg,1999;Fathman 和 Whalley,1990;Frantzen,1995;Kepner,1991;Lee,2003;Polio 等,1998)。

鉴于偏误是习得过程的标志,尤其是二语写作者学习阶段的标志,那么将偏误作为文章质量的指标,就是不言而喻的事了(例如 Carson,2001;Grant 和 Ginther,2000)。偏误为教师提供了有关学习者中介语特点的信息,标识出中介语系统与目的语系统的不同,从而让教师深入了解学习者目前是如何理解目的语的,以及当他们变得更加熟练时,又是如何进一步发展的。此外,偏误会造成交际障碍或中断,从而导致写作质量下降(Cumming 等,2005;Kobayashi 和 Rinnert,1992:190,见第 4 章)。偏误的严重程度可以根据交流失真程度来判断,也可以根据偏误给读者/评分员带来的不快来判断。在这两种情况下,偏误都会对质量评分产生负面影响(Chiang,2003:477;Santos,1988)。

许多研究考察了作文分数与偏误产生之间的相互作用。这些研究表明,一般而言,优质写作与语言错误总量[9]之间,特别是与词汇偏误之间,存在着强烈的负相关性。[10] Grant 和 Ginther(2000:142)认为"较好的作文中词汇偏误较少",这是对偏误与作文分数之间关系研究结果的总结。

用偏误来评判写作质量有两个主要问题。首先,对何谓偏误的定义,带来了严重的困难。使用偏误测量方法的研究人员必须提供偏误的定义(Polio,1997:113-114)。第二个主要问题是对偏误进行分类,并确定偏误属于哪种特定类型。在某些情况下很难区分某些偏误类型(Hawkey 和 Barker,2004:147-148;Polio,1997:120)。值得注意的是,并非所有使用偏误计数作为写作质量标准的研究,都会将偏误划分为不同的类型(Polio,1997)。

文献中最常见的词汇偏误类型,包括词汇选择错误、省略、异常词形、词序、借用、造词和拼写。[11] 各个类型对作文质量的预测程度不同;因此,研究人员发现,选择错误是最容易出问题的,它们对作文质量的影响最大(Grant 和

Ginther，2000；Hawkey 和 Barker，2004）。

综上所述，我们似乎可以得出这样的结论：一般偏误，尤其是词汇偏误，是衡量写作质量的重要标准，从这个意义上讲，由它们可以预测作文得分，尽管其他因素也会影响作文的最终评分。然而，在所回顾的研究中，没有一项研究是专门探讨词汇偏误如何影响西班牙小学的低龄英语学习者作文质量的。这也是本研究的目的。

·小结·

本章重点探讨写作技能的发展，特别强调词汇如何促进写作技能的发展和评价。写作的发展过程是多方面的，写作被视为：（1）结果或过程，（2）认知活动或社会活动，以及（3）内容主导的活动，或形式主导的活动。学习如何用二语写作的两个高度相关的因素，是一语读写能力和二语能力。就儿童学习二语这一特殊情况而言，困难来自一语读写能力的发展不足。提高一语阅读和写作，二语口语学习以及二语写作练习，重视写作作为交际手段的作用，有助于克服学习二语写作的困难。

本章的第一部分最后阐述了词汇与写作能力之间相互影响的关系。第二部分回顾了直接和间接评估写作能力的主要方法、直接写作评估的主要评分步骤以及作文质量的主要评分标准。定性标准包括交际效果、内容、修辞组织、词汇、句法准确性和写作手法。衡量作文质量的定量标准，包括词汇数量、独立单位数量、普通词语和语篇长度、语法和词汇偏误的密度，以及词汇丰富程度的不同衡量标准，如词汇多样性、复杂性和独创性。文献中有证据表明，词汇量，尤其是词汇偏误，是衡量写作质量的重要指标。

·注释·

1. 这些作者大多借鉴了 Krashen 的研究成果，Krashen 反复强调了广泛阅读和快乐阅读对二语习得的重要性，尤其是对二语写作能力发展的重要性（Krashen，1993）。

2. Grabe（2001：53）将写作的本质表述为写作发展需要注意的一系列条件。具体如下：（1）了解语言，（2）知道如何使用语言（交际能力），（3）学习者，（4）个人能力和偏好，（5）社会环境，（6）态度和动机，（7）学习和练习的机会，

（8）正式的教学环境，（9）处理因素，（10）文化变异，（11）内容和专题知识，（12）语篇、体裁和语域知识。

3. 研究人员（Hamp-Lyons，1990，2003；Hyland，2003：217-219；Weigle，2002）将效度分为几种类型：表面效度、结构效度、内容效度和标准效度，在最后一种效度中，还有并发效度和预测效度。对这些不同类型效度的解释，远远超出了本研究的范围；因此，我们建议读者从原始资料中获取更多信息。

4. 写作间接测验的信度源于测验的多项选择形式。每道题只有一个答案是正确的，因此，评分非常简单，测验内部和测验者之间的信度均达到1。

5. 进一步比较直接和间接评估法的优劣，超出了本章的讨论范围；不过可以参见 Arguëlles Álvarez（2004：84）、Hyland（2003：217）和 Weigle（2002：58-59）。

6. 在一些研究（Hamp-Lyons，1990；Martínez Arbelaiz，2004；Valero Garcés 等，2000；Wolfe 等，1996）中，拼写偏误被视为机械性偏误。但在包括本研究在内的研究中，拼写偏误被认为是词汇偏误的一种，因此列入词汇的章节（Arnaud，1992；Bouvy，2000；Celaya 和 Torras，2001；Dušková，1969；Fernández，1997；Lindell，1973；Mutta，1999）。

7. 其中可参见 Cumming 等（2005）、De Haan 和 van Esch（2005）、Hawkey 和 Barker（2004）、Martínez Arbelaiz（2004）、Morris 和 Cobb（2004）、Jarvis 等（2003）、Lee（2003）、Reynolds（2001）、Torras 和 Celaya（2001）、Grant 和 Ginther（2000）、Mutta（1999）、Polio 等（1998）、Fernández（1997）、Engber（1995）、Laufer 和 Nation（1995）以及 Reid（1990）。

8. 其他三代分别是作文测试、多项选择测试（间接评价和客观测试）和综合评价（Hamp-Lyons，2001）。

9. 见 Frantzen（1995）、Kepner（1991）、Kroll（1990）、Carlisle（1989）、Zhang（1987）以及 Fisher（1984）。

10. 见 Agustín Llach（2007）、Martínez Arbelaiz（2004）、Hawkey 和 Barker（2004）、Grant 和 Ginther（2000）、Mutta（1999）、Engber（1995）、Kobayashi 和 Rinnert（1992）、Bardovi-Harlig 和 Bofman（1989）以及 Santos（1988）。

11. 见 Hawkey 和 Barker（2004）、Martínez Arbelaiz（2004）、Grant 和 Ginther（2000）、Mutta（1999）、Kobayashi 和 Rinnert（1992）、Kroll（1990）、Carlisle（1989）和 Zhang（1987）。

第4章

二语习得中的词汇偏误

词汇偏误是一种特殊类型的错误,尽管其数量多于语法错误,却很少受到关注(Bouvy,2000;Jiménez Catalán,1992;Kroll,1990:144;Lennon,1996:24;Meara,1984;Vázquez,1992:92;比较 Tschihold,2003)。下文将详细探讨词汇偏误。首先,将对该术语的定义进行回顾,并提出一个可行的定义。其次,将考察词汇偏误的不同分类、产生的局限性和对教学的影响。最后,将探讨词汇偏误作为词汇学习衡量标准的重要性,以及它们在交际和成功教学中发挥的作用。

研究者们委婉地提到过词汇的不稳定性和非系统性,以证明其语法方法的合理性(James,1998;Warren,1982)。与词法相比,形态学和句法历来被认为是更系统化和规则化的,因此,在词汇偏误领域缺乏研究(比较 Corder,1973;Tschihold,2003)。同样,Warren(1982)也认为,传统意义上的词条"代表了语言的特异性、非普遍性特点"(第 209 页;另见 Meara,1984:231),但她也发现,可以明确区分出少数不同类型的词汇偏误。最近,Ambroso(2000)也指出了词库中各要素之间的复杂关系,有时甚至是不规则关系,并认为语境和交际情景是决定正确使用词汇系统的必要条件(参见 Lennon,1991a)。Dušková(1969:24)指出:"跟语法偏误相比,词汇偏误是同质性更少的研究材料。"由于这些词汇偏误的成因多种多样,词汇偏误类型也种类繁多,因此,无法得出令人满意的分类系统。此外,词汇偏误和语法偏误之间的界限模糊不清,要区分这两类偏误并非易事(Hemchua 和 Schmitt,2006;Morrissey,1983)。

除了考虑词条的特异性、词库缺乏系统性和词库组织的复杂性之外,还有一个原因,可能是专门针对词汇偏误的研究很少。一方面,在偏误分析方法蓬勃发展的同时,对词汇问题的研究却遭到了忽视。二语习得研究的重点是语法发展,因此,更多关注的是学习者表现中的语法偏误。另一方面,大量的词汇研究和对词汇习得过程的兴趣(从 1984 年的 Meara 开始),出现在偏误分析作为二语习得研究方法日渐式微之时。

区分词汇偏误和语法偏误的争议和模糊性,源于难以细致地界定何谓"词语"或"词条"(参见 James,1998:143;Tschihold,2003)。一般来说,词汇偏误指的是学习者在学习二语时,在词条的使用和接受方面出现的偏差。直觉上,每个人都知道什么是词,但要对"词"做出正式的定义,并不容易。一般来说,"词""词汇单位"和"词条"可以互换使用,指最小的语义单位或意义单位(见 Council of Europe[CEFL],2001;Clark,1993:3;Read,2000)。因此,一个词汇单位可以由一个词或词素(如 table)或几个词(如 take up、rush hour 和 to kick the bucket)组成。短语动词、副词短语或习语,也被视为词或词条(另见 Hemchua 和 Schmitt,2006;James,1998:143)。文献中通常会对词汇词和语法词做进一步的区分。前者由名词、动词、形容词和副词组成,后者由介词、冠词和连词组成。词汇偏误会影响词汇词,而影响语法词的偏误将作为语法偏误进行研究(Celaya 和 Torras,2001;Hemchua 和 Schmitt,2006)。

可以推测(尽管并非必然如此),形态变化和字尾变化并不能被视为独立的词,因此,dance、danced、dancer 或 happy、happiness、happily 构成两个词族,而不是六个独立的词(Laufer,1992;Laufer 和 Nation,1995;Nagy 和 Herman,1987:20-21;Nation,1990,1993a,2004;Nation 和 Waring,1997)。同样,多义词(如 bank)在表示"座位"或"银行"时,被视为两个不同的词。同样,成语或固定表达式如 rely on 或 kick the bucket 也将被视为一个词汇单位,因为它们是独立的语义单位,无论它们由多少个形式元素组成(Council of Europe[CEFL],2001;Hemchua 和 Schmitt,2006;Meara,1996;Nation,1990,2001)。

因此,该领域需要对"词汇偏误"这一术语做出更准确的定义。下文将介绍"词汇偏误"的定义、相关文献中存在的争议,以及研究人员解决这些矛盾的方法。

·"词汇偏误"的定义·

直到定义了"词条""词"和"词汇单位"等术语,才有可能提出"词汇偏误"的定义。许多关于词汇偏误的研究都旨在定义"词汇偏误"一词,还制定了可以用于对词汇偏误进行分类的标准。事实证明,这两项工作都殊为不易。我们先来看"词汇偏误"的定义问题。

本节的目的,是要找出并分析在使用"词汇偏误"一词时,所发现的不一致之处,并确定造成这些不一致的可能原因。"词汇偏误"这一术语的定义,基于"词汇能力"这一概念。只有弄清"认识一个词"意味着什么,弄清单词的定义是什么,才能对词汇偏误做出定义。对有关词汇偏误的文献进行回顾后,可以发现,在定义和处理研究对象方面,存在着不同的立场(参见 Ambroso, 2000; Dušková, 1969; Warren, 1982)。

要识别和隔离出词汇偏误并非易事。词汇能力不仅指语义知识,还包括形态、句法和语用知识。"认识一个词"意味着,知道如何在语境中与其他词搭配组合,以及在特定的交际情境和文本(即风格和语用用意)中恰当地使用该词(Ambroso, 2000:58)。因此,要发现词汇偏误,还必须考虑交际和情景语境(对话者、模式和风格)。

研究中缺乏对"词汇偏误"清晰明确的定义。大多数研究关注的是词汇偏误的识别、描述、解释和分类,而不是提供一个明确的定义。少数研究在其研究框架内给出了明确的定义(Carrió Pastor, 2004; Celaya 和 Torras, 2001; Fernández, 1997; Hemchua 和 Schmitt, 2006; James, 1998; Meara 和 English, 1987; Palapanidi, 2009)。Corder(1973)表示,事实上,在语言教学中,偏误的定义更像是一种约定俗成的说法,而不是一种明确的、无可置疑的现实,它指的是那些不同于二语母语者的话。尽管如此,对词汇偏误的任何严肃的系统性研究,都要求我们首先对词汇偏误有一个明确的定义(参见 Zydatiss, 1974)。

文献中不一致之处有两类:(1)术语"词汇偏误"本身具有多重含义;(2)指代在形式或含义上偏离词汇规范这一现象的那些术语本身具有多重含义(见图 4.1)。

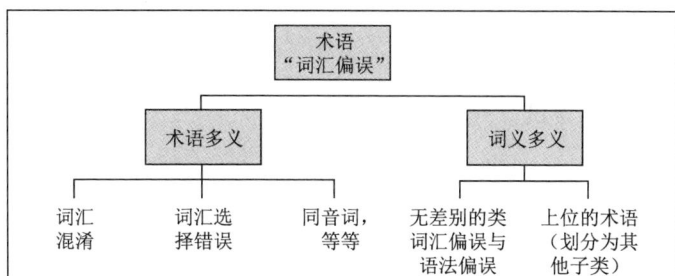

图 4.1 在"词汇偏误"这一术语的处理中观察到的趋势总结

在使用"词汇偏误"一词时,我们可以观察到词义和术语的多义性。词义多义是指,不同的研究者对"词汇偏误"一词有着不同的理解。有些研究者(Laufer,1990a,1990b,1991a;Lennon,1991a,1991b;Dagut,1977)认为,"词汇偏误"是由所有不合语法的偏误(拼写偏误、语音偏误、语义偏误、选词偏误和语用偏误)组成的大杂烩。他们没有使用区分标准,而是对类型进行了总体分类:语法偏误和词汇偏误。他们将该术语视为一个无差别的类(参见 Zimmermann,1986a)。

另一组研究人员,事实上也是为数最多的一组研究人员[1]指出,"词汇偏误"是一个上位术语,可作为其他几类偏误的总称,如构词偏误(书写中的拼写偏误和言语中的词语误用;参见 Channell,1988)、范畴偏误、搭配偏误、因形式或语义相似而造成的混淆,以及关联词、同义词或选词偏误。因此,"词汇偏误"一词包含几个子类,这些子类根据不同的标准,对词汇偏误做了分类。这些标准可以是描述性的、病源性的,也可以是语义性的、认识性的(认知不足)、心理语言学的,或者以过程为导向的,等等。对"词汇偏误"这一术语的这种理解,必然意味着要设计词汇偏误的分类体系。但前一种观点认为,词汇偏误是一个无差别的类,所以在这种情况下,不需要对词汇偏误进行分类。

术语的多义性,是指使用不同的术语来指称同一个对象。在提到跟词汇有关的偏误时,人们经常避免使用"词汇偏误"这一短语。取而代之的是"错误的词汇选择""词汇选择偏误""词汇偏差""词语错误""词汇'格'的不协调""语义偏差""词汇混淆""同音近形词""词汇缺陷""词汇干扰""词汇近似"和"词汇简化"等不同的术语。[2]虽然它们指的是同一种现象,但根据所强调的方面不同,它们的名称也有所不同。

但所有研究词汇偏误的作者都承认系统性是偏误的一个定义特征(参见 Taylor, 1986: 147)。词汇偏误不是偶然或随机的,而是系统原因造成的,这些原因可以在语言样本的分析中得到解释。事实上,大多数作者都试图找到这些原因,从而更好地解释所遇到的词汇偏误。词汇偏误是可以解释的,也是可以分类的,而且这些解释或多或少都具有普遍性(Hemchua 和 Schmitt, 2006)。若非如此,词汇偏误分类法以及对词汇偏误进行定义、解释、说明和分类的尝试,就没有任何意义了。尽管如此,这些尝试在这一领域十分常见。

"词汇偏误"这一术语的使用不一致,可能有两个原因:(1)近年来"偏误"一词普遍遭到摒弃;(2)作者所持的观点(Ellis, 1994; Valero Garcés 等, 2000)。"词汇偏误"一词被用作分析的参考框架,但特定词汇偏误类型的命名取决于研究中普遍存在的词汇偏误的维度。例如,Laufer(1990a, 1991a)将"词汇偏误"称为"词汇混淆"或"同音近形词(synforms)"(系其自创的术语),因其研究仅限于因形式相似性而导致的偏误选词。同样,齐默尔曼(1986a, 1986b, 1987)也谈到了"语义偏离",因为他研究的是语义相关词的混淆(参见 Dagut, 1977; Lennon, 1991a, 1991b)。词汇偏误类型(搭配、词汇混淆、语义等同、拼写、重整、语言转变和过度泛化)的区分是积极的,尤其是从教学的角度来看,因为它为更好、更丰富、更完整地解释这一现象提供了素材,也提供了更充分的纠正和评价标准。同时,这种区分也为该领域带来了秩序和清晰度,使应用语言学的研究人员、从业人员(二语教师)、学习者和学生受益。

根据文献中的证据,这两种解释是密切相关的,因为后者可以解释前者。也就是说,为了避免使用"(词汇)偏误"这一术语,同时也考虑到不可能做到这一点(因为"词法欠缺"或"近似"毕竟也还是词汇偏误),研究人员采用了一种"迂回策略"来避免使用这一术语。词汇偏误需要一个明确的定义:一个包含不同作者所指出的所有方面的定义,一个服务于关于词汇偏误的所有观点和分析的定义。

通过对上述研究的回顾,我们可以给"词汇偏误"术语提出一个宽泛的定义,但这个定义需要根据每个特定的研究目的加以细化和限制。"词汇偏误"是指目的语词汇在形式和/或意义上的偏离。形式偏离包括单词范围内的字形或语音偏离,也包括忽视句法限制而造成的偏误搭配等。意义偏差出现在词条被赋予其他意义,或在违反语义限制的语境中使用时;用 Berkoff 的话说

（1981:10），出现在"词条选择不正确"或未考虑某些语义特征时。

总之，对"词汇偏误"进行定义，有助于对研究课题进行界定。同样，将"词汇偏误"进行分类，对其系统化也非常重要。此外，这种按类型划分的系统化方法，有可能会揭示出许多关于二语词汇习得过程的信息。下文将对词汇偏误文献中的几种分类法进行综述。

·词汇偏误分类法·

在此之前，我们一直在对"词条""词汇偏误"进行定义，而没有进一步了解这些偏误是如何分类的。我们将这些偏误称为"词汇偏误"和"词法偏误"。许多关于词汇偏误的研究都为收集到的偏误建立了分类标准，以便能以合理、连贯、系统和简洁的方式来描述数据。因为不同作者对"词汇偏误"一词的定义和处理方法的观点不同，从而产生了大量的词汇偏误分类法。下面的引文说明了词汇偏误类型的多样性：

> 之前关于词汇偏误的研究，没有两例采用过相同的偏误类型，而且词汇偏误的分类也远非简单明了。（Källkvist,1998:82）

如前所述，确定不同词汇偏误类型的标准，是以"词汇能力"概念和"词汇偏误"定义为基础的。其中包括哪些词或词项可能涉及词汇偏误以及偏离的性质。分类标准的不统一以及分类法的不统一，导致很难在不同分类法中找到共同点，从而对作者们进行系统化的分类。现在，我们不仅要考虑专门研究词汇偏误的论文，还会研究文献中最具代表性的词汇偏误分类法，包括在更广泛的偏误分析框架内进行的词汇偏误研究。

现在我们来介绍词汇偏误分类标准中的主要分类标准。要将分类法系统地归入这些标准当中，并非易事，因为有些分类法所遵循的分类标准不止一套。[3]主要的分类标准如下。

（1）**按形式主导的词汇偏误和内容主导的词汇偏误来区分**（Carrió Pastor, 2004；Fernández,1997；Hemchua 和 Schmitt,2006；James,1998；Mutta,1999；Palapanidi,2009；Zimmermann,1987）：这种形式/语义的区分是有道理的，因为心理词库的组织既遵循形式原则，也遵循语义原则。从这个意义上讲，单词是通过形式关联或语义关联来存储和访问的（见 Meara,1996，第 1 章）。这种区分非常常见，最近相当多的分类法都根据这一标准对词汇偏误进行了分类。

Palapanidi（2009）对语际和语内语义和形式偏误进行了区分。在语际形式偏误中，她将性和数选择偏误、语码转换、异化和语义混淆、直译、假朋友、语域不当和使用冗余等语义语际偏误区分开来。形式上的语内词汇偏误包括性和数的选择偏误、形近词混淆以及从目的词中自行造词。最后，语内语义偏误包括改写、衍生错误、语义相似词混淆、语域不当、搭配不当和动词混淆。这种分类详尽无遗，使作者能够解释她在不同水平学习者的书面表达中遇到的所有偏误。

Hemchua 和 Schmitt（2006）在 James（1998）的基础上提出了词汇偏误分类法。他们将词汇偏误分为 24 类，主要类型包括形式偏误中的误选、误形和失真，以及意义关系混乱、搭配偏误、内涵意义偏误和文体偏误。他们的分类详尽无遗，可对发现的不同词汇偏误进行细致的分析。

Carrió Pastor（2004）继 James（1998：142-154）之后，将词汇偏误分为六种不同类型：

（a）形式上的偏误，源于两个相似词的混淆；

（b）组词偏误，包括以下内容：

（i）自造词，

（ii）借用一语，

（iii）根据二语的语法习惯（字形、语音和词法）对一语词汇进行重整（relexification）或改编，

（iv）语义转借；

（c）因下列原因造成的词汇失真：

（i）省略，

（ii）添加，

（iii）单词内字母排序错误，

（iv）两个相似词的错误选择；

（d）使用底层词语（下位词）而不是上位词（更具体的词）；

（e）搭配偏误；

（f）因语义相关而导致词汇选择错误。

James（1998：142-154）用了一些篇幅讨论词汇偏误，并根据形式偏误和内容偏误的区别提出了一种分类法。在词汇的形式偏误中，James 将其区分为

以下几种情况：

（a）形式误选，即由于形式相似而混淆了两个现有的目的语单词；

（b）误构，即创造出了不存在的二语词汇。误构有三种类型：借用、自造词和语义转借；

（c）变形，因字母遗漏、过度包含（添加）、错误选择、错误排序和混合而造成。

James（1998）区分的语义偏误类型如下：

（a）意义联系的混淆，意味着混淆了语义相关的词语；

（b）搭配偏误，即把两个在母语中并不搭配的词联系在一起。

这项工作是本研究的重要参考。因此，我们在图 4.2 中提供了 James（1998）提出的主要词汇偏误类型，以帮助全面理解和澄清这一问题。

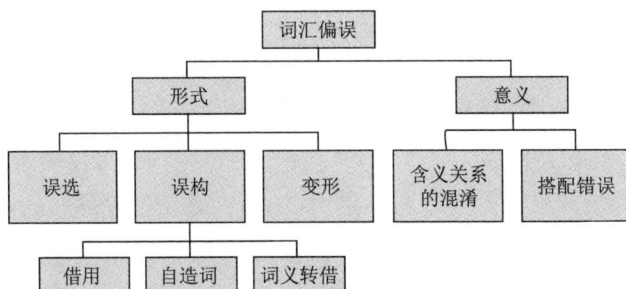

图 4.2　James（1998：142-154）研究中的词汇偏误类型

Mutta（1999）在一项入学考试作文词汇的研究中，考察了学习者产生的词汇偏误，将其分为形式主导的偏误和意义主导的偏误。形式偏误包括使用了错误的动词形式（如用单数代替复数）、使用了偏误的介词结构或句法结构（如 open for the world to laugh and criticise _at_），有时混用了一些词（如混用 warm-blooded 和 high pressure 而出现的 _high-blooded_，混用 describe 和 description 而出现的 _describtion_）。意义方面的偏误主要是用词不当（如：书中充满了跟人聊天的 _short-cuts_... 此处应使用 glimpses）。

Fernández（1997）根据前面提到的形式偏误和意义偏误的区分，对词汇偏误做了分类。她认为，有形式主导的词汇偏误，如变形（拼写偏误）、形态（性和数的错误）、词语构造、相似形式混淆和语言转化。内容主导的词汇偏误有五种不同类型:词族(衍生)、语义相关性、ser-estar[①] 区分错误、语域错误和意译错误。[4] Fernández 的分类亚型对于词汇错误分析领域的任何研究都是有用的。很明显,这里涉及的某些偏误类型,是西班牙语所独有的,但大部分类型可以用于其他研究目的。这种分类法是多重分类标准的结合,基本上是表面上的描述性标准(形式/内容)和深层次的心理语言学标准,如语义相关性、形式相似性、语言转换和变形。事实上,大多数的描述性分类法都将描述和解释结合在一起,因为对词汇相似性的描述往往包含了对来源的假设。

在 1987 年的研究中,Zimmermann 提出了一种非常有趣的分类法,将词汇偏误分为两类:形式主导型和内容主导型。这种分类法将目标词和偏误词因形式相似性(形式主导偏误)或语义相关性(内容主导偏误)而产生的偏误区分开来。产生偏差的语言(一语或二语)也起着次要作用,由此产生了以下四种词汇偏误分类:一语形式主导型,二语形式主导型,一语内容主导型和二语内容主导型。这一宝贵贡献的主要缺陷,是界定往往不够明确,大量解释含糊其词,分类标准混为一谈(偏误的心理语言学成因、偏误的语言来源[是一语还是二语]和结果导向)。

(2) **描述性标准**:以纯描述性的考虑为主导,关注偏误的表面形式,不考虑词汇偏误的原因或来源。因此,我们会谈论错误的选项(如错误的词汇选择)、省略、添加和错误的排序(Ambroso,2000:54;Corder,1973)。Djokic(1999)、Hyltenstam(1988)和 Zimmermann(1986a)就属于提供描述性分类法的作者(另见 Ambroso,2000 和 Lennon,1991b)。

Djokic(1999)确定了三种主要的词汇偏误类型:替代、省略和添加。他还根据所使用的策略对词汇偏误进行了细分:语码转换、迁移、语际语码转换和自造词。词汇偏误带来的交际负担也是分类的考虑因素;因此,可以分成暂时混淆、误解或交际中断。这种分类对确定词汇偏误的交际效果特别有用。

对于 Hyltenstam(1988)来说,他的瑞典语二语学习者的词汇偏误可归结为两类:近似和污染。前者是由于形式或意义相近而产生的目标词明确的偏误。后者是将两个在瑞典语中并不存在的词混搭在一起造成的,在 Ringbom

---

① ser 和 estar 都是西班牙语的系动词,前者用于长久特征,后者用于暂时特征。——译者注

的术语中被称为混合词或杂糅词(1981,1983)。这种分类法对其他研究的实用价值不大,因为它的范围过于狭窄,可能会遗漏大量不符合 Hyltenstam 指出的两类词特征的词汇偏误。此外,这种分类法是作者在特定时间和特定数据条件下产生的。这种分类法很可能不适用于另一套数据。尽管如此,这种分类法还是很好地满足了作者的目的,他只想对瑞典单语者和两组双语者(在自然环境下的高级瑞典语学习者)的词汇偏误做定量(词汇偏误总数/频率)和定性(词汇偏误的类型)的比较。

Zimmermann（1986a)的描述性分类法是对词汇偏误的语言学描述,主要基于偏误和目标词之间的语义关系(上下位关系、部分-整体、过程-结果和同义词)。此外,它还考虑了词汇偏误所涉及的词的语义特征,以及偏误和目标词之间的语段关系。Zimmermann 区分的词汇偏误类型,包括意义关系偏误、范畴偏误、语义特征偏误、搭配偏误、构词偏误、风格偏误和隐含的偏误。这种分类法的最大特点是其全面性,以及良好的理论和实践基础。在实践中,(几乎)所有词汇偏误似乎都能在这一分类法中找到认同。尽管该分类法详尽无遗,但也存在类型划分和重叠的问题。相当多的词汇偏误可以同时归入两个或更多的类型;决定归入哪种类型取决于作者的观点。

一般来说,描述性分类法的主要缺点,是对现象的描述是片面的,因为它们并没有探究造成词汇偏误的原因。它们不可避免地具有事后性,这使得它们只适用于设计时所针对的研究数据。

（3）**病理学或心理语言学标准**:这是指词汇偏误的来源。从这个意义上讲,这一标准将词汇偏误根据其成因进行分类,其成因也就是产生词汇偏误的心理过程,它是词汇偏误的来源,也反映出了偏差的性质,如过度泛化、语义迁移和相关词混淆(Dušková, 1969; Engber, 1995; Santos Gargallo, 1993; Warren, 1982; Zimmermann, 1986b)。这些作者根据导致偏误的心理过程对词汇偏误进行分类。据此,他们寻找造成这种错误的心理语言学原因,而且这一分类标准是基于这样一种信念,即词汇偏误是词汇学习和交际策略错误运用的结果[5]（参见 González Álvarez, 2004; Jiménez Catalán, 1992: 128-135）。所有这些研究都是按照类似方法进行的。[6]

尽管 Engber（1995)的研究并非致力于词汇偏误分类法的设计,但她所设计的词汇偏误分类法却值得一提,因为她的研究偏离了这样一个前提:即认识一个词(词汇能力),意味着了解它不同的词语特点,比如它的派生词、形态变化或其语段和词形变化的关系。因此,她将偏误分为词汇选择偏误和词汇形式偏误。第一类包括单个词和组合词的错误选择;第二类可归入更常见的搭配错误。在词汇形式偏误中,Engber 将派生偏误、动词形式偏误、语音相关偏误和拼写偏误都纳入其中。原则上,这种分类法具有良好的理论和实践基础,因为它是以词汇能力的概念和广泛的实例为基础的。然而,由于它混合了描述性分类(拼写偏误)和解释性分类(因语音相似而造成的混淆),因此相当令人困惑。这是一种非常有限的分类法,因为它可能遗漏了许多词汇偏误。

另一种将词汇偏误与潜在认知过程相关联的分类法,是 Santos Gargallo(1993)的分类法。她的研究并不完全集中于词汇偏误,但词汇偏误是她对塞尔维亚-克罗地亚语学习者第二外语学习偏误的一小部分描述。Santos Gargallo(1993)在 Kumaravadivelu(1988)的词汇简化研究的基础上,在她的分类法中区分出了四种类型的词汇偏误:语义不当、迁移、借用和错误派生。[7] 这位作者试图找出导致词汇偏误产生的过程和策略。

在 Zimmermann(1986b)看来,语义迁移是造成词汇偏误的原因。在描述其德语学生的词汇偏误时,Zimmermann(1986a)试图更进一步,通过总结这些产出词汇偏误的起因,来完善对语义偏离类型的描述。因此,他对词汇偏误进行了描述性分类,并在词库组织的框架内解释了产生这些偏误的心理语言学过程。在这一框架下,词汇偏误的分类取决于:(a)词汇偏误产生于话语过程的哪个阶段;(b)词汇偏误是形式主导还是内容主导(见 Zimmermann,1987);(c)词汇偏误是对适当形式的转述,还是作为浓缩转述的复杂词;(d)这些词汇近似是不是一语和二语同时联想的印记。尽管这种分类法有其实用性,但其先验预测能力却很低,因为 Zimmermann 几乎没有提供任何解释,而且他的分类法完全基于实例。

再如,Warren(1982)将瑞典学习者学习英语的作文中出现的词汇偏误分为四大类型:(a)等值偏误(语义和/或句法特征的迁移),(b)概念混淆(由于意思相似造成的混淆),(c)派生偏误(由于错误的派生过程而造成的混淆)和(d)语音混淆(由于声音相似而造成的混淆)。这些类型的词汇偏误都源于错误的词汇选择,而这种错误的词汇选择要么源于误认为二语词汇的功能与一语词汇的功能相同(语际错误),要么源于各种原因造成的混淆(语内偏误)。

Dušková（1969）认为，词汇偏误是同质性最低的材料，她根据造成词汇偏误的心理语言学原因，将词汇偏误分为四种类型。这四类偏误分别是由于形式相似而造成的词语混淆、由于意义相关而造成的词语混淆、假想的等价词和变形（拼写偏误）。她在 1969 年提出的词汇偏误分类法，后来出现在许多关于学生词汇偏误的研究（如 Zughoul, 1991：46）中。但这种分类法的局限性很大，词汇偏误类型过窄，而且没有明确说明什么是词汇偏误。对一般偏误的定义也过于宽泛；例如，她说偏误是"偏离正常形式"（第 12 页）。总之，这是一项规模较为庞大的偏误分析研究，其中对词汇偏误的处理关注有限。这项研究对二语得领域最重要的贡献在于，它对输出中的偏误和理解中的偏误进行了比较。就词汇偏误而言，我们发现，这些偏误基本上是同一类偏误，主要成因是形式和/或语义相似性方面的混淆。这一发现意义重大，因为它一方面表明，词汇输出和理解过程的发展方式是相似的，另一方面表明，学习者在词汇输出和理解方面的语言策略即使不是相同的，也是可以比较的。

（4）**影响来源标准**：传统上，在这一组里，区分出了三种偏误的起源，即母语影响（语际偏误或干扰偏误）、目的语的难度（语内偏误或发展偏误）和教学诱导偏误（参见 James, 1998：188-190）。这种三分法在某种程度上已经被废弃了，并在文献中被其他分类标准，基本上是心理语言学标准（迁移、过度泛化和简化）所取代（参见 Blum 和 Levenston, 1978；Richards, 1971；Taylor, 1975）。Ambroso（2000：54）认为，指出词汇偏误是由一语或二语影响引起的虽有帮助，但并不能令人满意地解释这一现象。近来，人们的兴趣已经从研究母语在二语习得中的作用，转向研究二语的发展过程了，这也许是使用这一标准作为分类基础的词汇偏误分类法减少的原因。参见 Palapanidi（2009）、Ringbom（1981, 1983）和 Lennon（1996）。

Palapanidi（2009）将词汇偏误分为两种，一种是受一语影响而产生的偏误，另一种是因二语混淆而产生的偏误。她这样划分的目的，是为了找出学习者在提高二语水平的过程中出现词汇偏误的最主要原因。

而 Ringbom（1981, 1983）专注于干扰偏误，即源自先前语言知识的词汇偏误，通常是一语的影响，但也有来自其他先前学过的语言（三语和四语）的影响。其分类法的主要局限在于，他只考虑了由先前语言知识的干扰而产生的一系列词汇偏误，忽略了词汇偏误的其他来源，如由二语引起的词汇偏误。但

Ringbom 有意识地将他的研究局限于一语/三语对词汇偏误的干扰,并没说自己的研究是详尽无遗的。他的研究对象是讲瑞典语和芬兰语的芬兰人。分类法本身并不是目的,但 Ringbom 将其作为揭示不同语言之间关系的工具。在这些受一语/三语影响的词汇偏误中,他建立了由借用和词汇迁移造成的双重分类。这两类偏误的基本区别在于,借用意味着将一语/三语词条引入二语语流,而词汇迁移则是将一语词的语义特征迁移到二语词中,即让二语词具有一语/三语词的功能。借用指的是形式上的迁移,而词汇迁移则是基于意义的迁移。同样,在这两类词汇偏误中,Ringbom 根据借用和语义迁移的方式(涉及的词条、涉及的词条之间的形式关联、处理偏误的过程和英语词条的存在)区分出了其他的子类型。在这种情况下,从给出的例子可以推断出,子类型是根据心理语言学标准来界定的。

Lennon(1996)没有像这样对词汇偏误进行分类。他的文章关注的是一种特殊类型的词汇偏误的来源:动词选择偏误。这种词汇偏误最常暗示出的原因是一语的影响,但外延过宽(二语主导的偏误)和词汇知识的差距,也是常被提及的原因。Lennon 还提到,有关多义词(语义的)、上下文和搭配限制(语用的)、短语动词组合和语法环境(句法)的词汇知识模糊不清,是造成动词选择偏误的原因。当学习者注意到词汇知识中的这一差距时,最常选择的解决办法,是回到以前的语言知识或二语知识。求助于一语,会导致完全的语言转换、混合、杂糅、重整、字面直译和语义特征的转移,等等。同样,利用二语知识来弥补词汇知识的不足,也会导致过度泛化和拼写或形式/语义混淆偏误等。这篇文章仅仅阐述了导致德语学习者在英语动词选择中出现偏误的可能原因。因此,它在给出词汇偏误的有效分类法方面价值不大。

(5) **语法或语言学的标准**:遵循这一标准的分类法,根据偏误发生时的语言水平,对词汇偏误进行分类。这样一来,我们就会发现,词汇偏误是由语音、字形、词法、句法、语义和语用等方面的偏离造成的。这种语言分类可以作为标志,来确定每一种词汇偏误类型(如语义混淆、语音偏差和语用混淆)的界限(参见 Ambroso,2000;Corder,1973;Lennon,1991b)。

Ambroso(2000)对词汇偏误进行了详尽的阐述。她为读者提供了一个词汇偏误及其类型的广泛而细致的框架。她还给词汇偏误下了一个非常明确的定义,指出了在明确界定研究对象方面存在的问题和困难。她认为,所有词汇偏误都是词汇选择方面的偏误。这些偏误按照其发生时的语言层次进行分类，即风格偏误(语用的)、句法偏误、语序偏误(搭配)、语义偏误和系统偏误或特异性偏误。[8] 除了最后一种，所有类型都是所谓语际偏误的一部分；也就是说，它们源于母语的干扰。Ambroso 的分类法是一种严密的分类，她区分了说西班牙语的高级意大利语学习者产生的词汇偏误。但在分析低龄学习者的语言输出时，当涉及的语言在类型学上，从根本上来说在词汇上，比意大利与西班牙语之间的距离更大时，这种分类法是否还有用就值得怀疑了。此外，文中提供的例子有时相当模糊，对特定实例的分类也不甚明确。

Ambroso 的研究结果指向两个方向。一方面，这些研究结果与一般认为学习者的水平越高，一语影响就越小的假设相矛盾，证明高水平的学习者也有可能受到一语的干扰。De Groot (1993)和 Kroll (1993)认为，一些抽象名词和其他语法范畴的词，在试图提取出二语词时，必然会借助一语词作为中介。另一方面，这些研究结果表明，词汇偏误的表现与其他类型的错误(基本是语法偏误)有所不同。显然，需要在词汇偏误领域做进一步的研究，以进一步了解词汇偏误、确定词汇偏误的过程以及词汇偏误的表现形式。Zughoul (1991)的研究结果证实了上述观点。

(6) **词类标准**：这种分类法根据偏误影响到的实词类别(名词、动词、形容词或副词)来区分词汇偏误类型(Lennon,1991b)。

Lennon (1991b)采用的描述性分类标准，是受偏误影响的实词类别。因此，他将偏误分为以下几类：名词选择、动词选择、形容词选择、副词选择和搭配偏误。他还颇为含蓄地将省略、代替和添加任何词性的词语以及重新排序偏误纳入了他的分类。Lennon 给出的分类系统，是描述性而非解释性的："其基本原则是根据发生的分布情况，来对偏误进行分类，而不是尝试将心理语言学的原因归结到偏误上，因为那样做相当于是在推断学习者的'能力'"(Lennon,1991:33)。这是一种详尽的分类法，具有相互排斥的类型，仅在极少数情况下分类不明确。因此，这是一种非常合适的分类法，具有很强的解释力，对其他研究可能也有所帮助。

(7) **以结果/过程为导向的分类标准**：词汇偏误分类法也可以根据其侧重点来进行分类。因此，我们将面向过程的分类标准与面向结果的分类标准区分开来。这两种分类的唯一区别在于，它们是以产生词汇偏误的心理语言学过程（如迁移和过度泛化）为中心来建立分类法，还是从这一过程的结果——词汇偏误本身出发来建立分类法。根据这种区分，以下几组值得一提：

（a）以结果为中心的词汇偏误分类法（如 Ambroso, 2000; Engber, 1995; Fernández, 1997; Hyltenstam, 1988; Lennon, 1991b; Zimmermann, 1986a, 1986b, 1987）。

（b）侧重过程的词汇偏误分类法（如 Dušková, 1969; Lennon, 1996; Ringbom, 1981, 1983; Santos Gargallo, 1993; Warren, 1982）。

（c）Zughoul（1991）的分类法是特例，因为该作者在建立彻底的分类时，把以结果为导向的类型和以过程为导向的类型结合了起来。他详细分析了词汇偏误背后的心理过程，如字面翻译和词条的过度使用，并根据偏误的表面特征，如搭配和迁回表达，对词汇偏误进行了分类。

一般来说，以词汇偏误的语言学描述为分类基础的分类法，都是以结果为导向的，因为它们并不寻求导致偏误的心理过程，也不试图为偏误归纳心理语言学上的原因；也就是说，它们并不试图对偏误进行解释或诠释。同样，以确定词汇偏误的原因和来源为目的的分类法，基本都是以过程为导向的。然而，也有一些值得注意的例外：Zughoul（1991）将这两种标准做了结合，而 Zimmermann（1987）尽管提供了词汇偏误的解释性分类法，却专注于他所研究的那些过程的结果。

（8）**杂类**：在这一类别中，我们发现，有一些分类法将几种分类标准结合在一起，试图建立一套完整的分类法，尽可能多地收集词汇偏误的类型。这类分类法的例子有 Celaya 和 Torras（2001）、Valero Garcés 等（2000）、Lennon（1991b）、Zughoul（1991）以及 Meara 和 English（1987）。

Celaya 和 Torras（2001）提出的词汇偏误分类法与我们的研究相关，因为我们将根据我们的研究目标，采用非常近似的分类法。在对他们的数据进行分析后，作者决定只考虑语际偏误，即"使用英语中不存在的单词，并基于他们的一语词汇知识"（第 6 页）所产生的偏误，因为这些偏误在他们的研究结果中数量最多，占所有偏误的九成。他们发现的语际偏误分为以下四类：拼写偏误、借用偏误、自造词偏误和语义转借偏误。事实证明，Celaya 和 Torras（2001）的分类法对英语水平较低的低龄西班牙语学习者的词汇偏误分类非常有效。

词汇偏误只是 Valero Garcés 等（2000）在被试的书面作文中发现的错误类型之一。在词汇语义层面，他们区分出了迁移偏误、假朋友偏误、固定短语偏误以及词汇使用偏误。[9]

Lennon（1991a）将其领域和范围概念应用于词汇偏误的分类。领域指的是偏误单位出现的语境，在识别偏误时必须将其考虑在内。范围或受偏误影响的语言单位的等级，指的是偏误单位（语素、词、短语、句子和文本）。因此，他将偏误分为三种类型：（a）违反搭配限制，即范围是搭配中的一个词，领域是句子；（b）仅在句外篇章中出现的词汇偏误；这里的范围是词，领域是更大的篇章；（c）在语言以外的语境中出现的词汇偏误，这里的范围也是词，但领域是现实世界。

Zughoul（1991）的词汇偏误分类法，是迄今为止所分析的所有分类法中最详尽、最完整的。他将其阿拉伯语学生的词汇偏误分为 13 类或 13 种原因：假定同义、字面翻译、派生、阿拉伯语风格的影响、搭配、相似形式、信息翻译、惯用语、迂回表达、类比、过度使用某些词汇、过度使用文献中的术语甚至新术语，如赘言和二元术语。他认为，词汇偏误是学习者采用的词汇选择策略造成的。他似乎含蓄地将词汇偏误归结为词汇选择上的偏误。Zughoul 的分类法对词汇偏误做了详尽而完整的分类，而且确定了导致偏误的心理过程。

考虑到这种详尽性，我们似乎有理由认为，这种分类法具有先验的解释能力，这使它在二语习得领域，更具体地说是在偏误分析领域，非常有价值和可靠。这种分类法可以让研究人员和教师改进现有的词汇学习/教学方法，比如，编制单词难度表、有效的预防和补救练习及解释，或实施以词汇和词汇偏误为基础的综合教学计划。

Meara 和 English（1987）提出了一个系统的分类方法，其中包括完全错误的词、语音相关的词、正确的语意领域内的偏误词、形式派生偏误、用法和拼写偏误。制定这一分类的根据，是为了防范词汇偏误而提供的词典信息。

表 4.1 总结了不同的词汇偏误分类法及其分类标准。

表 4.1　词汇偏误分类法总结

标准	词汇偏误类型的示例	作者
内容主导与 形式主导	混淆两个形式相近词 错误的构词 自造词 借用一语 将一语词改编为二语词 语义转借 省略 添加 单词内字母顺序错误 选错了形式相近词 使用下位词而不是上位词 搭配错误 混淆两个语义相近词	Palapanidi（2009） Hemchua 和 Schmitt（2006） Carrió Pastor（2004） James（1998） Mutta（1999） Fernández（1997） Zimmermann（1987）
描述性	近似 杂糅或混合 语域偏误 意义关系偏误 文体偏误 内涵偏误	Djokic（1999） Hyltenstam（1988） Zimmermann（1986a）
病理性	个别词语选择错误 组合词选择错误 拼写偏误 派生偏误 语义偏误 迁移 借用 错误派生 概念混淆	Engber（1995） Santos Gargallo（1993） Zimmermann（1986b） Warren（1982） Dušková（1969）
影响来源	源于一语(迁移、借用) 源于二语(过度泛化、混淆)	Palapanidi（2009） Lennon（1996） Ringbom（1981，1983）

续表

标准	词汇偏误类型的示例	作者
语言学	文体偏误 语法偏误 顺序偏误 语义偏误 系统偏误 语法偏误	Ambroso（2000）
词类	名词偏误 动词偏误 形容词偏误 副词偏误	Lennon（1991b）
结果导向	关注结果——词汇偏误	Zimmermann（1986a, 1986b, 1987） Hyltenstam（1988） Lennon（1991b） Engber（1995） Fernández（1997） Ambroso（2000）
过程导向	关注导致词汇偏误的过程	Dušková（1969） Ringbom（1981, 1983） Warren（1982） Lennon（1996） Santos Gargallo（1993）

词汇偏误分类的普遍局限性

尽管已经指出了个别分类法的具体局限性和不足之处，但这里仍将讨论词汇偏误分类法的一些一般特征和缺陷。Meara（1984）认为，对词汇偏误的关注是没有结果的，因为这种关注过于局限，因为通过词汇偏误分析，无法揭示二语学习者词汇行为的方方面面，因为这一词汇行为并不必然导致偏误的出现。尽管他承认词汇偏误分类法有助于以清晰、连贯的方式描述和解释数据，但他认为，这些分类法的价值不大，因为"它们基本上是事后分析，没有什么预测或解释能力"（第 226 页）。这基本上意味着，词汇偏误分类法的潜力相当有限。

词汇偏误分类法的制定,可以支持作者的某些新主张或理论。例如,一语对二语习得和迁移偏误的影响(Dušková,1969;Ringbom,1981,1983),或者说明新创造的概念(Lennon,1991a;Zimmermann,1987)。但很少有词汇错误分类能实际运用到教学当中(例如,可参见 Hemchua 和 Schmitt,2006;Meara 和 English,1987;Warren,1982;Zughoul,1991)。

Meara 认为,分类标准本身

　　并不能预测会出现哪些类型的偏误,也不能解释为什么会出现某些类型的偏误,而不是其他可能的偏误类型。它甚至没有提出任何明确的方法来提供指导,消除更严重的偏误。与一些优秀的语际研究不同的是,它也没有设法表明,这些确实出现的偏误是连贯的发展模式的一部分。显然,虽然这些偏误分析能为我们提供一些有用的初步数据,但总体而言,它们并不能帮助我们走得更远。(Meara,1984:226)

我们同意 Meara 的观点,虽然分类法本身没有什么预测和解释能力,也没有提供明确的教学方案,来解决二语学习中的词汇问题,但作为一种进一步了解二语习得和教学过程的工具,分类法为我们提供的初步数据重要性不容低估。

根据从分类法中得出的结果,研究者的任务是推断和提取词汇偏误的行为和发展模式,针对词汇偏误分析中发现的词汇问题,设计教学解决方案,解释已出现的词汇偏误类型,并预测随后会出现的偏误。这种预测只能来自对结果前后一致的解释、系统化和概括,然后才能运用到其他类似的目标组上。

每个偏误分析项目和分类法的发展,都需要一套步骤、决策和标准,以及与其目标和需求相适应的准确性。词汇偏误分类法是事后设计的,即在对词汇偏误进行分析之后才设计的,因此,很难将其运用于与设计时不同的其他数据样本。遗憾的是,这些分类法对研究人员的帮助不大,因为他们可能希望将其中一种分类法运用于自己的词汇偏误样本。一旦研究人员收集、识别甚至分析了词汇偏误,他们就会根据自己的需要设计分类。这些分类是为适应具体的词汇偏误样本而制定的;因此,可以说它们是特定的。它们似乎适用于特定的词汇偏误案例,但不太可能适用于其他数据集,如与特定研究中考虑的学习者的母语不同的学习者。我们希望设计出一种有效的词汇偏误分类法,这种分类法能够包含最大量的词汇偏误实例和类型,从而可以作为一种先验的工具来分析广泛的数据集。

此外,所有分类法,即使是最详尽、最全面的分类法,也会出现一些类型重叠的问题。这就意味着,根据分类者对词汇偏误的来源、原因、表面结构或上下文的不同看法,可以分为不同类型的词汇偏误的比例也在不断变化。Lennon(1991b:40)在解释其非常详尽的词汇偏误分类时承认:

> 对于语料库中出现的少量偏误(1%~2%),上述分类并不明确。这也许是事物的本质使然,因为任何偏误分类系统,都是试图通过将独特的现象按其相似性进行分组,从而在差异中强加秩序。以上是对语料库进行剖析的一种尝试,但并没有毁坏了语料库。

大部分关于词汇偏误的论文,都是针对高水平成人二语学习者的词汇输出的。很少有研究调查儿童或英语初学者产生的词汇偏误。

词汇偏误分类法的教学意义

大多数研究者并未考虑他们所采用的词汇偏误分类法的教学意义和应用。他们仅仅描述了词汇偏误的形式和来源,却忽略了将研究成果应用于教学这一步。教师试图通过解释规则并将其应用于实际案例,来预防和消除语法偏误,而词汇偏误在课堂上却遭到忽视。教师期望学习者孤立地学习每个词条,并希望词汇偏误会随着时间的推移而消失。Hemchua 和 Schmitt(2006)、Zughoul(1991)、Meara 和 English(1987)或 Warren(1982)是例外,他们除了指出词汇学习中的某些具体问题外,还提供了系统性地解决这些问题的方法。

对词汇偏误分类法的透彻解读,可以解释词条的难易程度,揭示词汇学习是如何发生的,如学习者经历了哪些阶段,确定学习者在语言习得过程中每个特定阶段的词汇能力,或者建立一些评价标准,如学习者的二语写作。

有几种方法可以利用词汇偏误及其分类法来改进二语词汇教学。例如,Warren(1982)认为,正如教师试图通过告诉学生适当的规则来消除学生的语法偏误一样,词汇偏误也可以通过向学习者解释原因加以排除。她认为,处理词汇偏误的最佳教学方法,就是通过建立一语和二语词汇系统之间的比较,说清导致偏误的原因(另见 Hemchua 和 Schmitt,2006)。Zughoul(1991)的研究结果最重要的意义和应用,就是编制问题词汇清单,这对二语学习者采取切实可行的策略来提高语义能力，或许大有帮助。Meara 和 English（1987）建议，应强化词典的功能，以防止出现某些类型的词汇偏误，并通过提供用例，或对比不同词义或同一语义领域的词，来为如何强化词典功能提供线索。

词汇偏误研究成果在教学上的另一个应用是，在遇到词法问题之后，应启用由预防性和补救性练习和讲解组成的双重教学系统。词汇偏误是发现难词和容易给二语学习者造成问题的词汇的参照物。这种教学方法有两种应用模式，一种是教师根据基于词汇偏误的教学大纲安排课程，另一种是在词汇偏误产生之后，教师立即使用分类法对其进行解释，并将解释运用到实例当中。

·词汇偏误作为词汇习得的证据·

词汇偏误在二语习得领域具有极其重要的意义。因为作为一种可观察到的中介语现象，它们可以帮助我们深入了解二语词汇习得的过程，揭示习得过程中存在问题的地方和不同的学习阶段。换句话说，词汇偏误可帮助学习者发现自己词库中的不足。它们能帮助教师发现学习中的问题所在。它们还能帮助研究者发现二语词汇习得的基本过程，因为它们提供了对这些过程的洞察（参见 Corder, 1967: 167）。

词汇偏误是一种可靠的工具，可用于研究二语心理词库的组织，并发现更多有关词汇发展的信息（Laufer, 1991a）。Ecke（2001: 90）认为，非目标词项与确定词汇组织、存储和检索模式有关。更具体地说，词汇偏误揭示了联想和同义关系的模式。根据词汇偏误是形式偏误还是语义偏误，研究人员可以了解更多有关词库的信息。形式主导的词汇偏误是词库组织的证据，它揭示了形式上相似的词被存储在一起。相反，意义主导的词汇偏误，则表明词库的组织是以词与词之间的语义联系为基础的；也就是说，语义相关的词被存储在一起（Gu, 2003: 14）。

Laufer（1991a）提出了从词汇偏误的证据中确定词库属性的方法。她根据词性不一致（她称之为"synforms"，即同音近形词）研究了学习者心理词库的结构性质。她认为，词汇偏误表明了外语词汇的结构和组织，她接着列举了这种词库的一些特性：

（1）二语学习者似乎无法识别所学单词的音节数。

（2）二语学习者一般都能正确记录重音的模式，因为他们很少犯混淆这一显著词汇特征的词汇偏误。

（3）学习者似乎是通过注意首字母来储存单词的，但不一定会注意结尾字母。

（4）由于辅音很少受到混淆的影响，因此辅音是词条中更为突出和显著的特征。

（5）学习者倾向于根据语法类别来存储单词，因此，当他们混淆两个单词时，这两个单词大多属于同一词类。

词汇偏误的来源，即一语迁移或二语影响，以及这些现象的不同形式，如过度泛化、混淆、借用和自造词，都为研究一语和二语之间关系的性质提供了有用的信息。此外，对词汇偏误的研究证明了词汇学习和整个二语习得的过程是一个整体。过去，偏误一直被认为是有关二语习得的重要而可靠的信息来源，因为：

> ……它们确切无疑地证明，学习者并不是简单地记住目的语规则，然后在自己的话里重现这些规则。它们表明，学习者在输入材料的基础上，构建了他们自己的规则，至少在某些情况下，这些规则与目的语的规则有所不同。（Ellis, 1985:9）

通过分析词汇偏误，研究人员可以找出二语习得过程的内在机制（Ecke, 2001:91）。Corder（1967）强调了偏误的重要性，认为偏误是习得过程中使用语言系统的证据，也是学习者中介语能力的反映。若干年后，Ellis（1994）指出，词汇偏误是研究者了解学习者词汇能力及其发展的窗口。通过学习者的词汇偏误，研究者可以发现有问题的词条以及问题的性质，如与搭配、句法限制和意义混淆有关的问题，或者与拼写有关的形式问题。

同样，对词汇偏误的研究可以揭示学习者在词汇习得过程中所经历的不同阶段。不同类型的词汇偏误是词汇习得特定阶段的特征（Celaya 和 Torras, 2001；Hemchua 和 Schmitt, 2006；James, 1998；Laufer, 1991a；Meara, 1984；Naves 等, 2005；Palapanidi, 2009），除了那些不以时间推移为转移，在不同学习阶段一直存在的化石化的错误。随着语言经验和语言水平的提高，学习者会出现不同类型的词汇偏误。一般来说，低水平学习者在词条的形式上会出现更多问题，而在水平较高的阶段，学习者会出现更多语义相关的偏误（Celaya 和 Torras, 2001；Hemchua 和 Schmitt, 2006；Meara, 1984；Palapanidi, 2009）。此外，低水平学习者在使用借用词时，更多地依赖于一语，而高水平学习者则更多受到二语的影响（Celaya 和 Torras，2001；Hemchua 和 Schmitt，2006；Naves 等，2005）。词汇偏误分析显示了词汇习得的过程，揭示了学习者在构建所学语言时使用的策略。词汇偏误揭示了一个积极的学习过程，其中的一些常量揭示出学习者所处的阶段，以及可能有用的教学结论（Fernández，1995：203-204；Palapanidi，2009）。

在以培养交际能力为最终目标的二语课堂上，结构式教学法已被交际法所取代（参见 Council of Europe，2001），而词汇偏误的处理方式则有所不同。错误口语与正确口语的不同之处，以及导致偏误产生的原因或心理语言学过程，并不是唯一的关注重点。现在重要的议题是，根据词汇偏误对成功的二语交际的影响，来研究那些词汇偏误（Skjær，2004）。

·交际中的词汇偏误·

互动有助于更好、更快地发展二语，研究强调了互动在成功的二语习得中的重要性（Ellis 和 Heimbach，1997；Meara，1996）。可以想象，词汇范围或词汇知识的缺乏，对这一过程的发展有相当大的影响。如果词汇与交际相关，那么词汇能力的不足和词汇知识的缺乏也会影响互动。词汇是表达意义的手段，也是语言交际的基本要素。如果一个对话者不认识某个单词，或偏误地解释或产生该词，那么交际（产生和接收）就会受到影响。因此，词汇偏误在非母语交际中的作用不容忽视。词汇偏误是重要的交际影响因素。词汇偏误在交际中的负面作用，对研究写作中词汇偏误的产生具有重要意义，因为写作是交际的一种方式（Djokic，1999）。

一般来说，偏误会对交际产生负面影响。偏误不仅与准确性有关，还与它们可能带来的信息错误或交际中断有关（Djokic，1999）。交际错误会造成三大后果。首先，偏误可能导致不理解，因为由于偏误的存在，读者或听众无法理解信息。其次，偏误可能是误解的根源，因为它们会产生模棱两可的信息。最后，偏误可能会激怒读者/听者，也可能引起笑声，甚至是对学习者的嘲笑，从而阻碍交际。这会对学习者的形象产生有害影响（参见 Skjær，2004）。

与可能更多来自外语课堂而非现实生活经验的普遍假设相反，语言正确性不是交际成功的先决条件。下面的例子可以说明这个问题。比较下面一个二语学习者在对他的外语教师讲话时所说的话：

（1）Give me the result of my exam.（把我的考试成绩给我。）

（2）*Could you to tell me the result of my exam?（你能告诉我我的考试成绩吗？）

（3）Could you tell me the finding of my exam?（你能告诉我我的考试发现吗？）

　　仔细观察这三个例句[10]，我们会发现，虽然第一个例句在语言上是正确的，即语法上是完美的，但我们怀疑它的交际效果。学生不会向老师提出如此大胆的要求，从这个意义上讲，学生可能无法成功地传达信息，也可能达不到预期的效果。第二句话有一个典型的语法偏误，就是在助动词 can 后面加了 to，而这个助动词后面总是跟着不定式。这个句子虽然有语法错误，但不会对交际造成任何限制，教师也明白学生的意思。不过，最后一个例子就比较复杂了。该学生似乎混淆了两个在英语中含义相似的词：results 和 finding。这一信息可能会引起混淆，学生可能无法传达出预期的信息，从而造成交际障碍（参见 James，1998：212）。

　　Faerch 和 Kasper（1983）的研究表明，消除某些形式元素，并不会干扰意义的传递。Fernández（1997：32）也发现，转折词、介词和冠词的语法偏误，不会对信息的可理解性产生重要影响，因此，也不会对交际产生重要影响。Albrechtsen 等（1980）也发现，信息的正确性与信息的可理解性，以及交际成功与否，并没有明显的关联。他们一致认为，正确的语言容易理解（另见 Khalil，1985；Picó，1987）。不过，如果说词汇简化的交际策略会导致词汇偏误，那么在某些情况下，则会适得其反（Blum 和 Levenston，1978；Blum-Kulka 和 Levenston，1983）。虽然语法偏误在交际中似乎并不重要，但词汇偏误会在不同程度上影响信息的传递和理解，这取决于词汇偏误的类型。

　　词汇使用不当往往会使听者/读者无法解读制作者想要表达的信息，从而导致交际中断或交际失败。Haastrup 和 Phillipson（1983）将"交际中断"这一概念定义为"当说话者中的一方误解了另一方，从而影响了相互理解，或者学习者在表达自己想说的话时明显遇到困难时"（第 143 页）。不同的研究都得出了明确的结果，强调了词汇偏误作为交际干扰因素的概念（参见 Djokic，1999）。尽管 Haastrup 和 Phillipson（1983）的研究主要是为了了解不同学校类

型的语言学习者在出现交际障碍时所使用的交际策略类型,但他们的研究数据也表明:

就(交际障碍)的原因而言,没有证据表明,发音或语法会导致交际障碍:其根源几乎完全在于学习者在接受和输出方面的词汇局限。

(Haastrup 和 Phillipson, 1983:145)

这些结果支持了其他研究者的发现,他们认为,学习者在输出词汇和接受词汇方面的差距,才是造成重要交际障碍的原因,即交际不流畅,说话者和听话者无法互动和相互理解(例如, Djokic, 1999; James, 1998: 212; Olsson, 1973; Skjær, 2004)。词汇知识和足够数量和深度的词汇,对成功进行交际至关重要。

在最近的一项研究中, Skjær(2004)发现,词汇偏误对交际的负面影响比语法偏误更大。更具体地说,受一语影响的词汇偏误危害极大。在运用迁移策略时,词汇偏误的出现"可能会或多或少地正确转述信息,造成暂时的混乱,带来误解,甚至导致交际中断。读者对学生的一语和语境的了解,在信息传递中起着重要的作用"。(Djokic, 1999: 128)

词汇偏误会妨碍有效的交际。这些研究结果与 Olsson 对语义偏误的研究结果如出一辙,语义偏误是指影响语句意义的偏误,它们比句法偏误或影响语句形式的偏误对交际的干扰更大(另见 Fernández, 1997: 31-32; James, 1977; Lindell, 1973)。

出现词汇偏误的说话者/写作者的形象可能会因此严重受损,因为信息接收者可能会认为他/她不礼貌而且相当古怪(Gass, 1988: 93)。词汇偏误也会极大地刺激和干扰对话者。误导性话语造成的误解、无法理解的信息导致的交际障碍,以及听者(无论是母语使用者还是非母语使用者)的恼怒,都是词汇偏误最糟糕的后果(Djokic, 1999)。因此,如果语言主要被视为一种交际手段,如果这些偏误导致交际中断,那么消除这些偏误的重要性和必要性就不言而喻了(Dagut, 1977: 225)。为此,教师和研究人员必须正确理解这些词汇偏误的根源(Dagut, 1977: 225),词汇偏误分类法就显得尤为重要。

词汇偏误被认为是最严重的偏误类型。对特定偏误严重程度的判断取决于几个标准。Fernández(1997: 30-32)与之前的研究相呼应,提到了以可接受性、语法性、适当性、频率、(信息的)模糊性、可理解性或可传播性、(听者/受众的)易怒性和(说话者/作者)的污名化作为主要标准。从交际的角度来看,最重要的标准是可理解性或可交际性。从这个意义上讲，偏误的严重性是根据它所造成的交际中断来评估的（Djokic，1999；James，1998；Santos Gargallo，1993；Skjær，2004；Vázquez，1987）。

对偏误严重程度的判断，既不是客观的衡量标准，也不是上面提到的标准（Fernández，1997：30；Vázquez，1987：6972）；相反：

> 偏误严重性是衡量母语使用者（有时是非母语教师）对语言学习者偏误的反应。偏误严重性研究的目的，是找出哪类偏误最妨碍交际或最能刺激到母语使用者。（Tschihold，2003：295）。

一些关于偏误严重性的研究表明，词汇偏误被不同的母语和非母语评判者认为是最严重和最具破坏性的，因为它们是成功交际的最大障碍（Ellis，1994：63；James，1998；Santos，1988）。甚至学生也认为，在所有偏误类型中，与词汇有关的偏误最为严重（Gass，1988：93）。词汇偏误的严重程度取决于交际效果和可理解性；从二语学习者的角度来看，一个偏误对交际的干扰越大，它就越严重（Djokic，1999；Hughes 和 Lascaratou，1982；Johansson，1978：41；Khalil，1985；Picó，1987；Politzer，1978；Santos，1988；Vázquez，1987）。

关于偏误严重性和偏误对语言产生的交际影响的研究，揭示出非常有趣的结果，表明了交际性作为判断标准的重要性，并指出了词汇偏误作为交际干扰因素的性质。Politzer（1978）发现，讲英语、学习德语的美国学习者，和以德语为第一语言的学习者，都认为词汇偏误最为严重。被试对词汇偏误的反应最为强烈，认为词汇偏误绝对比动词词形、词序、性的混淆、大小写结尾（语法偏误）和语音偏误更为严重。

Hughes 和 Lascaratou（1982）对以英语为母语的第一语言使用者、以英语为母语的教师和以英语为母语的希腊教师所犯的偏误的严重程度进行了研究，发现被认为最严重的偏误类型是词汇和拼写偏误，因为它们给理解造成了最大的困难。同样，James（1998：211）在报告 Zola（1984）的一项研究时注意到："即使是轻微的拼写偏误，只要发生率高，也常常会干扰阅读，即使拼写偏误的单词具有很高的可预测性。"

Khalil（1985）要求 200 多名母语人士判断两种不同类型的偏误——语义偏误和语法偏误——的可理解性和自然性。结果发现，语义偏离的语篇比语法偏离的语篇更难懂，因为评委觉得，语义偏误比语法偏误更严重。同样，

Olsson（1973）和Picó（1987）发现，词汇偏误被认为是最严重和最重要的偏误，他们得出结论，语义内容比语法准确性对成功交际更为重要。

Santos（1988）对偏误判断进行了最相关的研究。该研究分析了教授们对非母语者在学术写作中出现的偏误的反应。结果显示，词汇偏误被认为是最严重的偏误，因为它们模糊了信息的含义，从而干扰了正常的交际。同样，Singleton（1989：204）提到了Delisle（1982）的一项研究，他观察到13至17岁的母语使用者对词汇偏误最为恼火。Dordick（1996）以交际成功为框架，对学习者的偏误进行了严重性分析，发现词汇偏误和动词用法偏误最严重，因为它们对交际的干扰最大。换句话说，包含词汇偏误或动词用法偏误的文章，给理解带来的困难最大。

在有关二语（词汇）习得的研究中，词汇偏误也具有非常重要的作用。事实证明，词汇偏误是质量标准的客观设定者，因此，它们被反复用作衡量总体语言水平的标准，特别是作为词汇进步的指标。这一点我们将在后文看到。

·教学情境下的词汇偏误·

词汇偏误在教学或指导过程中显得尤为突出，因为它们可以作为学习者书面作业的质量指标，也可以作为词汇进步、词汇能力水平和总体学业成绩的预测指标。词汇偏误作为缺乏词汇能力的证据，已多次被发现在多个语言领域显示并消极地预测学习者的语言能力，且表明学习成绩不佳。

词汇被广泛认为是语言能力的重要预测指标。此外，现在人们普遍认为，词汇是阅读和写作等不同语言能力领域的核心，甚至是先决条件。一些研究甚至表明，在某种程度上，词汇可以预测这些技能的表现（Cobb，2000）。同样，我们可以很有把握地假设，词汇偏误会对不同语言能力的表现起到负面的预测作用。

有几项研究表明，丰富多样的词汇对发展不同语言领域的技能非常重要。例如，据说阅读理解在很大程度上得益于广泛而深刻的词汇知识。Qian（1999，2002）的研究表明，可以用词汇来预测阅读理解的成绩，从而证实词汇因素在阅读评估中的重要性（另见Anderson和Freebody，1981；Clark和Ishida，2005；Grabe和Stoller，1997；Laufer，1997a）。

同样，正如我们在前面的章节中所看到的，写作能力也会随着作文词汇量的增加而提高(Engber,1995;Grant 和 Ginther,2000;Jarvis 等,2003;Laufer 和 Nation,1995)。与此类似,如果学习者能够依赖于完善的词汇能力,那么口语技能、听力和口语的表现就会更好。从这个意义上讲,当口语会话显示出广泛、恰当和准确的词汇时,口语会被认为更加流畅(McCarthy,2006)。

词汇不仅是语言发展和语言技能表现的核心,总体学业成绩也受到词汇知识和词汇能力的影响。特别是在使用一语的情况下,词汇能力已被证明对学习成绩和学业成功有显著影响(Álvarez Castrillo 和 Diez-Itzá,2000)。因此,学习者的母语词汇能力越强,在校成绩就越好。

Verhallen 和 Schoonen(1993,1998)在荷兰进行的一系列研究,为词汇能力在二语语言能力和成绩发展中的重要性提供了进一步的证据和支持。这些研究还指出,二语词汇不仅对二语发展至关重要,还影响着总体的学习成绩。学习者掌握的词汇越多,掌握得越好,他们在学校的总体成绩就越好。教育发展和学校成功与词汇知识密切相关,并受词汇知识的预测和影响(参见 Hancin-Bhatt 和 Nagy,1994;Harley,1995)。

Morris 和 Cobb(2004)的最新研究也显示了类似的结果,表明词汇档案可以预测学习成绩。在他们的研究中,要求学习者用英语写一篇文章,从中提取他们的词汇知识。通过分析学习者对不同词频水平和词类(功能词与开放类词)的掌握情况,作者得出了词汇能力与语法课程成绩之间的相关性。这些相关性使他们得出结论,他们使用的词汇档案,可以作为总体学习成绩的有效评估工具。

考虑到词汇知识对不同语言领域的发展以及对学业成功的重要性,可以合理地认为,词汇偏误会对总体的教育和学业成绩产生负面影响。

词汇偏误用于评估不同语言技能的词汇和总体水平,还用于衡量其书面和口头表达的质量。例如,书面作文的分数是基于作文中词汇偏误(相对于有效和良好使用的词汇)的百分比,以及其他词汇指标(频率、独创性和变化)(Engber,1995;Laufer 和 Nation,1995;另见第 3 章)。词汇偏误作为能力预测指标的作用,可以追溯到词汇是语言和学术发展的基本要素。虽然词汇偏误与作文质量之间的关系还只是初步证明(Agustín Llach,2007;Engber,1995),但将词汇偏误视为质量预测因素以及缺乏词汇知识和综合语言能力低下的证据,已经达成共识。通常情况下,语言学习成绩的质量是根据其交际效果来评估的。因此,如果学习者的学习成果在交际方面是成功的,那么就质量而言,它就会得到积极的评价。为了达到有效交际的目的,话语中不能包含很多词汇偏误,因为这些偏误显然会模糊话里的意思。

对二语口语文本来说,偏误的密度,尤其是词汇偏误的密度,也被证明与对总体语言表达的评价密切相关。在实验中,Albrechtsen 等(1980)发现,英语二语学习者的词汇偏误密度高的会话摘录,即词汇偏误多(客观衡量)的会话摘录,在语言运用方面获得了负面评价(由母语评判者给出的主观衡量)。这一说法进一步证明词汇偏误与话语质量之间的相关性(参见 Valero Garcés 等,2003:14)。

我们认为,这种关系意义重大,足以让我们对作文质量做出预测。这对规划写作课程具有重要意义。这些发现也与评估有关,因为它们允许教师依靠基于词汇偏误百分比的客观评价标准。教学也可以从本研究的结果中获益,向学习者提供有问题的词汇表和影响这些词汇的词汇偏误。这样做有助于减少词汇偏误的数量,从而提高学生的写作质量。

·小结·

本章试图对有关词汇偏误的研究成果做系统化的梳理。我们研究了"词汇偏误"这个术语的定义,对几种最重要的词汇偏误分类法做了阐述。通过对词汇偏误的定义和分类,研究者可以发现哪些类型的词汇偏误最为常见,并得出这些词汇偏误在二语词汇教学中的意义。确定学习者在完成书面任务时学习和使用英语词汇的方式是很有意义的。通过分析这些学习者在书面表达中遇到的词汇偏误,可以发现他们弥补词汇缺陷的心理过程和补偿策略。Grant 和 Ginther(2000:143)也强调了研究写作偏误(主要是词形偏误)对更好地理解二语写作发展以及二语作者中介语真实性质的意义。

词汇偏误是了解词汇习得过程的宝贵窗口。从词汇偏误的识别、分类和解释所提供的证据中,研究人员能够确定主要的词汇习得阶段和词汇习得过程,并找出学习者在不同阶段更容易出现问题的词汇领域。词汇偏误在互动中起着重要作用,长期以来一直被认为是造成听不懂的最可能原因(Hughes 和 Lascaratou,1982:179;也可参见 Lindell,1973;Olsson,1973)。由于词汇偏误会对交际产生负面影响,因此在不同类型的评估中,词汇偏误被认为是所有类型的偏误中最严重的偏误。词汇偏误被认为对交际具有极大的破坏性,因为它们会影响信息的含义。

词汇偏误意味着词汇知识的缺乏和词汇使用的不当,因此,对语言评估有负面影响。书面和口头表达的质量,会受到作文或话语中词汇偏误的影响。总之,词汇偏误多的语篇得分会很低。以下各章将探讨这一问题。

·注释·

1. 见 Ambroso(2000), Djokic（1999）, Fernández（1997）, Engber （1995）, Jiménez Catalán（1992）, Channell（1988）, Hyltenstam（1988）, Zimmermann （1986b,1987）, Vázquez（1987）, Ringbom（1983）, Warren（1982） 和 Dušková （1969）。

2. 见 Laufer（1990a,1990b,1991a）, Lennon（1991a）, Zughoul（1991）, Hyltenstam（1988）, Zimmermann（1986b）, Warren（1982）, Blum 和 Levenston （1978）和 Dagut（1977）。

3. 如果分类法遵循的分类标准不止一个,我们会根据我们认为优先于其他分类标准的主要分类标准,将其归入其中一组或另一组。

4. 西班牙语原文如下 : *reconocimiento de los rasgos de género y número de los nombres, formaciones no atestiguadas en español, uso de significantes próximos, deformaciones, barbarismos, lexemas con semas comunes pero no intercambiables en el contexto, 'ser' 'estar', perífrasis, cambios entre lexemas de la misma raíz and cambios de registro.*

5. 我们无意将词汇偏误等同于学习和交际策略。显然,词汇学习和/或交际策略的应用,并不一定会导致词汇偏误,但它们在某些情况下会产生完全正确的语句。

6. 不过,这些研究的一个不同之处在于,它们都以结果-过程为导向。这似乎有些矛盾,因为关注导致词汇偏误的心理过程是这组作者的特点。不过,他们将所分析的心理语言学过程的结果——词汇偏误——作为分类的参照点,是合理的。但以过程为导向的分类法似乎更为合理。在本节的第 7 点中,我们将根据结果/过程导向对分类法进行分类。

7. 西班牙语原文如下 : *impropiedad semántica, transferencia, préstamos*

lingüísticos and derivación errónea.

8. 西班牙语原文如下：*errores de estilo, de sintaxis, de orden dentro de la frase, de semántica errores del sistema o idiosincrásicos.*

9. 西班牙语原文如下：*errores de transferencia, errores en el uso de falsos amigos, de frases hechas o de modismos and uso inadecuado de vocablos.*

10. 这些例子是为说明问题而编写的。

第 2 部分
发生在低龄西班牙学习者书面作文中的词汇偏误

第5章

设计一项探索写作中
词汇偏误的研究

如前面几章所述,有关词汇偏误的研究数量相当可观,但很少涉及低龄学习者的词汇偏误产生(相关例子见 Celaya 和 Torras,2001)。此外,尽管人们广泛关注有助于评估写作质量的词汇特征,但词汇偏误与作文质量之间的关系却鲜有研究(参见 Agustín Llach,2007;Engber,1995)。很少有研究探讨词汇偏误作为写作质量预测因素和所接受词汇知识的测量指标的作用(参见 Agustín Llach 和 Jiménez Catalán,2007)。词汇偏误分析领域也明显缺乏历时研究(见 Palapanidi,2009)。学习者的水平和词汇教学量,与决定词汇学习如何进行息息相关。本章探讨了一项旨在考察不同测试时间和水平下词汇偏误产生情况的研究,还考察了词汇偏误的产生对所接受词汇知识的发展以及对写作质量的整体评估的影响。下文将对本研究的被试、数据收集手段、遵循的实验步骤和进行的相关分析进行说明。

本研究的主要目的,是识别在两个不同时期学习英语的低龄西班牙学习者的书面表达中出现的词汇偏误类型。此外,本研究还将探讨这些词汇偏误对学习者书面作文质量的影响。

本研究的目的与应用语言学、教育学和社会学的观点密切相关。在研究中,我们打算进一步了解低龄学习者学习英语的词汇习得过程,通过更好地了解语言学习是如何进行的,改进语言教学。这项研究具有重要的教学意义,尤其是在小学的英语词汇教学和其他外语学习方面。这项研究为教师提供了衡量词汇知识的客观工具,提供了有关学习者使用的导致词汇偏误产生的一些策略的信息,以及词汇能力如何提高的数据。

如今,学习和掌握英语是一项基本的学术要求,甚至是社会要求。英语是国际通用的交际语言,词汇又是交际的一个重要方面。词汇偏误是导致交际障碍的重要因素。通过识别和分析这些词汇偏误,我们可以更多地了解小学生的词汇习得过程与使用的策略。在此基础上,我们可以选择最合适的语言教学模式和方法,以帮助我们的学生在国内外具备交际能力,提高交际的效率。

·研究问题和假设·

本研究旨在找出以英语作为外语的低龄学习者所犯的词汇偏误,考察这些词汇偏误与论文质量衡量标准之间的关系,从而实现一系列的目标。

具体来说,这项研究追求以下总体目标和具体目标。

总体目标:

(1)识别两次不同测试时间(T1 和 T2)产生的词汇偏误频率和不同词汇偏误类型。

具体目标:

在完成主要总体目标之后,本研究要

(2)了解词汇偏误的绝对数量是否会随着语言经验的增加而减少;

(3)根据 T1 和 T2 的出现频率,对不同类型的词汇偏误进行分级,并确定频率的顺序是否会发生变化;

(4)探讨词汇偏误和词汇偏误类型与作文质量之间的关系,作文质量用 T1 和 T2 阶段的测量表中的最终得分来衡量;

(5)考察 T1 和 T2 阶段词汇偏误、词汇偏误类型和词汇水平之间的关系。

根据这些目标,以及前几章分析过的理论和实证研究结果,我们提出了一系列研究问题和假设,作为我们研究的出发点。我们的研究问题如下:

(1)词汇偏误的产生,会随语言经验和年龄的增长而减少吗?

(2)随着语言经验和年龄的增长,产生的词汇偏误类型会不会有差别?

(3)词汇偏误与作文质量是否有关系?

(4)不同词汇偏误类型与作文质量的关系是否相似?

（5）不同词汇偏误类型与所接受词汇知识的关系是否相似？

零假设和基于文献的预测如下。

（1）随着语言经验和年龄的增长，词汇偏误的绝对频率将保持不变：在测试时间 T1 和 T2，词汇偏误的绝对频率不会有差别，但产生的词汇偏误类型有可能会发生变化。研究证明，偏误的产生并不一定会随着语言经验的增加而减少。水平越高的任务，对认知的要求越高，导致偏误不断出现（例如 Ambroso，2000；Lasagabaster 和 Doiz，2003；Olsen，1999；Ruiz de Zarobe，2002，2005b）。换句话说，学习者的话语变得越来越复杂，这就导致了词汇偏误的出现，其中有些是新出现的，有些则是已经化石化的（Olsen，1999；Vázquez，1991）。使用新的、更多的、认知上更为复杂的词汇（Cenoz，2002；Lasagabaster 和 Doiz，2003；Naves 和 Miralpeix，2002；Ruiz de Zarobe，2005a），可能是产生词汇偏误以及随着语言经验和年龄的增长，这些偏误没有减少的原因（Cenoz，2002；Fernández，1997；Lasagabaster 和 Doiz，2003；Naves 和 Miralpeix，2002；Ruiz de Zarobe，2005a；Torras 和 Celaya，2001；另可参见 Mũnoz 等，2005）。相反的结果，参见 Naves 等（2005）、Hawkey 和 Barker（2004）、Grant 和 Ginther（2000）、Fernández（1997）、Lennon（1991b）以及 Bardovi-Harlig 和 Bofman（1989）。

（2）随着语言经验和年龄的增长，学习者会产生不同类型的词汇偏误：初级和高级学习者会产生不同类型的偏误。Meara（1984）观察到，形式偏误在词汇学习的初级阶段更为常见，逐渐被语义偏误或意义混淆引起的偏误所克服或取代。其他一些研究（Carrió Pastor，2004：179；Celaya 和 Torras，2001；Fernández，1997；Lasagabaster 和 Doiz，2003；LoCoco，1975；Naves 等，2005；Olsen，1999；Palapanidi，2009；Taylor，1975；Wang，2003）表明，低水平学习者跟更熟练的学习者相比，会犯更多一语迁移造成的错误。不过，这些研究者也承认，一语的影响在高水平学习者中仍然存在。相反，Mukattash（1986）发现，水平越高的学习者受一语影响的程度就越高，从而导致二语产生错误。同样，Cenoz（2001，2003）和 Sanz（2000）的研究也表明，年龄越大、水平越高的学习者，从一语中迁移得越多。一语干扰在初学者的写作中尤为普遍（Celaya 和 Torras，2001；Djokic，1999；Olsen，1999）。随着语言水平和语言经验的增加，语内错误开始变得不像语际错误那么明显。

Hawkey 和 Barker（2004）以及 Grant 和 Ginther（2000）指出，随着水平的提

高,选词错误(词汇偏误)大大减少,对高级阶段来说,出现这类词汇偏误令人惊讶。无论如何,不管每个阶段的(词汇)偏误类型如何,大家公认,在语言和词汇习得的每个不同阶段,会出现不同类型的偏误。学习者的语言和词汇能力程度,可能是造成这些偏误类型和频率差异的原因(Ambroso,2000;Celaya 和 Torras,2001;Lasagabaster 和 Doiz,2003)。

(3)词汇偏误与作文质量呈负相关:与之前的研究结果一致,词汇偏误作为衡量词汇丰富程度的一个指标,能在相当程度上从负面预测书面文章的质量。词汇的准确性被认为是评估学习者书面作文质量和交际效果的最密切相关的标准之一(Agustín Llach 和 Jiménez Catalán,2007;Grant 和 Ginther,2000;Hawkey 和 Barker,2004;Hyland,2003;Jarvis 等,2003;Kuiken 和 Vedder,2007;Polio,2001;Weigle,2002)。词汇偏误的数量,即词汇偏误密度,可用于评估书面作文的质量(Agustín Llach,2007;Bardovi-Harlig 和 Bofman,1989;Engber,1995;Grant 和 Ginther,2000;Hawkey 和 Barker,2004;Kobayashi 和 Rinnert,1992;Martínez Arbelaiz,2004;Mutta,1999;Santos,1988)。

(4)不同类型的词汇偏误对作文分数的影响程度不同:与形式相关的偏误相比,内容相关的偏误对信息含义的影响更大,因此,对质量评判的影响也更大。正如 Hawkey 和 Barker(2004:148)所指出的,某些类型错误的负面影响可能会高于其他类型错误(参见 Djokic,1999)。有证据表明,内容主导的偏误比形式主导的偏误更容易掩盖意义,因为它们对交际的影响更大,它们影响了意义的传递。除了对交际过程的干扰外,语义混淆引起的错误一般被认为更为严重,因为它们对信息的含义影响最大(Olsson,1973;另见 Fernández,1997;James,1977,1998;Lindell,1973;Santos Gargallo,1993;Skjær,2004;Vázquez,1987)。

Khalil(1985)提供了进一步的证据,表明内容主导的词汇偏误,在评判文章质量时具有更大的负面影响。他发现语义偏误被认为是更严重的,因为它们比形式主导的偏误更难以理解。同样,Olsson(1973)和 Picó(1987)的研究结果表明,对成功的交际而言,语义内容比语法准确性更为重要。与之相反,James(1998:214)批评了语义错误与形式错误是对立面的论点,对这种二分法提出了质疑,认为某些形式或语法错误可能比其他错误更影响可理解性,尤其是在特定语境中。这就意味着,在某些语境中,一些与形式相关的偏误可能比一些内容主导的偏误更影响交际的成功,因此,对文章质量的评判会有更大的负面影响。

(5)词汇偏误类型与词汇水平的相关程度类似:作为缺乏词汇能力的一种衡量标准,词汇偏误和词汇水平必然呈负相关。因此,在作文中词汇偏误密度高的学习者,将表现出低词汇能力(Agustín Llach 和 Jiménez Catalán, 2007)。词汇偏误被反复用于测量词汇知识,其方法有多种。例如,有的研究用词汇偏误来(a)研究心理词库的组织(Channel, 1988; Ecke, 2001; Herwig, 2001; Laufer, 1991a; Ringbom, 2001),(b)确定学习者在词汇习得过程中所经历的阶段(Celaya 和 Torras, 2001; James, 1998; Naves 等, 2005; Palapanidi, 2009),(c)考察词汇知识(Agustín Llach 和 Jiménez Catalán, 2007)。

如果文献中隐含的假设(Fan, 2000; Laufer, 1998; Laufer 和 Paribakht, 1998; Meara 和 Fitzpatrick, 2000)是正确的,即随着接受性知识的增加,产出性知识也会以递增的方式增加,那么作为衡量词汇知识不足的标准,词汇偏误和所接受的词汇知识之间一定存在着显著的关系。

此外,我们承认,在两个测试阶段所考虑的不同类型的词汇偏误与词汇水平的相关程度是相似的。没有证据可以证明情况并非如此。所有类型的词汇偏误都是缺乏词汇能力的证据;因此,它们对词汇水平或词汇水平不足的影响是相同的。如果反过来也能成立,那我们就可以建立一个关于词汇能力不同方面的重要性等级,并探讨它们如何对词汇知识的建构和运用做出贡献。这可能会给教学方法和词汇教学带来有趣的影响。

Schmitt 和 Meara(1997)所做的研究,是为数不多的关于总体词汇知识和不同类型词汇知识之间关系的研究。该研究探讨了不同类型的词汇知识,特别是词语联想和动词后缀,与总体词汇知识之间的关系。研究结果表明,这两类词汇知识之间,以及这两类知识与词汇量之间,存在着重要关系。但研究结果也表明,在对词汇知识不同方面的了解程度上,个体差异很大。

·研究设计·

本研究是一项准实验类型的研究,其主要目标是识别英语学习者在两个不同的测试阶段所产生的词汇偏误和词汇偏误类型,并研究这些词汇偏误作为一个整体时以及作为不同类型的词汇偏误时的作用,尤其是作为学习者的写作质量和词汇水平的预测因素。本研究考察了被试在读小学四年级和六年级时,在接受了419小时和629小时不加控制的输入[1]之后,所产生的词汇偏误。

在这项调查中,我们考虑了三个自变量和一个因变量。这三个自变量分别是:(1)测试时间,分为两个等级,即419个小时的教学时间和629个小时的教学时间;(2)词汇水平,变量值越大,水平等级越多;(3)写作质量或书面作文质量,也是变量值越大,水平等级越多。所有自变量都是组间变量,即被试可以属于变量的一个或另一个层次,但不能属于多个层次。在本研究中,测试时间涉及教学时长。在这种情况下,教学时长的增加,与被试目的语的水平和年龄的增长同时发生。

在因变量方面,我们考察了在自变量的基础上词汇偏误的产生是如何演变的,以及这些自变量是如何影响学习者词汇偏误的产生的。因变量共有六个层次:(1)拼写错误;(2)借用;(3)自造词;(4)语义转借;(5)选择错误或形式混淆;(6)语义混淆。每个层次各代表一类词汇偏误。

表5.1列出了自变量和因变量,表5.2列出了不同变量及其层次。

表5.1 本研究的自变量和因变量概览

变量	
自变量	因变量
测试时间	词汇偏误
词汇水平	
写作质量	

表5.2 研究设计概览(包括变量及其水平)

变量	变量类型	水平	组内/组间
测试时间	自变量	• 4年级(419小时) • 6年级(629小时)	组间
词汇水平	自变量	• 与变量值相等	组间
写作质量	自变量	• 与变量值相等	组间

续表

变量	变量类型	水平	组内/组间
词汇偏误	因变量	• 拼写错误 • 借用 • 自造词 • 语义转借 • 选择错误或形式混淆 • 语义混淆	组内

·被试·

共有 283 名学习英语的低龄西班牙学生参加了此项研究。在第一次数据收集时,学习者就读于西班牙四所学校的四年级。当时,被试总共接受了约 419 个小时的第一门外语(英语)教学。两年之后,这些学习者读到了小学的最后一年(六年级),这时进行了第二次数据收集。这一次,我们的被试总共接受了约 629 个小时的课堂教学。第一次数据收集时间或测试时间,以下简称为"T1",第二次数据收集时间或测试时间,以下简称为"T2"。在第一次数据收集时,被试的年龄在 9 到 10 岁之间;更准确地说,在 T1 时,学习者的平均年龄为 9.39 岁,而在第二次数据收集时,他们的年龄在 11 到 12 岁之间,在 T2 时,被试的平均年龄是 11.39 岁。

在本研究的设计中,教学量、熟练度水平与年龄同时发生。为了确定被试在两次测试时的英语水平,并核实水平是否随着语言经验的增加而发展和提高,被试被要求完成了两次水平测试,包括完形填空和阅读理解。完形填空和阅读理解的分析结果,得出了预期的总体英语语言能力的结果:语言能力水平会随着教学量的增加而提高,如表 5.3 所示,表中展现了被试的特征,比如他们的年龄、两次测试时的学习时间以及他们的水平[2],水平通过完形填空和阅读理解测试来衡量。

表 5.3　两次测试时被试的总体特征

	平均年龄	教学时长	完形填空平均分(百分制)	阅读理解平均分(百分制)
1	9.39	419	33.9	24.39
2	11.39	629	46.8	34.28

所有被试均以西班牙语为母语。有些学习者不在分析范围内,是因为他们在数据收集当天没有上课,或者他们的字迹非常难以辨认,研究人员无法辨认他们的作文,或者他们的作文不是用英语写的。有关这方面的进一步信息,将在相应章节中适时提供。我们选择的不是自愿参加,而是全班统一进行测试。就这样,我们对四所学校的 11 个班级进行了两次测试,中间时隔两年。学生的姓名和年级被删除,取而代之的是身份编号。关于性别变量,值得注意的是,男性被试总计 162 人(57. 24%),女性被试总计 121 人(42. 75%)。

·材料·

研究采用的手段包括一篇书面作文、两份词汇量测试——1 000 词测试(简称 1k),以及 2 000 常用词的国家词汇水平测试(简称 VLT 2k),还有两份综合水平测试,即完形填空测试和阅读理解测试。为获取被试的统计和学术信息,我们向被试发放了调查问卷,作为研究的一部分。这些数据收集方法将在下文的相应章节中详细说明。

书面作文

研究采用书面作文作为诱导方法,以获得学习者的真实语言。被试总共有 30 分钟的时间来完成作文任务。对学生的作文篇幅或字数未加限制,鼓励他们尽量多写。

作文任务包括给未来的英语寄宿家庭写一封信,学习者在信中介绍自己,并谈论自己的家庭、家乡、学校、业余爱好、主要兴趣,以及寄宿家庭感兴趣的其他生活内容。之所以选择这个作文题目,原因如下:

(1)它对被试使用的语言和内容几乎不加任何限制。相反,写作任务自由发挥的性质,允许学生尽可能多地运用英语语言知识。由于题目并不特别要求学习者使用特定的语法结构或词汇,因此,排除了学习者之间的能力差异。

(2)题目保证了被试有东西可写,也消除了因学科知识的不同而导致的文章在内容和篇幅上的差异。我们假设,每个学习者都能提供所需的具体个人信息,因此,可以更容易地完成任务。考虑到被试的年龄比较小,这一点非常重要。选择与学习者的经验有关的熟悉话题,是比较合理的,既然写作任务"旨在未经预先准备的情况下,在测试条件下获得流畅的写作样本"

（Read, 2000: 198）。

（3）在一项规模更大的全国性项目中,也采用了这种方法来获取数据,本研究就是在这个项目中进行的。这样就可以与其他学习者进行比较,从而展开进一步的研究。被试获得的口头和书面指导,使用的是第一语言西班牙语（指导的具体措辞见附录 2）。

作文,文献中也称为自由写作任务（Read, 2000: 198）,本研究之所以使用作文,有几个原因。首先,作文为偏误分析提供了非常有价值的数据,因为它们涉及学习者在输出层面的表现。其次,作文提供了学习者相对自发的语言材料。从业人员和二语研究人员普遍认为,应在自发输出的语言数据上进行偏误分析。作文被认为是实现这一目标的最佳来源（Da Rocha, 1980: 85）。此外,如果作文的时间和主题是处于控制之下,那么所产生的作品是有可比性的（Wolfe-Quintero 等, 1998）。Argüelles Álvarez（2004: 84）与 Jacobs 等（1981）以及 Ferris 和 Hedgcock（1998）一样,认为直接测试写作能力,即通过作文进行写作评估,是课堂写作评估最有效和最可靠的方法。

作文被反复用于评估英语二语学习者的语言知识和词汇能力,包括对词汇偏误的探索（Ambroso, 2000; Celaya 和 Torras, 2001; Engber, 1995; Fernández, 1997; Hemchua 和 Schmitt, 2006; Hyltenstam, 1988; Jacobs 等, 1981; Jiménez Catalán, 1992; Lasagabaster 和 Doiz, 2003; Laufer 和 Nation, 1995; Naves 等, 2005; Palapanidi, 2009; Vázquez, 1987; Warren, 1982）。书面论文已被证明是衡量语言和词汇能力的有效工具。虽然它们不能准确地衡量语言知识,但我们认为,作为书面表达的一般指标,作文反映了学习者真实的语言和词汇知识。

所接受词汇水平测试

为了测量学习者在不同时期接受的词汇量,并检验词汇量是否随着年级的升高而增加,我们在两个等级水平上进行了词汇量测试: 1 000 词测试和 VLT 第一级测试,即 2 000 词这一级。下文将详细介绍这些测试。

VLT 2k

VLTs 由 Paul Nation 于 20 世纪 80 年代初开发,最初旨在帮助教师制订适合学习者词汇需求的词汇教学计划。不过,它后来被用于评估所接受的词汇量（Nation, 1990, 1993a; Read, 2000）。VLT 分为五个频率等级,每个等级代表一个词频水平：2 000 常用词（2k）、3 000 词（3k）、5 000 词（5k）、大学水平（词频超过 5 000 的学术英语词汇）和 10 000 词（10k）（Nation，1990，2001；Read，2000）。测试基于 West（1953）收集的词频表、General Service List 以及 Thorndike 和 Lorge（1944）的词频表，并与 Kucera 和 Francis（1967）编制的词频表（即布朗语料库）进行了核对。

该测试的设计假定，在 5 000 词水平上取得好成绩的学习者，在 2 000 词和 3 000 词的水平上也会取得好成绩。由 Nation、Laufer、Schmitt 设计的测试（如 Laufer 和 Nation，1999；Nation，1990，2001；Read，2000；Schmitt 等，2001）有多个版本。其中，这里使用的 VLT 2k 版本，是由 Schmitt 等（2001）设计的，对原版稍有改动。测试总共使用 60 个目标词。测试共分十组，每组六个词和三个定义。

学习者必须在恰当的定义旁边，写下目标词的编号。每个正确答案得 1 分，因此，测试的最高分是 30 分。学习者有 10 分钟时间来完成任务。附录 3 给出了完整的 VLT 2k 测试。

1 000 词测试

尽管最早的时候，前 1 000 词并没有作为独立的测试级别纳入 VLT 当中，但后来，它还是作为独立于 2 000 词级别的测试级别独立了出来。Nation（1993b）意识到了测试最常出现的 1 000 词的重要性和必要性，因为这些单词的文本覆盖率很高。

本研究中使用的"1 000 词测试"与 Nation（1993b）最初提出的"判断对错"这一设计不同。以前的学习者要在包含目标词的句子中标出对还是错。不过，考虑到被试的母语相同，学习者在这里必须将目标词与西班牙语译文进行匹配。[3] 水平较低的学习者在理解定义时会遇到困难，因为这些定义也会包括频率较低的词，因此，为了使测试更加实用，我们选择了译文。

共测试了 60 个目标词和 30 道翻译题，分别将 6 道题和 3 道题安排为一组。

学习者必须在恰当的译文旁边写下目标词的编号。每个正确答案得 1 分，因此，测试的最高分是 30 分。完成任务的总时间为 10 分钟。附录 4 提供了完整的 1 000 词测试。

有关这些测试可测量性的研究报告（见 Read，2000，尤其是 Jiménez Catalán

和 Terrazas Gallego,2008),证实了这些测试的信度和效度(Beglar 和 Hunt,1999)。许多研究出于描述、比较或相关的目的,使用不同的 VLT 来测试学习者接受的词汇量。这些研究包括 Clark 和 Ishida(2005),Pérez Basanta(2005),Cameron(2002),Qian(1999,2002),Cobb 和 Horst(1999),Nurweni 和 Read(1999),Fan(2000),Horst 等(1998),Laufer(1998),Laufer 和 Paribakht(1998)和 Waring(1997)。

总体语言水平测试

为确保客观衡量被试的语言能力水平,他们被要求完成两项能力水平测试:完形填空和阅读理解测试。学员各用 10 分钟的时间来完成这两项能力测试。

完形填空法

完形填空法属于多项选择题,也称为"多选填空"(Read,2000:102),每个被删除的单词会被纳入一道多选题。被试必须在三个选项中做出选择。多项选择题共有 8 道,全文总共 110 个单词。平均每 14 个单词就会删去一个单词。完形填空源于剑桥 KET 教材的"关键英语测试 1"。

完形填空法被认为是一种综合性的语言能力测评方法,也是测试学习者总体二语知识的一种非常有效的方法(Cenoz,2003;Mũnoz,2000;Read,2000)。

1979 年,Alderson 对以往研究的普遍共识提出质疑,他认为完形填空是一种有效而可靠的方法,可用于衡量英文作为外语能力中的可读性、阅读理解和综合技能。他发现,完形填空法与语法和词汇测试(他称之为核心能力测试)高度相关,而不是与阅读理解测试高度相关。与这些研究结果一样,这里也使用了完形填空来测量总体语言能力,还采用了阅读理解测试来评估学习者的英语水平。

此外,由于两大原因,这种能力测试手段特别适合低水平学习者。首先,它不要求被试具备写作能力;其次,多选题的形式缩小了每个空格的可能性范围,从而更容易做出反应(Read,2000:111)。由于学习者可以给出的答案范围是有限和可控的,因此多选完形填空的评分也更加客观。此外,这种完形填空法被认为更"便利学习者",因为它为学习者提供了可能的答案,使他们更容易完成（Read，2000）。

附录 5 列出了被试必须完成的完形填空测试模型。测试中的指导语也是以西班牙语为第一语言。

阅读理解测试

阅读理解测试用来评估学习者以英语作为外语的水平。它由总共 7 道选择题组成，学习者必须从 3 个选项中选出正确答案。使用阅读短文来评估语言知识，主要的优点是有语境（Read，2000）。语言在交际情境中出现，并在语境中进行评估。这里使用的阅读短文总共有 190 个单词。阅读理解测试可参阅《2004 年 KET 手册》的"阅读/写作样例测试 2"。

阅读理解水平通常被视为语言综合能力的一项指标。事实上，不同水平的学习者也会表现出不同的阅读能力，在阅读理解方面也会有不同的表现（Codina Espurz 和 Uso Juan，2000；Mecartty，1998）。我们有理由相信，阅读理解测试的结果可以作为学习者所处学习阶段和能力水平的指标。

附录 6 列出了学习者必须完成的阅读理解测试样例。阅读理解测试的指导语是以西班牙语为第一语言。学员有 10 分钟的时间阅读文章，并回答理解问题。在完形填空和阅读这两项能力水平测试中，我们都为学员提供了真实的文本实例，告诉他们如何完成这场测试。

两次能力测试均由研究人员评分。由于测试采用的是多项选择题的形式，因此评分过程简单快捷。每个正确答案得 1 分，完形填空最高分是 8 分，阅读理解测试最高分是 7 分。完形填空测试和阅读理解测试的得分，将作为两个单独的测量指标，反映被试的总体语言水平。

问卷调查

为了完善从上述几种数据收集工具中获得的被试信息，我们在最后一次测试中做了一次问卷调查。问卷以西班牙语为第一语言，被试有 30 分钟的时间来回答所有的问题（见附录 7）。

问卷包含 26 个问题，总共分五个主要方面。第一部分旨在了解被试的人口统计信息，如性别、国籍、母语和出生日期。第二部分涉及学习者的外语经历。第三部分的问题涉及学习者以英语作为外语的信息：过去在学校的英语成绩，以及对自己作为外语的英语水平的主观看法。第四部分描述被试的学习习惯。最后,第五部分考察了学习者对以下方面的信念和态度:(1)英语语言;(2)以英语为母语者;(3)习得作为外语的英语的过程。

·步骤·

首先,在时间 1 和两年后的时间 2,分三次收集所有的数据。两次数据收集时间和数据集采用相同的步骤。被试在教师和研究人员在场的情况下,在自己的教室里完成总体水平测试、词汇测试和问卷调查,并撰写作文。学员不能使用任何词典、笔记、语法书或教科书,也不能向教师、研究人员或同学求助。

在初步批改阶段,对完形填空、阅读理解测试、1 000 词测试和 VLT 2k 都做了批改,并对正确答案进行评分。[4] 再将结果进行编码,输入统计程序 SPSS。在该阶段,时间 1 和时间 2 的数据都已提交计分。

作文收集起来之后,要转换成计算机可以阅读的文件。所有作文均分两个不同阶段进行评估,每个阶段都有特定的目标和程序,但对本研究的设计而言,两者都是互补和必要的。

第 1 阶段:使用“英语作为二语的作文概况”,给作文打分

使用“英语作为二语的作文概况”对作文进行评估,这是从交际效果的角度评估作文质量的工具。按 Jacobs 等(1981)的方法,作文要读两遍。读第一遍时,评估者试图从整体上判断作文是否传递了信息。读第二遍时,根据参考说明进行分析评估。

该评分参考由五个评分量表组成,将掌握程度分为四个等级:优秀到非常好、好到一般、一般到差和非常差。不过,每个等级的评分方式都不同。因此,内容量表最高 30 分,组织和词汇各 20 分,语言运用 25 分,表现手法 5 分。最高分为 100 分,最低分为 34 分。

为了保证测量的内部效度,每篇作文都由两名训练有素的评分员盲读两次。当意见分歧超过 10 分时,则进行第三次评分,在这种情况下,有争议作文的分数将根据多数人的意见决定。根据“英语作为二语的作文概况”(见 Jacobs 等,1981;Read,2000:216-217),如果两名评分员的评分差异在 10 分及 10 分以下,就可以达成一致的决定。此外,还计算了第一、第二和第三评分员[5]之间的 Pearson 积矩相关系数[6],以确定评分员之间的信度[7]。第一次测试的作文结果显示,相关度系数为 $r=0.84$,第二次测试的作文结果显示,相关度系数为 $r=0.82$。

这种"评分员一致步骤",导致第一次测试时有 36.53% 的作文,第二次测试时有 55.72% 的作文,交给第三名评分员评分。这些分歧在第三位评分员的帮助下得以解决。在两到三个不同分数的基础上,计算出一个平均分,并以这个平均分来确定每篇作文的质量。然后用这个单一的分数与词汇偏误和词汇偏误类型相关联。

第 2 阶段:偏误分析

在分析的第 2 阶段,我们仔细检查了作文中的词汇偏误。对词汇偏误进行识别、统计、描述、解释,然后根据其来源进行分类。这里还使用了 Celaya 和 Torras(2001)设计的词汇偏误分类法;在 James(1998:144-154)词汇偏误分类法的基础上,又增加了两种类型。根据这些作者的观点,任何开放的词类,即名词、形容词、动词和副词,都有可能成为词汇偏误的主体(另见 Engber,1995)。因此,"如果一个词包含了错误的形式,如果它不是一个英语词汇,或者如果它在出现的语境中违反了类似母语的用法"(Celaya 和 Torras,2001:6),这个词就被认为是错误的,因而是不可接受的。

在偏误分析方法的所有步骤中,词汇偏误的识别和分类最难。错误表达是根据英语规范确定的。我们使用词典和语法书来确定英语标准。具体而言,我们使用了《柯林斯 Cobuild 词典》《柯林斯西英词典》《牛津英语语法》和《剑桥英语语法》。词汇偏误分类是一项艰巨的任务,因为同一问题或偏差可能由多种原因造成,或是在不同语境中,对应着不同的产出机制。此外,尽管在偏误分析领域对词汇偏误的分类并不能绝对肯定,但我们还是尽量做到系统和客观。

这种分类法将词汇偏误分为六个大类。

(1)拼写错误,在文献中也常被称为"错误拼写"(参见 Arnaud,1992;Bouvy,2000;Fernández,1997;Lindell,1973)或书写错误(Olsen,1999):这些都是由于学习者在应对"英语编码系统"(Celaya 和 Torras,2001:7)时遇到困难而产生的违反英语书写习惯的错误,如把"beautiful"写成"biutiful",把"small"写成"smool",或者把"watermelon"写成"guatermelon"。有些研究人员喜欢忽略拼写错误,但本研究中的许多学习者在英语拼写方面存在问题,正如 Olsen（1999）所指出的，这些问题是学习者成绩不佳的重要原因，他们的书面作文中存在许多拼写错误。因此，研究拼写错误背后的过程，是很有意义的。

（2）借用错误，也叫"完全语言转换"或"编码转换"（比如，可参见 James，1998；Naves 等，2005；Olsen，1999）。当学习者将任何一语词插入到二语句法中，"而不试图将其调整为目标语言"（Celaya 和 Torras，2001：7）时，就会出现这种情况，其中包括语音或形态的调整。以下是一些例子：

（a）My grandmother is *coja*（英语应为 lame）.

（b）My father is big and *lento*（英语应为 slow）.

我们忽略掉了完全用一语写成的从句。

（3）自造词错误或重整（见 Ringbom，1983 等），是指将一语单词改写为二语写法或形态，"使其听起来或看起来像英语"（Celaya 和 Torras，2001：7）。

（a）My rabbit is small, very *divert*（出自西班牙语的 divertido，英语应为 funny）.

（b）In mai house is famili: fatter, matter, *tater* and mai（出自西班牙语的 tato，类似于英语的 brother）.

（4）语义转借错误或"翻译错误"，是指学习者将一语中的单词，按字面意思翻译成二语中的单词。这与将一语单词的语义特征转移到二语的对等词汇有关，但两种语言的语境分布不同（比如，可参见 Zimmermann，1986a，1986b，1987）。换句话说，学习者知晓这个词的存在及其形式，但他们不知道该词的语义和/或搭配限制（Ringbom，2001：64）。

（a）My *table study* is blue and big（直接从 mesa de estudio 字面翻译而来，英语应为 desk）.

（b）My favourite *plate* is pasta and rice（直接从 plato 字面翻译而来，英语应为 dish）.

Ringbom（2001）区分出了他所谓的"单个词汇单位的语义扩展"（第 64 页）和"多词单位（复合词、动词短语、惯用语）的语义转借"（第 64 页）。在本节中，我们不采用这种区分，而是将一个或多个词的语义扩展，称为语义转借或字面翻译。

（5）选择错误，又称"同形异义"（Laufer，1990b，1991a，1992）或词语误用（malapropism）（见 Channell，1988），是指形式上相似的词汇混淆，即听起来

（语音相似）或看起来（书写相似）相似的词对或三个词语混淆并互换（James，1998：145；Laufer，1990b，1991a，1992）。选择错误是指错误地选择目的语中已有的词，即错误词和目标词都是目的语词汇（词语误用或同形异义）。[8]

（a）My *class* is big（class 应为 classroom）.

（b）I am tall and my *hear* is very long（hear 应为 hair）.

（6）语义混淆指的是语义相关词的混淆；换句话说，两个词之所以混淆，是因为它们在语义上相似；也就是说，它们的意思相似，但功能不同。下面是两个目的语中存在的词汇再次被混淆（James，1998：151-154）。

（a）In the city there are *very* shops（very 应为 many）.

（b）My bedroom is *great*（great 应为 huge 或 big）.

Celaya 和 Torras（2001）对词汇偏误的分析，仅限于语际错误，即受一语影响而产生的错误；但在本研究中，所有词汇偏误，包括语际和语内错误，即由目的语本身的特点引起的错误，都被考虑在内。

形式或语义的区分，也是本研究中词汇偏误分类的核心。这种二分法反映了二语学习者组织词库的方式，即词汇存储的形式和语义标准，以及词汇在二语输出中的存取方式（James，1998：145；关于这种词汇偏误分类法的例子，另见 Fernández，1997 和 Legenhausen，1975）。表 5.4 根据这两种基本的区分，对不同类型的词汇偏误做了总结。

表 5.4　按来源和类型划分的词汇偏误类型分布（参见 James，1998：144-154）

		类型	
		形式	语义
来源	母语	• 借用 • 自造词	• 语义转借[①]
	目的语	• 拼写错误[②] • 选择错误	• 语义混淆

① 我们不同意 James（1998：150）将语义转借归为形式型词汇偏误的观点，因为如果二语词是从另一个已有的一语词直译过来的，就意味着语义特征从一语词转移到了二语词，正如 Zimmermann（1986a，1986b，1987）所指出的那样。因此，我们认为，这类词汇偏误最好被视为语义错误而非形式错误。其他将语义转借错误视为语义错误的研究者还有 Ringbom（1987，2001）和 Gabryś-Barker（2006）。

② Celaya 和 Torras（2001）在他们提到的所有错误类型中区分了语际偏误（即一语主导的偏误）和语内偏误（即目的语主导的偏误）。在这个意义上，他们认为，拼写错误源于母语的影响："这种类型的错误（拼写错误）可以用这样一个事实来解释，即学习者已经掌握了口语英语单词，但没有掌握其书面形式，因此，为了写出这个单词，学习者使用了他们现有的知识，即一语（……）表音的编码规则"（第 9 页）。

本研究中的词汇偏误分为不同类型或类别。不过，为确定分类的信度，对随机抽取的 100 篇作文样本进行了词汇偏误检查。作文由另一名受过培训的英语教师进行分类。两次分类之间的信度相互指数为 0.87。[9]

·分析·

词汇偏误被识别出来，被统计成一个相对指标。因此，每篇作文的词汇偏误密度的计算方法，是用作文的总字数除以该作文中统计出来的词汇偏误总数（即准确率）。这里计算作文准确率的方法非常普通，正如 Kroll（1990:146）所说："使用作文中的总字数，并将错误数量列表，是用于形成准确率基础的标准方法。"还有一种测量方法，即用每篇作文的词汇偏误数除以词汇总数，从而得出词汇偏误的百分比。这种方法得出的小数，可以转化为百分比。后一种方法，可以用 t 检验和其他均值比较方法，来衡量组间差异（参见 Kroll，1990:147）。词汇偏误要根据其类型和来源做好分类。

其余的测量指标，也被编码成计算机可以读取的文件。然后，计算机对问卷进行分析，以获得与本研究相关的信息。对语言水平测试完形填空和阅读理解的正确答案给予评分；词汇量测试也在批改之后，得出数字化的分数。最后，我们使用"英语作为外语的作文概况"，对作文进行了评估，该评分标准用于评判英语作为二语的作文质量。

首先，我们对两组学员（T1 和 T2 学员）分别进行了研究，着重描述了这两个时间段的词汇偏误，同时也考虑了每个测量阶段学员的总体水平和词汇水平。然后，我们比较了每组在不同测试时间的测试结果，以核实是否存在因教学量增加而导致的差异，因为年龄的增加也伴随着教学量的增加。

在分析时，我们采用了描述性和推断性统计方法。描述性统计包括自然语料计数（即每篇作文中特定单位词的简单频率计数）——每篇作文的字数[10]、词汇偏误和词汇偏误类型，以及比例计数——每篇作文中的词汇偏误、词汇偏误类型与词汇偏误总数之比、语言水平测试中的正确答案百分比,还有词汇测试中的正确答案百分比。首先,我们对数据进行描述性分析,以检验词汇偏误的产生是否随年级而变化;然后,我们检验了所发现的差异是否达到统计学意义。推断性统计包括组队和配对(双尾)均值比较测试和关联测试。我们对T1 和 T2 阶段的词汇偏误率、T1 和 T2 阶段的语言水平,以及 T1 和 T2 阶段的词汇量,都做了统计分析。当样本变量的分布不呈正态分布时,必须使用非参数相关测量(Spearman 的 rho 和 Spearman-Brown 等级相关系数)。相关系数分别用来计算词汇错误和作文质量、词汇错误类型和作文质量、词汇错误和词汇量、词汇错误类型和词汇量之间的相关程度。[11] 我们用 SPSS14.0 版本做了统计分析。

在本章中,我们解释了为考察两个不同水平阶段的词汇偏误产生情况而作的研究设计。本章介绍了参与研究的学习者的特点,以及用于确定学习者总体水平和接受词汇量的手段。本章还解释了所采用的词汇偏误分类法,以及对数据所采取的步骤和实施的分析。其余各章将对研究结果进行描述和解释。

·注释·

1. 虽然有些被试透露,自己上过私教英语课,但我们决定不把他们从样本中剔除,因为在这项研究中,我们要考察的是同一被试在接受两年正规英语教学(第一次和第二次测试时间相差 210 小时)后,在两个不同时间段(T1 和 T2)的词汇偏误产生发展情况;也就是说,我们不仅要做共时研究,还要做历时研究。

2. 这里的分数被转换成了正确答案的百分比,以便对两次测试的完形填空测试和阅读理解测试结果进行比较。

3. Nation 向里奥哈大学语言应用研究小组(GLAUR)的一位同事提供了此版本的《1 000 词测试》。

4. 完形填空和阅读理解测试由研究人员评分。我们非常感谢 GLAUR 研究小组的其他同事和成员,感谢他们为词汇测试(1 000 词测试和 VLT 2k)进行评分,帮助打字,并根据评分标准为作文评分。

5. 如果需要第三位评分员,则计算最接近的两个评分之间的相关系数,即评分员 1-评分员 3 或评分员 2-评分员 3。在得分并不相符的情况下,第一次测试作文(评分者 1-评分者 2)的相关系数为 $r=0.523$,第二次测试作文(评分员 1-评分员 2)的相关系数为 $r=0.641$。

6. 数据呈正态分布,因此,我们采用了 Pearson 积矩相关系数测量法。

7. 要彻底探讨不同评分员之间信度的不同评测方式的效度如何,特别是使用作为外语的英语评分标准进行评分的效度,我们建议读者参阅 Polio(1997)、Campbell(1990)、Cherry 和 Meyer(1993)和 Kroll(1990)。

8. 当选择错误源于被试的母语时,我们就会谈到"假朋友"现象。不过我们在分类时,并没有考虑这种可能性,而是将任何可能的"假朋友"错误都归类为语义转借(见例(4)(b))。

9. 使用 Pearson 积矩相关系数检验法,计算了相互之间的信度。

10. 专有名词(人名、电影和书名)不包括在字数统计中,因为它们并不总是遵守语法和词法规则,这类词的词汇偏误不在分析之列,例如:My teacher's name is Eba。

11. 我们非常感谢统计员蒙特塞拉特·圣·马丁(Montserrat San Martín)在统计分析中提供的帮助,帮助我们决定对数据进行何种统计检验。其余错误由我们自己承担。

第6章

词汇偏误的产生:随时间而变化

本章旨在描述在两个不同的测试阶段低龄的西班牙英语学习者所犯词汇偏误的主要类型。本章分为几个小节,报告与上述研究问题和假设相关的结果。总的来说,我们发现,随着水平的提高,词汇偏误的产生相对数量和绝对数量都会减少,尤其是形式偏误。语义偏误也会减少,但其减少程度不如形式偏误明显。最后,本章根据以往的相关研究,对调查结果进行讨论和解释。

·与水平相关的词汇偏误类型·

第一个假设认为,尽管学习者的年龄、接触英语的时间和英语水平有所提升,但从四年级到六年级,词汇偏误的产生数量并无变化。在第二次数据收集时,学习者的年龄长了两岁,接受的英语教学时长增加了 210 个小时,水平也有所提高,多选完形填空测试的正确率提高了 12.9%,阅读理解测试的正确率提高了 9.89%。六年级学生的能力水平差异的显著性更高,在显著性水平 $p<0.0010$ 时,完形填空测试的 Z 值为 -6.977,阅读测试的 Z 值为 -6.382。[1]

对 T1 和 T2 阶段识别出来的词汇偏误的分析表明,从绝对数量来看,六年级学生的词汇偏误比四年级学生少。由于作文篇幅不同,词汇偏误的绝对频率可能是一种具有欺骗性的衡量标准,因此必须计算出准确率比值,以便对 T1 和 T2 阶段的学习者进行可靠的比较。关于作文篇幅,我们发现,六年级学生的作文篇幅要比四年级的长。必须指出的是,专有名词和用西班牙语写成的整句不计入分析字数。

准确率或错误比重,是根据词汇偏误的绝对数量与作文字数之间的关系,得出的一种衡量标准。从这个意义上讲,六年级作文的准确率高于四年级作文是合理的。事实上,情况正是如此。准确率或错误比重,与词汇偏误百分比呈互补关系。它们是相反的测量方法。从这个意义上讲,前者的结果与后者的结果是相关的。两者说的是一回事,但解释方式不同。

清点被排除在外的作文数量,这项进一步措施可以证明,学习者在六年级的表现优于四年级。在第一次测试中,总共 273 篇作文中,有 24 篇因为大部分使用西班牙语写成,或者完全无法理解,而无法进行偏误分析。换句话说,有 8.8% 的作文遭到摒弃,没有纳入分析。然而,在六年级的分析中,没有一篇作文被排除在外。在第二次测试中,作文总数达到了 263 篇,因为有 20 多名被试在英语作文测试时没有到场。由于我们在第一次测试中有 235 篇作文,在第二次测试中有同样 235 名学习者的作文,因此总共有 235 篇作文可供比较。

表 6.1 和表 6.2 分别显示了 T1 和 T2 阶段所有测试方法的描述性统计结果。

表 6.1　T1 阶段每篇作文的词汇偏误数量、作文长度、准确率和
每篇作文词汇偏误百分比的描述性统计

	最大值	最小值	平均值	标准差
词汇偏误数量	53	0	11.14	7.82
作文长度(词数)	277	3	91.35	52.91
准确率	91	1.5	12.22	11.86
词汇偏误百分比	66.7	0	14.38	9.75

表 6.2　T2 每篇作文的词汇偏误数量、作文长度、准确率和
每篇作文词汇偏误百分比的描述性统计

	最大值	最小值	平均值	标准差
词汇偏误数量	37	0	8.79	5.83
作文长度(词数)	423	2	134.57	70.36
准确率	183	1	21.71	22.84
词汇偏误百分比	100	0	7.66	7.35

研究者对两个匹配样本的数据进行了均值比较的非参数检验,尤其是

Wilcoxon 符号秩检验,以确定差异是否显著。这两个样本的数据,来自在两次数据收集时均在场的 235 名学习者。Wilcoxon 均值比较检验表明,所有测试指标在显著性水平 $p<0.0001$ 时都很显著,六年级学习者的作文明显篇幅更长,作文中出现的词汇偏误明显更少。这些结果呈现在表 6.3 中,该表给出了 Z 值和显著程度。

表 6.3 四年级和六年级出现词汇偏误的相对测量指标的 Wilcoxon 符号秩检验

	词汇偏误数量	作文长度(词数)	准确率	词汇偏误百分比
Z 值	−4.17[*]	−10.25[*]	−8.66[*]	−10.20[*]

[*] 显著,$p<.000$

图 6.1 用图形总结了第一个假设的结论。

鉴于上述研究结果,本研究提出的第一个假设不成立,因为随着年龄的增长和目的语水平的提高,词汇偏误的产生会在两年内减少。从 T1 到 T2,写作的流畅度[2] 也有所提高。

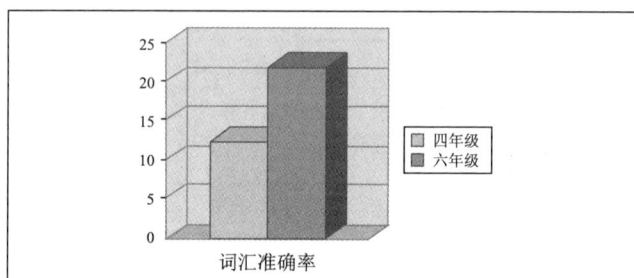

图 6.1 平均词汇准确率或连续词汇偏误之间的间隔字数

T1 和 T2 的词汇偏误类型

本节将通过研究不同测试时间的词汇偏误类型来检验结果。如表 6.4 所示,四年级学生最常出现的词汇偏误是拼写错误,然后依次是借用、语义混淆、自造词、语义转借和选择错误。表 6.4 中的数字显示,六年级学生出现不同词汇偏误的频率发生了变化,但变化不大。拼写错误再次成为最常见的词汇偏误类型,不过其出现比率比两年前大大降低。第二常见的词汇偏误是语义转借,它取代了借用,借用排在第三位。语义混淆、自造词和选择错误这些偏误类型并未出现在所有作文当中。

表 6.4　词汇偏误类型

	四年级	六年级
拼写错误	7.21（5.68）	4.56（3.63）
借用	1.78（2.83）	0.91（1.86）
语义混淆	0.61（0.92）	0.8（1.21）
自造词	0.60（1.3）	0.78（1.53）
语义转借	0.56（0.96）	1.23（1.56）
选择错误	0.39（0.7）	0.52（0.85）

注：所有测量结果均以"平均值（标准差）"的形式表示。

表 6.5　词汇偏误类型的出现频率排序

频率排序	四年级	总占比%	六年级	总占比%
1	拼写错误	64.72	拼写错误	51.83
2	借用	15.93	语义转借	13.96
3	语义混淆	5.5	借用	10.33
4	自造词	5.4	语义混淆	9.07
5	语义转借	5	自造词	8.9
6	选择错误	3.46	选择错误	5.88

　　如表 6.5 所示，随着语言经验的增加，词汇偏误的频率顺序也会发生变化。不过，这种变化很小。最明显的变化是拼写错误和借用的出现率下降，而其他类型的错误出现率上升。尤为明显的是语义转借的增加，从常见词汇偏误类型的第五位上升到第二位。在四年级的 2 775 例偏误中，拼写错误有 1 796 例，而在六年级只有 1 199 例。从 T1 到 T2 阶段数量减少的另一个类型，就是借用，从 442 例减少到 239 例。其余类型在六年级出现的次数增加情况如下：语义转借从 139 例增加到 323 例，语义混淆从四年级的 152 例增加到六年级的 210 例，自造词从 T1 阶段的 150 例增加到 T2 阶段的 206 例，最后，选择错误从 T1 阶段的 96 例增加到 T2 阶段的 136 例。这种出现频率顺序的变化，也能从几种词汇偏误类型的出现比例中看出来。

图 6.2 显示了四年级和六年级按频率排序的词汇偏误类型比较。

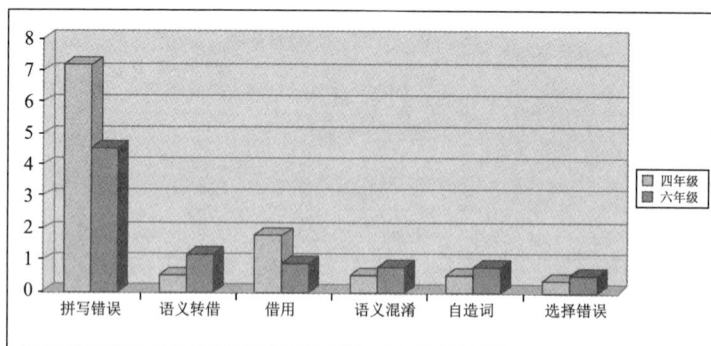

图 6.2　按出现频率排序的词汇偏误类型比较

后续小节将更详细地讨论每种特定类型词汇偏误的产生。

拼写错误

　　从低年级到高年级,拼写错误的发生率持续下降。但在两次测试中,拼写错误都是最常见的词汇偏误。为确定拼写错误的减少属实,除了对每篇作文(即每个被试)使用的平均拼写错误数进行标准测量外,还采用了另外两种测量方法:(a) 拼写错误占单词总数的百分比;(b) 出现拼写错误的学习者百分比。这里,我们沿用了 Naves 等(2005)的方法。随着学习者从四年级升到六年级,拼写错误占单词总数的百分比急剧下降。另一个很能说明问题的指标,是出现拼写错误的学习者比例。该指标降幅很小。表 6.6 给出了这些结果。

　　对拼写错误的平均出现数量,我们做了均值比较的非参数检验。Wilcoxon 符号秩检验的结果表明,六年级学生拼写错误的数量明显低于两年之前($Z=-7.07$, $p \leqslant 0.001$)。

表 6.6　拼写错误

年级	拼写错误原始数量	人均拼写错误数量	拼写错误占总词数比例%	拼写错误的被试占总人数比例%	拼写错误的被试人均拼写错误数量
四年级	1 796	7.21	9.22	96	7.51
六年级	1 199	4.56	4.27	92.4	4.93

借用

借用的情况跟拼写错误的情况相同,但这一类型的降幅比拼写错误要小。借用的产生跟拼写错误的产生一样,也是通过以下三种方式来衡量的:(a)被试出现借用的平均数量;(b)借用词占总词汇数量的百分比;(c)学习者借用偏误的百分比。从表 6.7 可以看出,在所有的衡量标准中,借用的出现比例都在稳步下降。

虽然借用的减少不像拼写错误那么明显,但非参数检验的结果显示出显著差异(Wilcoxon, Z=−3.86, p<0.001),这意味着六年级学生的借用明显少于四年级学生。

表 6.7 借用

年级	借用原始数量	人均借用数量	借用占总词数比例%	借用的被试占总人数比例%	借用的被试人均借用数量
四年级	442	1.78	2.51	52.21	3.4
六年级	239	0.91	0.77	41.44	2.2

语义转借

在其余类型的词汇偏误中,出现频率增加最明显的是语义转借。同样,我们用三种不同的方式对语义转借做了细致的分析和描述。从表 6.8 可以看出,随着语言经验的增加,所有测量方式都体现出语义转借的增多。

Wilcoxon 符号秩检验(Z=−6.28, p<0.001)显示,从四年级到六年级,语义转借错误数量明显增加。这意味着,尽管总体而言,六年级学生的词汇偏误比两年前少,但他们的语义转借错误却比四年级要多。

表 6.8 语义转借

年级	语义转借原始数量	人均语义转借数量	语义转借占总词数比例%	语义转借的被试占总人数比例%	语义转借的被试人均语义转借数量
四年级	139	0.56	0.62	38.15	1.46
六年级	323	1.23	0.90	59.7	2.05

语义混淆

虽然语义混淆出现数量的增幅不算很大,但对本文所考虑的所有测量结果(语义混淆量占总词数的百分比是唯一的例外)进行分析后发现,随着学习者年级的提高和二语水平的提高,语义混淆导致的词汇偏误会略微增加。表6.9列出了学习者书面作文中语义混淆演变的相应数据。

表6.9 语义混淆

年级	语义混淆原始数量	人均语义混淆数量	语义混淆占总词数比例%	语义混淆的被试占总人数比例%	语义混淆的被试人均语义混淆数量
四年级	152	0.61	0.75	41	1.5
六年级	210	0.8	0.66	43.72	1.82

对两个匹配样本的数据进行均值比较的非参数检验表明,虽然四年级学生产生的语义混淆较多,但从统计角度看,这种差异并不显著(Wilcoxon $Z=-1.77$, $p=0.077$)。

自造词

随着年级的提高和语言经验的增加,古诗文的数量也在增加,但增幅很小。用词量占总词量的百分比来衡量,这次也与词量的普遍增加不同。表6.10显示了这一结果。

表6.10 自造词

年级	自造词原始数量	人均自造词数量	自造词占总词数比例%	自造词的被试占总人数比例%	自造词的被试人均自造词数量
四年级	150	0.6	0.79	31.72	1.89
六年级	206	0.78	0.62	40.68	1.92

Wilcoxon符号秩检验的结果表明,随着语言经验的增加,自造词数量的减少并不显著($Z=-1.96$, $p=0.051$)。由此我们可以得出结论,随着语言经验和语言水平的提高,自造词数量实际保持不变。

选择错误

在两个测试时间段的学习者的语言表达中,选择错误这一类型都是最少见的。不过尽管在我们的样本中选择错误是较为少见的词汇偏误类型,但从 T1 到 T2 阶段,选择错误的数量却在增加。选择错误在单词总数中所占比例却是例外。结果见表 6.11。

表 6.11 选择错误

年级	选择错误原始数量	人均选择错误数量	选择错误占总词数比例 %	选择错误的被试占总人数比例 %	选择错误的被试人均选择错误数量
四年级	96	0.39	0.47	28.91	1.3
六年级	136	0.52	0.42	35	1.5

统计分析显示,选择错误在两年间的差异并不显著(Wilcoxon Z=−1.91,p=0.056)。

·形式和语义词汇偏误·

本节将讨论形式词汇偏误与语义词汇偏误这种二分法的发展由来。重点一方面是形式词汇偏误和语义词汇偏误之间的数量关系,另一方面是这种关系从四年级到六年级的纵向发展。与之前关于一般词汇偏误和特殊词汇偏误的报告一样,在描述形式词汇偏误和语义词汇偏误随时间变化的关系时,会首先介绍一下描述性统计,然后对两次测试时间加以比较,最后进行推理性统计。

形式词汇偏误的类型由拼写错误、借用、自造词和选择错误等类型组成。语义转借和语义混淆构成了语义词汇偏误的类型。表 6.12 列出了形式词汇偏误和语义词汇偏误的数据,图 6.3 则展现了两次测试时间的比较结果。

表 6.12 形式和语义词汇偏误

	四年级	六年级
每名被试平均形式偏误数(标准差)	9.97 (7.33)	6.76 (5.26)
形式偏误百分比平均值(标准差)	13.01 (9.79)	6.08 (7.29)

续表

	四年级	六年级
每名被试平均语义偏误数（标准差）	1.16（1.45）	2.02（2.03）
语义偏误百分比平均值（标准差）	1.37（1.74）	1.57（1.5）

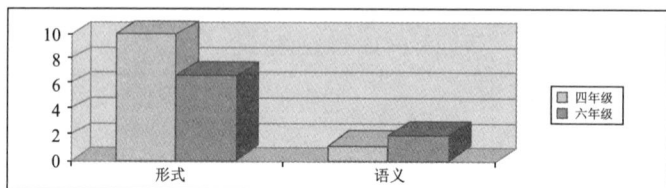

图 6.3　四年级和六年级的形式和语义词汇偏误平均值

通过比较 T1 和 T2 阶段形式和语义词汇偏误的出现情况，可以看出，与两年前相比，学习者在六年级出现的形式错误有所减少。相反，语义词汇偏误的产生随着年级和水平的提高而增加，在六年级 T2 阶段的语义词汇偏误，要比在四年级 T1 阶段时多。形式偏误仍是六年级学生最常出现的错误。为了弄清形式词汇偏误的减少是否显著，我们做了 Wilcoxon 符号秩检验。结果显示，四年级的形式偏误明显多于六年级（Z=−6.08，$p<0.001$）。为了探讨从四年级的 T1 到六年级的 T2 阶段语义偏误频率增加的显著性，我们又做了一次 Wilcoxon 符号秩检验。结果是确定的，其结果显示出统计意义上的显著增加：$p<0.001$（Z=−6.198）。同样，Wilcoxon 符号秩检验显示，无论是四年级（Z=−13.21，$p<0.001$）还是六年级（Z=−11.95，$p<0.001$），学习者产生的形式词汇偏误明显多于语义偏误。

·一语主导和二语主导的词汇偏误·

下面一节将讨论两年间源于母语的词汇偏误和受目的语影响而产生的词汇偏误之间的关系。当词汇偏误源于一语时，如借用、自造词和语义转借，我们称之为一语主导的词汇偏误。相反，如果词汇偏误是受二语（即所学语言）影响而产生的，如拼写错误、选择错误[3]或语义混淆，我们就说它们是二语主导的词汇偏误。

如表 6.13 所示，与一语主导的词汇偏误相比，二语主导的词汇偏误在两个测试阶段都更为常见。从四年级到六年级,受一语影响的词汇偏误只是略有减少。不过,随着学习者年级的升高,语内词汇偏误明显减少。图 6.4 显示了这些结果。

表 6.13　一语和二语主导的词汇偏误

	四年级	六年级
每名被试的一语偏误均值(标准差)	2.93(3.64)	2.92(3.34)
一语偏误均值(标准差)	3.93(5.05)	2.29(2.41)
每名被试的二语偏误均值(标准差)	8.2(6.05)	5.87(4.02)
二语偏误均值(标准差)	10.44(7.85)	5.36(6.93)

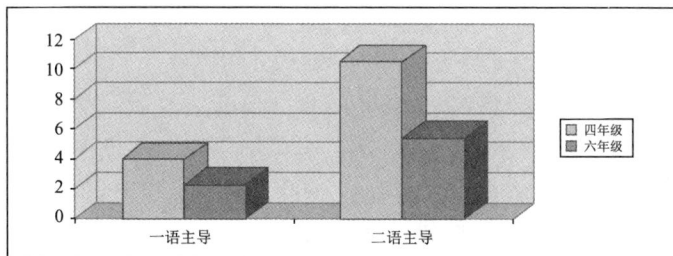

图 6.4　四年级和六年级的一语主导和二语主导的词汇偏误

　　我们进行了多次 Wilcoxon 符号秩检验,以检验四年级和六年级学生出现一语和二语主导的词汇偏误的差异在统计学上是否显著。受一语影响而产生的词汇偏误的减少,具有显著的统计学意义($Z=-3.41$,$p<0.01$)。对二语主导的词汇偏误,T1 和 T2 的错误率也有显著差异($Z=11.08$,$p<0.01$)。同样,我们发现,两个年级的语内词汇偏误和语际词汇偏误的产生之间,也存在着显著差异(四年级:$Z=-10.42$,$p<0.001$;六年级:$Z=-10.08$,$p<0.001$)。换句话说,四年级和六年级学生出现的二语主导的词汇偏误,明显多于一语主导的词汇偏误。反复出现、为数众多的拼写错误,可能是造成这种情况的原因。

　　总之,随着年级和语言经验的提升,学习者会出现不同的词汇偏误,这一点可以从特定词汇偏误类型的出现频率不同看出来。但这些变化很小,拼写错误仍然是二语教学 419 和 629 小时之后最常出现的词汇偏误类型,不过在T2 阶段,其发生频率有所降低。同样,在 T2 阶段,学习者出现的借用也比两年前的 T1 阶段要少。其余类型的词汇偏误,从 T1 到 T2 略有增加,选择错误始终是较为少见的错误类型,而语义转借则显著增加。语义错误在 T2 阶段也有所增加,而形式错误则有所减少。二语主导的词汇偏误在两个测试时间段都比较常见,但从 T1 到 T2,一语和二语主导的词汇偏误都有所减少。这一结果表明,随着学习者语言经验的增加和语言水平的提高,他们在出现特定类型词汇偏误方面的表现略有不同。因此,尽管有上述保留意见,但假设 2 必须接受。

·讨论·

上一章的研究结果表明,随着学习者年龄的增长和目的语经验的增加,他们的语言水平也会提高。从词汇偏误方面来看,他们的书面表达能力也有所提高。换句话说,与两年前的 T1 阶段相比,T2 阶段的学习者出现的词汇偏误要少得多,尽管他们所写的文章篇幅大大增加了。[4] 这一研究的结果也跟以往关于作文与词汇偏误的研究一致。这些研究(Bradovi-Harlig 和 Bofman,1989;Fernández,1997;Grant 和 Ginther,2000;Hawkey 和 Barker,2004;Lennon,1991b;Naves 等,2005)提出,随着语言经验的增加,在不同的写作任务中,词汇偏误会减少,篇幅会增加。Dagneaux 等(1998)也发现,在两年的时间里,随着水平的提高,书面作文中出现的错误大大减少。他们称之为"无可否认的进步"。不过他们也指出,不同类型的偏误会以不同的速度改进。与 Dagneaux 等(1998)的观点一致,我们的研究结果也表明,处于不同语言水平的学习者,会出现不同数量的词汇偏误,写出不同长度的作文。因此,每篇作文的词汇偏误比例,似乎是判定语言水平的明显因素(参见 Fernández,1997)。

文献中也观察到,文章长度(Grant 和 Ginther,2000;Hawkey 和 Barker,2004;Jarvis 等,2003)是学习者语言能力水平和作文质量的代表性指标,即作文越长,学习者的能力水平越高。从这个意义上讲,我们可以从这项研究的结果中得出结论,文章长度可以像词汇偏误一样,用来确定语言水平。[5] 然而,这在一定程度上与 Torras 和 Celaya(2001:117)的说法相矛盾,他们认为准确性(即无差错)的发展是以流畅性和复杂性为代价的。在我们的数据中,词汇偏误的减少与文本长度的增加是同时发生的(参见 Lasagabaster 和 Doiz,2003:55;Wolfe-Quintero 等,1998:4)。这方面还有待进一步研究。

根据我们的研究结果,并与之前的相关研究结果一致,我们得出以下结论:

(1)与水平较高的学习者(六年级学生)相比,语言能力较低的学习者(四年级学生)更容易出现词汇偏误。因此,词汇准确率成为衡量英语作为外语水平的指标,但是

(2)六年级学习者的语言知识水平较高,仍会出现各种类型的词汇偏误。六年级学习英语的外语学习者,语言和词汇能力仍然有限,可能是造成这一情况的原因。

随着语言水平的提高,词汇偏误会减少,这可能有几种解释。首先,我们可以合理地认为,随着学习者对语言的熟练掌握,他们对 2 000 常用词的接受性词汇知识掌握得越多,他们的词汇准确性就会越高。但事实并非总是如此,有许多研究表明,尽管语言水平有所提高,但偏误的产生并未减少(Fernández,1995;Cenoz,2002;Naves 和 Miralpeix,2002;Torras 和 Celaya,2001)。研究重点不同,可能是造成结果差异的原因。

语言水平越高,错误越少,其中一个最常被提及的原因,是所要完成的任务的性质。研究人员称,随着学习者语言知识的进步,要求他们完成的活动类型也会越来越难,因此,他们会继续犯错。此外,处于语言习得高级阶段的学习者,在书面表达中也会使用更为复杂的语言资源,故他们所犯的错误并不会减少。从这个意义上讲,Hyland(2003:5)认为"作文中错误较少,可能只是显示出学习者不愿冒险,并不代表学习者取得了进步"。换句话说,作文中错误少,可能表明学生缺少对复杂结构的运用,而不是取得了进步。

我们的数据中词汇偏误减少的第二个解释,可能是学习者在两次测试中,必须完成的写作任务是相同的。考虑到学习者在 T2 阶段比 T1 阶段更熟练,掌握了更多词汇,我们有理由认为,T2 阶段的写作任务被认为更加容易。此外,T2 阶段的学习者是第三次完成写作任务,因为在四、五、六年级时,他们都曾被要求以同样的作文题目写出一篇作文。从这个意义上讲,我们认为,可能是所谓的测试效应,使学习者在 T2 阶段有更好的表现,包括词汇偏误的减少和总体作文质量的提高。

在提高外语写作的准确性方面,需要特别关注一语的读写能力。由于迁移现象,随着一语读写能力的提高,二语写作能力也会提高。Harley 等(1990:24)写道:"学术技能(读写能力)与所使用的两种语言(一语和二语)有显著的

关系。"从这个意义上讲,随着学校教育的进行、年龄的增长、二语水平的发展以及一语读写能力的提高,学习者的二语写作能力也会提高,从而导致 T2 阶段词汇偏误的减少。有些还需进一步调查的迹象表明,二语水平和一语读写能力会影响写作中的词汇准确度。但这三者之间关系的性质和关联程度尚不清楚。

虽然有关写作发展的研究主要集中在高级和大龄学习者的写作上(Krapels, 1990:49),但 Torras 和 Celaya(2001:118)对低龄的以英语为外语的初学者进行了调查,他们的研究对象样本与我们的非常相似。他们认为,运用一般的写作策略和写作练习,可以帮助学习者,尤其是低水平学生提高语言能力。同样,Lasagabaster 和 Doiz(2003:154)认为,高年级学习者写出的文章篇幅较长,错误较少,这是因为他们利用了在学校的学习经验,特别是写作经验。这一实验证据表明,我们的学员在四年级到六年级的两年学习经历中,所获得的一语和二语写作策略和写作经验,是他们在词汇偏误方面取得进步的原因。

其他一些研究也证明了一语读写迁移在写作输出中的效度(Eisterhold, 1990;Freidlander, 1990;Krapels, 1990;Kubota, 1998;Manchón 等,2000,2007;Silva 等,2003)。然而,要实现这种迁移,二语必须达到一定的水平(Cabaleiro González, 2003;Kubota, 1998;Weigle, 2002:35)。在我们的样本中,从一语读写能力的迁移,是否对提高学习者书面作文的词汇准确性起了关键作用,这个问题在本研究中还没有得到证实。未来的研究有必要考察一语读写能力对词汇准确性发展的影响。目前,在这个问题得到澄清之前,我们只能推测其潜在的影响。

学习者在学习目标语言的过程中,不断出现词汇偏误,似乎是合理的。错误在所难免,也是语言发展所必需的(参见 Fernández, 1995)。然而,正如我们的研究结果所显示的那样,随着学习者语言水平的提高,他们产生的词汇偏误会越来越少。这表明学习者在发展二语词汇方面取得了进步,也表明学习者掌握了更多的二语词汇或已知词汇的更多方面。从这个意义上讲,词汇准确性可以作为区分能力水平的指标。

学习者在不同的语言习得阶段所产生的词汇偏误类型,因错误频率变化而变化。因此,在语言学习的低级阶段,会出现一些典型的词汇偏误,而在语言学习的高级阶段,则会出现一些其他类型的词汇偏误(参见 Lasagabaster 和

Doiz，2003，关于随着年龄增长而出现的不同类型偏误的类似研究结果）。具
体来说，拼写错误和借用在 T1 阶段最为常见，而在 T2 阶段有所减少。语义混
淆、自造词、语义转借和选择错误，虽然在两次测试中都比拼写错误和借用错
误少见，但随着语言水平的提高，它们的出现频率会越来越高。总体而言，随
着学习者对目的语了解的增多，他们开始利用目的语来弥补词汇知识的不足，
从而改变了为传递信息而采用的补偿性交际策略的类型。他们往往会减少一
语词汇的插入，增加基于字面意思的翻译。下面，我们将具体地研究从四年级
到六年级每个词汇偏误类型的演变情况。

拼写错误

拼写错误是两次测试中最常见的一类词汇偏误。这类词汇偏误是有争议
的，因为它通常与词汇偏误分开考虑，要么形成一个独立的正字法或拼写错
误类型，要么与大写、标点或段落错误一起，被归入到手写错误的类型（参见
Cameron 和 Blesser，2004；De Cock 和 Granger，2005；Dušková，1969；Hawkey 和
Barker，2004；Jacobs 等，1981；Lasagabaster 和 Doiz，2003；Valero Garcés 等，
2000）。

在语言学习的早期阶段，拼写错误非常常见（参见 Bouvy，2000；Celaya 和
Torras，2001；Lindell，1973；Mutta，1999；Olsen，1999），但随着水平的提高，拼
写错误越来越少，正如本研究所示（另见 Bouvy，2000；Sánchez Jiménez，2006；
Santiago 和 Reparáz，1993）。同样，低年级的外语学习者也会出现许多拼写错
误，但随着年级的升高，这些错误会逐渐减少（Lasagabaster 和 Doiz，2003）。这
一结果与 Schmitt（1998）的研究结果相吻合。他的研究结果表明，单词拼写的
习得要早于单词知识的其他方面，如派生形式和词义。从这个意义上讲，随
着拼写错误的减少，词汇知识其他方面的错误也会出现。但 Alonso Alonso 和
Palacios Martínez（1994）发现，对西班牙语水平很高的学习者来说，外语的正
字法错误，包括停顿和重音，也是最常见的错误。这与本研究的结果一致，即
在 T1 和 T2 阶段，拼写错误的出现频率都是最高的。我们很想知道，Alonso
Alonso 和 Palacios Martínez 研究中的学习者，其正字法错误是否在低水平阶段
更为常见。

随着水平的提高，学习者会掌握新的语音规则，进一步发展词汇能力（参
见 Sánchez Jiménez，2006）。此外，水平较高的学习者在写作和说话中接触目

的语单词的机会较多,也能用正确的拼写,更好地再现这些单词。六年级的学生被要求写一篇跟两年前相同主题的作文。我们可以合理地认为,与 T1 阶段相比,学生在 T2 阶段的水平更高,他们会使用自己更熟悉的单词,因此知道如何拼写这些单词。

从我们的数据看,拼写错误的来源并不明显。拼写错误源于英语正字法和发音之间的差异。不过文献中也提到了其他一些来源,包括一语发音和拼写的影响(Celaya 和 Torras,2001;James,1998:134;Lasagabaster 和 Doiz,2003;Olsen,1999:196),二语语音或正字法规则的应用(James,1998:134;Olsen,1999:196),以及目的语和一语的字母排序概率、正字法模式,或者词素/音素对应关系的不匹配(Ellis 和 Beaton,1993:567-569)。除了语言方面的原因,我们数据中的拼写错误似乎还源于词汇能力差,尤其是缺乏目的语的写作经验(Celaya 和 Torras,2001;James,1998:第 6 章;Jiménez Catalán,1992;Lasagabaster 和 Doiz,2003;Sánchez Jiménez,2006)。考虑到西班牙小学教育中的语言教学以口语为主,我们的数据中拼写错误发生得如此频繁,也就不足为奇了。

我们分析的拼写错误一般涉及双音词,即在一语和二语中具有相同意义和相似形式的词条,如 familia(西班牙语)/family 或 fútbol(西班牙语)/football。但在拼写英语"难词"时,也会出现一些拼写错误,例如"beautiful"或"birthday"。倘若这些错误出现得不那么频繁和普遍,倒是可以认定为"笔误",但它们在我们的研究当中,在被试的书面作文中经常出现(Bouvy,2000:147)。在此,我们也同意 Zimmermann(1987:57)的观点,他说:"在二语中,特别是受到良好监控的书面模式下,多数词汇偏误都不是笔误,而是能力不足造成的'系统性'错误。"学习者的低水平表现在他们欠缺用英语写作的经验,以及他们缺乏对英语音形系统的内化,也许这就是本研究中拼写词汇偏误大量存在的原因。

英语发音与字形之间缺乏一致性,这给西班牙语母语者带来了很大的问题,尤其是在写作方面。例如,学习者在某些元音或辅音、辅音丛或不发音的方面存在问题(见 Moya Guijarro,2003)。在面对英语写作任务时,本研究中的学习者通常会选择以下两种策略之一减少要写的单词:(a)在拼写中模仿发音,(b)用很"难"的方式来写单词,即使用不常见的辅音或元音组合。在目前的数据中,学习者按照发音书写英语单词的情况很常见。Morris(2001:

276)的话在这方面很有启发性:

> 当二语学习者不熟悉某个发音序列的书写形式,因而无法想出合适的字母序列时,他们通常会写出一些基本上是他们感知到的发音序列的语音表达。

在某些情况下,这些创造显示了学习者良好的语音感知能力,比如:

- 把"old"写成"*ould*"(S208,四年级),[6]
- 把"beautiful"写成"*biutiful*"(S212,四年级;S252,四年级),
- 把"house"写成"*haus*"(S252,四年级),
- 把"cold"写成"*could*"(S18,六年级),
- 把"uncles"写成"*ancols*"(S19,六年级),
- 把"favourite"写成"*feivorite*"(S89,六年级)。

这种策略在四年级比六年级更常见,因为到六年级的时候,这种语音拼写的例子就少得多了。在另外一些例子中,学习者会选择一种尽可能困难的方式,用英语来写单词。这是因为他们认为,英语书写之所以困难,是因为发音和拼写不一致(Olsen,1999:198)。而且,英语拼写的特点是辅音丛、由多个字母来表示的单韵母、双元音、不发音字母、长元音和双辅音(参见 Morris,2001:278),这些都给西班牙学习者的英语拼写带来了极大困难。[7] 在这样的情况下,学习者倾向于省略、添加或改变某些字母(参见 James,1998:150),例如:

- 把"school"写成"*scool*"(S233,四年级;S256,四年级;S205,四年级),
- 把"have"写成"*havee*"(S252,四年级),
- 把"bathroom"写成"*bahtroom*"(S228,四年级;S243,四年级),
- 把"practice"写成"*practic*"(S60,六年级),
- 把"teacher"写成"*theacher*"(S100,六年级),
- 把"friends"写成"*freinds*"(S178,六年级)。

造成以上拼写错误的两个主要原因,都源于目的语,更具体地说,是英语语音和书写习惯之间的差异,以及由于辅音丛或不发音字母等原因造成的英语拼写特殊性。尽管如此,还有一些拼写错误,清楚地体现出母语对某些发音的影响。以下面为例:

- *broder* 是西班牙语中对"brother(兄弟)"的拼写。显然,对于西班牙人来说,th 的发音,无论是无声的[θ]还是有声的[ð],都类似于西班牙语中 [d]

的发音,因此,它通常被这样发音(S235,四年级;S55,六年级;S164,六年级;S170,六年级)。[8]

由于某些英语发音的"错误"和特殊性,学习者在书写这些单词时就会出现拼写错误。这种书写/拼写反映非母语发音(通常是错误发音)的现象,可以从几个音的发音中看出来。这些都是西班牙语母语者有问题的发音。还有一些时候,虽然找不到有问题的发音,但一些单词的发音却清楚地表明,西班牙的学习者在这些发音上存在问题:

- 把"subject"写成"*sabyet*"(S144,四年级)
- 把"my happy birthday"写成"*may hap beily*"(S195,四年级)
- 把"breakfast"写成"*brosskast*"(S68,六年级)
- 把"science"写成"*sallens*"(S246,六年级)

总之,对拼写错误的仔细研究表明,这些错误的根源在于某些英语单词"困难"的发音和拼写。造成某些英语单词拼写错误的因素似乎有多种。这些因素是:

(1)学习者没有意识到英语发音和字母之间的对应模式(见 Terrebone,1973:136);

(2)母语的语音、音素和正字法系统的影响(Terrebone,1973:137);

(3)学习者缺乏读写英语单词的经验(Jiménez Catalán,1992:251;Lasagabaster 和 Doiz,2003:156)。

在本研究中,我们把拼写错误算作二语主导的词汇偏误中的一类,因为正是语音系统的特殊性构成了拼写错误的主要来源(参见 James,1998:138)。其他作者认为,其实母语和目的语发音系统的差异,才是出现这些词汇偏误的真正根源。因此,学习者的母语,或者说一语和二语的不一致,才是造成大多数词汇偏误的原因(Celaya 和 Torras,2001;Dagut 和 Laufer,1982,等)。Terrebone(1973)也将拼写错误追溯到西班牙语发音的影响,并使用对比语音学来解释拼写错误。她没有明确提到拼写错误的来源,但描述了西班牙英语学习者拼写错误的主要类型。Ellis 和 Beaton(1993)也认为,学习者在学习二语时遇到的困难,来自目的语和母语词之间缺乏重叠。

由此可以得出结论:拼写错误意味着对有关单词,有一定的词汇知识。学习者通常知道这个词的含义和使用方法,却不知道怎样把这个词正确书写出来。在积累一定的语言经验之后,拼写错误往往会减少。

借用

在四年级,借用是出现频率第二高的偏误类型,但随着水平的提高,借用的出现频率越来越低,到了 T2 阶段,借用出现的频率位列第三。这一结果与以往的研究结果一致,即随着学习者二语水平的提高,借用明显减少(Bouvy,2000;Rokita,2006;Williams 和 Hammarberg,1998)。同样,随着学习者年龄的增长和年级的升高,他们的作文中出现借用的情况也越来越少(Celaya 和 Torras,2001;Lasagabaster 和 Doiz,2003;Naves 等,2005)。[9]从这个意义上讲,我们认为,在我们的数据中,借用是暂时的,会随着学习者的语言和词汇知识水平以及交际需求的变化而发展。

出现大量借用的一个可能的原因,是缺乏词汇知识。从这个意义上讲,当学习者在英语词库中找不到合适的单词,或者不认识某个英语单词时,他们就会求助于他们的母语,来填补(知识)空白(参见 Bouvy,2000,他把借用称为"填充空缺")。当不得不面对作文任务带来的"词汇挑战"时,被试通常会选择将一语中对应的单词引入英语,来代替不认识的英语单词,比如:

• My grandmother is *fumando*(我奶奶在吸烟。英语应为 smoking)(S216,四年级)

• I have got a one *tortuga*, is big(我有一只乌龟,很大。英语应为 turtle)(S238,四年级)

• My mom and my father are *separadosy divorciados*(我妈和我父亲分居并离婚了。英语应为 separated and divorced)(S17,六年级)

• My *mejor* friends is the woman Angela and Andrea...(我最好的朋友是女的,安吉拉和安德烈娅……英语应为 best)(S193,六年级)

借用有可能是无意识的冲动,也有可能是自愿为之(Bouvy,2000;Williams 和 Hammarberg,1998)。尽管有的研究调查了无意识或非有意借用的不同情况(De Angelis 和 Selinker,2001;Ringbom 1987;Williams 和 Hammarberg,1998),但目前的数据表明,我们研究的情况并非如此。在无意识借用时,学习者意识不到,他所借用的词汇并不是目的语的词汇;他们甚至意识不到,他们并不知晓这些词条在二语中的用法(参见 De Angelis 和 Selinker,2001;Ringbom,

1987)。但在许多情况下,我们的学习者似乎能意识到自己在使用西班牙语单词,因为他们倾向于将这些借用词写在引号或括号里,从而表明这些单词具有特别之处。我们可以从数据中得出结论,借用通常是有意为之的。

借用被用作一种补偿性的交际策略[10](Celaya, 1992;Celaya 和 Torras, 2001;De Angelis 和 Selinker, 2001;Lasagabaster 和 Doiz, 2003;Olsen, 1999;Ringbom, 1987;Williams 和 Hammarberg, 1998)。从这个意义上讲,我们赞同Bouvy(2000:152)的观点,即"借用的出现可能是由于,学习者的语言能力与他们的交际需求之间存在差异"。 这种交际补偿策略的使用,取决于两大因素:(a)交际压力,(b)所要完成的任务的难度(Bouvy, 2000:153)。将这两个借用的使用标准运用到我们的数据当中,我们发现,虽然条件(a)在 T1 和 T2之间的两年中保持稳定,但我们可以设想,任务变得更容易了,因为这是学习者第三次(四年级、五年级和六年级)以同样的题目写作文。而且在这段时间里,他们的词汇和总体语言知识都有所增长。因此,我们可以合乎逻辑地认为,因为任务跟两年前一样,学习者会认为任务变得更容易了。

借用的使用包含了有关交际情境的信息(Cenoz, 2001;Dewaele, 2001;Williams 和 Hammarberg, 1998),因为在二语话语中,不加调整地插入一语词汇,仅限于说话者和听者共同使用一语,或者双方都知晓学习者一语的交际情境。这就是本研究被试的交际情境。被试、教师和研究者的母语都是西班牙语。因此,学习者可以放心地在英语文章中加入西班牙语单词,因为他们的读者会理解这些单词(Dewaele, 2001)。此外,学习者知道他们不是在考试,他们的文章也不会被老师打分,因此,这并不妨碍他们在写作中出现一语单词(参见 Dewaele, 2001)。这一证据似乎支持 Dewaele(2001:84)的观点,即如果学习者认为插入一语词汇不会受到惩罚,他或她就会在需要时使用一语。我们可以推测,如果学习者将数据收集环节视为一场考试,将作文视为计入期末成绩的写作测试,那么一语的插入就能得以避免。学习者的主要目的是交际,而不是参加英语写作考试。

语义转借

语义转借是将一语中的单词或表达,直译为二语中的单词或表达。错误词的语义属性被扩展,并迁移到目的语的词汇上(参见 Ringbom, 2001;Warren,

1982)。根据这一观点,要发生语义转借,学习者必须掌握相当多的二语词汇知识,以便能够用英语二语词汇,来翻译和表达西班牙语一语的意思。Warren (1982)的研究进一步证实了这一观点,他发现在大学生的作文中,语义转借或"等同错误"是最多见的。在我们的数据中,六年级学生中出现此类错误的频率比四年级高 9%。它们在学生作文中出现的频率从第五位上升到了第二位。

我们数据中的下列例子可以说明这一点:

• My *fathers* is Nerea 和 Manolo(西班牙语的 padres,英语应为 parents)(S168,四年级),

• I like *Ballhand*(西班牙语的 balonmano,英语应为 handball)(S226,四年级),

• I want to *pass* a very good time with you(西班牙语的 pasar,英语应为 have, spend)(S14,六年级)以及

• Madrid is very big have very people and very cars very houses a *park of atraccions*...(西班牙语的 parque de atracciones,英语应为 fun fair)(S207,六年级)。

考虑到上文提到的词汇难度与词汇偏误类型之间的关系,我们可以认为,T1 阶段学员的水平太低,不允许他们使用语义转借(以及自造词),因为这意味着语义特征的迁移、语义扩展和过度泛化。简而言之,它们需要对二语的语音、形态和语义系统有更深入的了解,还需要有更发达的二语词库。这就是为什么在学习者的语言输出中,T2 阶段出现的语义转借比例要高于 T1 阶段的原因(参见 Bouvy,2000;Celaya 和 Torras,2001)。Carrió Pastor(2004)在其关于西班牙中级英语使用者在科学题材英语文章中产生的主要词汇偏误的报告中指出,语义转借最为常见。

我们的研究表明,相对于更注重形式的借用而言,语义转借更注重语义,这也是六年级出现语义转借频率较高的原因。我们有理由认为,学习者所拥有的词汇-语义能力程度的变化,会对字面翻译和重整等现象产生影响(Ambroso,2000;Ringbom,1983,1987,2001)。从这个意义上讲,来自一语的形式词汇偏误,在四年级的早期习得阶段,借用和自造词的影响会更频繁,等到了六年级的高级阶段,借用和自造会慢慢被源自二语的语义词汇偏误所取代。Ellis(1997)和 Singleton(1999:152)的著作支持这一论点。他们认为,学

习单词的语义，要比学习单词的形式要求更高。前者需要某种显性和有意识的学习，而学习词条的形式则可以从隐性和无意识的学习开始（参见 VanPatten 等，2004）。

下文将更详细地介绍语义偏误和形式偏误随时间演变的情况。随着二语水平的提高，心理词库也会从按形式组织逐步发展到按意义组织（Gabryś-Barker，2006；Ringbom，2001：65）。

语义转借源自交际需要和词汇知识的缺乏（Bouvy，2000）。从这个意义上讲，我们认为语义转借是一种补偿策略的结果。这种补偿性交际策略很可能是在无意识的情况下运用的，因为学习者似乎认为他们语义转借的单词其实是英语单词，这与之前的借用情况恰恰相反。

语义混淆

随着学习的进行和二语水平的提高，语义混淆的产生也会有所增加，不过增幅很小。语义混淆是将两个意义相似但用法不同的词混为一谈的结果。这些词通常属于同一语义领域。在我们的数据中，语义混淆的一些例子如下：

- I have got *very* frinds（very 应为 many）（S57，四年级），
- My favourite *sing* is HIM（sing 应为 music group）（S189，四年级），
- My *fan* is Pau Gassol（fan 应为 idol）（S51，六年级）以及
- My favourite *eat* is potatoes（eat 应为 food）（S167，六年级）。

我们的数据中出现的语义混淆，可以用语义关系的复杂性和微妙性来解释（Fernández，1997：72）。此外，在许多情况下，语义混淆并不是因为没有从两个词中选出正确的词，而是因为学习者使用了他唯一知道的词。这个词跟要使用的词在语义上必须有某种相似之处。例如，在以下句子中：

- My *uncle* name is Ana（uncle 应为 aunt）（S226，四年级）以及
- My *years* is thirty the April（years 应为 birthday）（S280，六年级），

错误词"uncle（叔叔）"和"years（年份）"，与应当使用的词"aunt（阿姨）"和"birthday（生日）"在语义上相关。在这种情况下，我们无法确定，学习者究竟是混淆了他们词库中语义相关的两个词，比如叔叔和阿姨，年份和生日，还是使用了他们唯一知道的词，并因此认定这个词的含义就是其他相关词的含义。在大多数情况下，我们认为，学习者并未意识到自己用错了词。

语义混淆可以视为是学习者所掌握词汇的语义过度扩展。这些意义的过度扩展在一语词汇习得的早期阶段也非常典型（Singleton, 1999）。考虑到学员的二语能力和词汇能力在不断提高，我们有理由相信，学生在 T2 阶段比在 T1 阶段掌握了更多的单词，也比在 T1 阶段掌握得更好。因此，学习者在掌握更多单词的同时，在作文中混淆这些单词的几率也会更大。学习者的语义网络会随着其水平和词汇知识的增加而发展壮大。因此，当他们需要从网络中选择一个词时，几个语义相关的词就会被激活，在某些情况下，这些词就会被混淆。在 T2 阶段，学习者比在 T1 阶段有更多的关联词可以选择。而从语义混淆类型的词汇偏误中可以看出，他们比 T1 阶段更为频繁地选择了错误的单词。这些结果提供了支持理论的证据，即随着水平的提高，词库会从形式上的组织转变为语义上的结构。

此外，语义混淆还表明，学习者对目标词的意义或含义了解得不完整。我们可以说，学习者对意图词和目标词的核心意义有一定的了解，但他们并不完全了解这些词的语义特点。我们之所以这样推断，是因为学习者对错误词和目标词所属的语义领域有所了解。然而，他们并没有掌握这些词的全部含义，因此出现了语义混淆。从上面的例子来看，学习者知道 uncle 这个词属于"家庭亲属"的语义范畴，但他们不知道这个词的语义限制，即这个词只能用于父亲或母亲的男性兄弟。因此，我们说学习者对 uncle 一词仅有部分了解。

语义混淆随着水平的提高而增加，这一发现反映了 Ringbom（1987, 2001）和 Channell（1988）的研究结果，即语义混淆在高级学习者中更为典型。Carrió Pastor（2004）发现，中级英语学习者在撰写学术文章时经常出现语义混淆。

自造词

在我们的数据中，自造词错误虽然并不常见，却能很好地说明词汇的习得过程。这一过程本身就是一个创造性的过程，源于对目的语的拼写、发音甚至形态规则的吸收。从四年级到六年级，自造词错误略有增加。跟从前的情况一样，拼写错误频率的增加与学习者的语言能力和词汇知识水平的提高有关。因此，要产生一些词汇偏误，学习者必须达到一定的二语水平。

自造词是将一语词汇适应到二语音形规则，使其听起来或看起来像英语的结果。这就意味着，学习者掌握了一定的二语正字法知识或发音规则，并将其泛化了。从这个意义上讲，从数据中可以得出，自造词会出现在某种程度上更熟练的学习者的作品当中(参见 Celaya 和 Torras，2001)。目前的研究结果表明，在 T2 阶段，语义转借和自造词出现的频率要高于 T1 阶段，这与之前的研究结果不谋而合，即年级/年龄与在二语中创造新词或创造类似二语词的能力之间存在正相关关系(Celaya 和 Ruiz de Zarobe，2008；Celaya 和 Torras，2001)。年龄越大、语言水平越高的学习者，语言意识越强，分析和分解语言的能力越强，这就解释了为什么这些学习者的文章中会更为频繁地出现语义转借和自造词。

我们的研究结果表明，学习者放弃了对一语的简单求助(即借用)，开始创造性地使用目的语规则，尤其是在正式语境中，随着他们二语水平的不断提高(参见 Dewaele，1998；Ringbom，2001：63，2006：40)。受一语影响而创造出词汇，可能是有意为之，也可能是无意识的。这一结果证实了 Ringbom(2001，2006)和 Dewaele(1998)之前的研究结果。创造性的错误，如自造词或语义转借，是学习者在语言运用方面不断成长的证明。

我们认为，采用自造词的方法使一语单词符合英语习惯，是一种补偿性策略，以弥补词汇知识的不足。Singleton 和 Little(1991：73)提到学习者在二语中"创造"新词的三个主要原因。词汇创造可能(a)是"对正字法习惯掌握不完全的结果"，(b)源于"跨语言影响的作用"，或者(c)可能是"对语言输入中遇到的词条进行编码记忆不足的结果"(另见 Dewaele，1998)。在我们的学习者身上，很可能是多种因素共同促成了词汇的创造。此外，由于缺乏对二语目标词的了解，学习者很可能不得不利用他们所掌握的知识(a)一语和(b)一些英语发音规则来创造新词。

创造新词似乎是一种有意识的策略，学习者试图利用他们仅有的知识进行交际。创造新词的心理语言学起源，可能是西班牙语一语和英语二语词汇之间的密切关系。当学习者不知道二语的某个单词时，他会尝试将西班牙语单词加以改造，使之与英语形态学(正字法和语音规则)相适应(参见 Dewaele，1998：480 页及以后页码)。这是一种非常聪明的策略，因为它经常奏效，例如：

- contribución(西班牙语)→ contribution(英语)
- nacionalidad(西班牙语)→ nationality(英语)
- proceso(西班牙语)→ process(英语)

- combinación（西班牙语）→ combination（英语）

不过，这种策略有时也会失败，从而导致自造词错误：

- My favourite *equip* it's Alavés（对应西班牙语 equipo，英语应为 team）（S133，四年级），
- My grandnny name is Antonia and lots of *familiars*（对应西班牙语 familiares，英语应为 relatives）（S217，四年级），
- I got *colch* of Bart Simpson（对应西班牙语 colcha，英语应为 eiderdown）（S140，六年级）以及
- What's *asignatures* is Peter & Helen's favourites?（对应西班牙语 asignatura，英语应为 subject）（S236，六年级）。

选择错误

在我们的数据中，选择错误是出现频率最低的一类词汇偏误。从 T1 到 T2 阶段，选择错误的发生率略有增加，约为 2.5%，而且 T2 阶段产生选择错误的学习者要比 T1 阶段多。从我们的数据中提取出来的这些例子，可以说明选择错误这一现象：

- My eat chiken, a meat, and fruit salad ais *youth*（youth 应为 yogurt）（S26，四年级），
- I'm a long *hear*, brown eyes, and I am a tall（hear 应为 hair）（S76，四年级），
- My *arrive* is General Urrutia n°76,5°A（arrive 应为 address）（S92，六年级）以及
- I *meat* a lot of childrens（meat 应为 meet）（S239，六年级）。

从上面的例子可以看出，发生选择错误的前提，是目标词和错误词在形式上相似。在学习者的文章中，两个看起来或听起来相似的词可能会被混淆。我们的数据证实了 Laufer（1991a）的研究结果，她区分了可能导致两个词混淆的不同类型的相似性：

（1）音节数相同（另见 Channell，1988：88），例如 I *leave* on la Calle de la Cigüeña，应为 live（S161，六年级），

（2）重音模式相同（另见 Channell，1988：88），例如 I like go *four* your house，应为 for（S169，六年级），

（3）共享音素，如 *buy buy*，应为 bye bye（S26，四年级），

（4）相同的首辅音或辅音丛，如 I *lake* swimming，应为 like（S177，四年级）以及

（5）相同句法分类，如 I go to school by car and *something* on foot，应为 sometimes（S107，六年级）。

不过，她也注意到，二语学习者并不总能将这些特征正确地存储到词库里。在我们的数据中，选择错误最关键的特点，就是目标词和错误词都存在于二语词库中（James, 1998: 146）。

我们的数据中很少出现选择错误，这并不奇怪，因为以前关于误选或顺式（相似目标词）的研究（Channell, 1988; Dušková, 1969; Laufer, 1990a, 1990b, 1991a; Zughoul, 1991），都是针对比本研究的被试更高级的学习者进行的。根据我们的数据，并与以前的研究相印证，学习者必须达到一定的词汇知识水平，才会发生选择错误。正如 Laufer（1991a: 323）所指出的，经常使用顺式的学习者，其词汇量足以进行交际。学习者心理词库中的词汇量越多，学习者混淆两个形式上相似词的可能性就越大。我们的研究结果也证明了这一点，六年级学习者比四年级学习者产生了更多的选择错误。

James（1998: 146）指出，选择错误实际上源于"双重无知"：一方面是对目标词的无知，另一方面是对错误词的无知。在我们的研究中，被试产生的选择错误，是由于对错误词和目标词的词义缺乏词汇知识。这与 James（1998）的研究结果一致。此外，我们认为：(a) 这种无知只是部分无知，因为学习者对词形、词义或两者都有一些大概的了解；(b) 在我们的数据中，这种无知确实可以用来解释所有类型的混淆。

通过仔细查看目前的数据，学习者的输出似乎存在一个临界值，超过这个临界值，拼写错误和借用就会逐渐减少，但其他类型的词汇偏误，如语义转借、自造词、语义混淆和选择错误，会越来越多地出现在学习者的语言表达中。后一类词汇偏误很可能涉及更高水平的词汇知识或综合的语言知识。

形式和语义词汇偏误

在 T1 和 T2 阶段，形式词汇偏误比语义词汇偏误更为常见。数据显示，从四年级到六年级，形式词汇偏误有所减少，但随着二语水平的提高，语义词汇偏误的出现频率变得稍高了一些。本研究对形式词汇偏误和语义词汇

偏误的区分,向我们展示了二语词条是如何在二语习得过程中被存储和访问的(Channell,1988;James,1998;Legenhausen,1975;Meara,1984;Mutta,1999;Warren,1982;Zimmermann,1987)。此外,这种区分还能让我们更好地了解被试词汇能力的特点(Nation,1990)。

在我们的数据中,形式词汇偏误主要有两个来源(Zimmermann,1987)。首先,词汇知识的缺乏,可能导致学习者编造或构建一个新的词条。最常见的情况是,他们依赖于同一语对应词或其他二语词在形式方面的相似性。其次,学习者未能正确记忆目标词的形式,从而输出了与目标词形式相似的词。同样,语义主导的词汇偏误,要么源于学习者无法正确检索单词,要么源于他们对目标词缺乏了解。

继 Laufer(1991a)(另见 Meara,1983,1984;Zimmerman,1986b)之后,我们认为,正如一语错误被用来确定一语词库的某些属性一样(Channell,1988),二语中的词汇偏误也可能对二语词库的结构有一定的指示和指引作用。与之前的研究(Bouvy,2000;Celaya 和 Torras,2001;Laufer,1991a)一致,我们目前的研究结果也显示出了由语义相关性和形式相似性造成的混淆。这两种类型的词汇偏误,是支持由形式关联和语义关联驱动的二语心理词库组织理论的证据。Channell(1988)、Meara(1983)和 Henning(1973)指出了二语学习者心理词库的这种双重结构。从以下形式和语义词汇偏误的例子中,我们可以看到一些这方面的证据:

• *I leave opposite the town hall*,应为 live(S198,六年级)——形式词汇偏误以及

• *My blond is brown*,应为 hair(S61,六年级)——语义词汇偏误。

在这些例子中,单词是根据它们的形式来存储的:live 和 leave 很可能被存储到一起,因此,它们在输出时会被混淆。同样,blond 和 hair 似乎也被储存在一起,因为它们有共同的语义场,而且经常一起使用。这一事实佐证了以前的研究,这些研究表明,语法水平较低的学习者(如我们的被试)的心理词库中的语义联想,首先是按语段进行联想的(Meara,1983;Verhallen 和 Schoonen,1998;Wolter,2002)。

从这些数据可以看出,单词是按形式和语义网络来编排的。这种编排并不是随意的,而是根据语言水平系统化地进行的。我们的数据显示,形式词汇

偏误在水平较低的学习者(即四年级学生)中更为典型,而语义词汇偏误则随着水平的提高而增多,在水平较高的学习者(即六年级学生)的语言输出中更为常见。本研究的结果证实了之前通过联想测试和词汇偏误分析得出的结果,即初学者会通过形式联想(语音和字形)将单词储存在词库中。但随着学习的深入,新词汇似乎会进入语义网络而非形式网络(Ellis 和 Beaton, 1993;另见 Meara, 1983;Wolter, 2002;Zimmermann, 1987)。本研究的结果与之相似,从四年级到六年级,形式词汇偏误在减少,而从 T1 到 T2 阶段,语义词汇偏误在增加。形式词汇偏误较多的学生学习能力较差,而语义词汇偏误越来越多的学生学习能力较强。

我们的研究结果和对结果的解释,与之前的研究结果如出一辙,即高水平学习者输出的内容性词汇偏误多于形式性词汇偏误(Bouvy, 2000;Fernández, 1997;McNeill, 1990;Ringbom, 1987, 2001;Zimmermann, 1987:61)。对于写作水平较低的学习者来说,词汇形式的错误更为重要,因为形式方面的错误是词汇学习中的主要困惑,尤其是对于初级、中级的以英语为外语的学习者来说(Gu, 2003:14;Gu 和 Leung, 2002;Hawkey 和 Barker, 2004:148)。Ringbom(2001)指出,词汇偏误产生的频率差异,"与学习者伴随着(外语)水平的发展,从形式组织到意义组织的逐渐进步的过程有关"(第65页),我们的研究结果也反映了这一点。随着水平的提高,形式词汇偏误也随之减少,因此我们可以得出这样的结论:词汇的形式方面比语义方面更容易学习,后者更难掌握(Fernández, 1997:70)。

根据以往的研究(尤其是 Fernández, 1997;Meara, 1996;Ringbom, 2001;Zimmermann, 1987),我们的研究结果表明,要想出现语义词汇偏误,学习者必须达到一定的词汇水平线。一旦超过这个水平线,语义词汇偏误似乎就会开始在学习者的语篇中增多。形式词汇偏误会在学习的最初阶段出现,但随着学习的深入会逐渐减少。

本研究的结果表明,随着学习者水平的提高,形式和语义主导的词汇偏误从 T1 到 T2 的演变表明,在学习二语词汇的过程中,存在着过渡阶段(参见 Meara, 1983)。词汇习得有一定的发展规律,它在学习者在习得过程的每个特定阶段所犯的词汇偏误类型中,表现得尤为明显。从单词的形式知识开始,学习者随着水平的提高,逐渐掌握了词条的语义方面。在理想情况下,这一发展阶段的终点,是掌握单词的所有方面,即拼写、发音、核心意义、外围意义、搭配、句法、频率等。最后一个阶段会与母语的词汇知识相近。这一结果证明并支持之前的研究,即词汇学习是一个分阶段发展的过程(Ellis, 1997; Ellis 和 Beaton, 1993; Jiang, 2000; Palmberg, 1987; Schmitt 和 Meara, 1997; Viberg, 1996)。对于我们研究结果的分析,支持了 Singleton(1999: 139)的观点,即语义整合是"习得任何单词过程中最具挑战性的部分",而且"在整合顺利进行之前,学习者在处理有关词汇时,必然会严重依赖形式的提示"。

总之,我们的研究结果提供了一些初步证据,说明二语学习者在接触越来越多的二语时,会构建和重组他们的二语词库。此外,我们的研究结果还揭示了词汇取用的问题。下一节将对这一问题进行阐述。

一语主导和二语主导的词汇偏误

偏误分析中最突出的区别之一,是偏误源于一语还是二语。这种区分的相关性是有实证依据的,因为无数的研究表明,一语在二语学习过程中扮演着重要角色。在本研究中,我们将重点放在一语影响产生的词汇偏误与二语影响产生的词汇偏误的比较上。因此,在前者中,我们区分了借用、语义转借和自造词;在后者中,我们区分了拼写错误、语义混淆和选择错误。

本研究显示,在小学教育的第二阶段,即四年级到六年级,受一语影响而产生的词汇偏误经常出现。虽然有减少的趋势,但在两个测试时间段,一语主导的词汇偏误都很多。在 T1 和 T2 阶段,来自二语的词汇偏误比一语的词汇偏误更常见。本研究的结果与前人的研究结果一致:随着二语水平的提高,一语的影响也在增加(Bouvy, 2000; Fernández, 1997; Herwig, 2001; LoCoco, 1975; Naves 等, 2005; Olsen, 1999; Ringbom, 1987; Williams 和 Hammarberg, 1998; Sańchez Jiménez, 2006; Tremblay, 2006)。Taylor(1975)也注意到,初学者会比高级学习者犯更多的迁移错误。

我们的数据也支持以前的研究,即低年级学生的迁移率最高(Lasagabaster 和 Doiz, 2003),但与 Gost 和 Celaya(2005)、Cenoz(2001, 2003)以及 Celaya 和 Torras(2001)以前的研究相矛盾。这些研究发现,高年级学生和起步晚的学生的迁移率高于低年级学生。这些研究结果与我们的研究结果相矛盾,原因可能是这些研究考察的,是开始学习英语的年龄不同但接受相同课时教学的学习者的学习成果,而在我们的研究中,年龄、水平和课时是同时存在的。与之前的研究(Gost 和 Celaya,2005)一致,我们的研究结果表明,与年龄较小、水平较低的学习者相比,年龄较大、水平较高的学习者,以不同的方式回溯到一语,并表现出不同类型的迁移。随着学习者年龄的增长和水平的提高,他们开始根据二语的音位规则改造一语;也就是说,他们在一语旧词条的基础上创造新词,并开始将一语词条翻译成二语词条,用二语词条来模仿或转写一语词条或表达方式(Celaya 和 Torras,2001;Naves 等,2005)。更具体地说,在 T1 阶段,借用是最常见的迁移错误,而在 T2 阶段,语义转借是最常见的迁移错误类型。从 T1 到 T2 阶段,自造词也有所增加。

创造新二语词的能力,似乎会随着水平和年龄的增长而提高。这是因为水平较高的被试,会进行意义迁移,而不是形式迁移(Gabryś-Barker,2006;Ringbom,2001)。词汇迁移并不是一种同质的现象,而是一种对不同刺激和目标做出反应的多层面现象。从我们的研究结果来看,二语词汇的缺乏,可能会导致被试使用一语词汇(Celaya 和 Torras,2001;Dewaele,1998;Naves 等,2005;Tremblay,2006;Viladot 和 Celaya,2006)。这项研究清楚地表明,学习者在二语写作过程中,使用西班牙语作为参考(参见 Olsen,1999:201)。关于数据中一语主导的词汇偏误,我们可以推测出不同的来源。正如 Celaya 和 Torras(2001)所解释的那样,由于学习目标词的意义和形式的负担太重,他们无法完全学会单词,因此我们研究中的低龄学习者,似乎会使用他们的一语来拼写外来词。他们可能只是部分地、不完整地掌握了目标词的知识,只能对目标词进行大致的翻译。正如我们的研究结果所表明的那样,二语写作中的一语借用,可能由以下几个因素造成:(a)学习者在写作时无法获取或激活目标词;(b)知识不完整,不能用于所有可能的情况;(c)知识不完整,只能接近目标词(Gabryś-Barker,2006:144)。

我们认为,交际的需要与缺乏二语词汇知识的情况相冲突。为克服这个问题,低龄的学习者可能会决定使用他们的母语,包括在母语对话中使用母语词汇(Bouvy,2000;Ecke,2001)。这被认为是最重要的补偿性交际策略之一(Bouvy,2000;Celaya,1992;Ecke,2001;James,1998;Olsen,1999)。Poulisse(1993)对二语学习者使用的交际策略进行了非常详细的阐述。她特别提到了"用来解决词汇问题"的补偿策略(第 61 页)。在这些补偿策略中,最突出的

是编码转换、外语化和字面直译。在我们的数据中,也发现了这些策略,它们
分别导致了借用、自造词和语义转借词汇偏误。Poulisse(1993:164-165)强调,
关于交际策略的研究表明,交际策略的使用与水平有关,因此,水平较低的学
习者会使用更多的交际策略,不过对于以一语为基础的交际策略,还没有发现
结论性的结果(参见 Zimmermann,1987)。在我们的案例中,学习者在两次测
试中的水平都较低,再加上必须进行交流和继续写作任务,这也许会促使学习
者从母语迁移到其他语言。

Bouvy(2000:155)认为,交际压力越大,迁移越多。这也许可以解释为什
么在目前的数据中从一语迁入的情况很频繁,但并不是非常普遍。要完成的
任务类型可能是造成这种迁移率的原因。例如,写作文不像口头采访那样是
一项即时任务,学习者有足够的时间来计划写作,思考文章的内容和形式,检
索二语词汇并修改他们的作品(参见 Gabrys-Barker,2006:144)。在数据收集
过程中,我们观察到,分配给学习者完成写作任务的 30 分钟,足以让他们从容
写作,而且他们有时间修改自己的文章,我们也鼓励他们这样做。因此,写作
任务和充足的时间减轻了交际压力。由于学习者没有压力,我们数据中的迁
移率大小适中,一语主导的词汇偏误比二语主导的少。与有关错误产生的研
究相一致,我们观察到,不仅一语主导的词汇偏误随着水平的提高而趋于减
少,二语主导的词汇偏误在六年级时也减少了。

·小结·

本章介绍了两种不同水平的词汇偏误产生情况。与两年前相比,六年级
学生的词汇偏误较少;他们的作文篇幅较长,准确性较高。拼写错误是最常见
的一类词汇偏误,四年级的形式错误和二语主导的词汇偏误比六年级更常见。
语义词汇偏误的频率在六年级超过了形式偏误,但在四年级时却没有超过。
这些数据表明,学习者组织词汇的方式发生了变化,从以一语为明确参照和脚
手架的注重形式的结构,转变为以语义为基础的网络,对一语的使用更为成熟
和复杂。同样,我们可以得出结论,学习者的一语是他们学习二语知识的脚手
架。受一语影响而产生的大量不同类型的词汇偏误就是证明。

·注释·

1. 在四年级和六年级的完形填空和阅读理解测试中,样本分布的正态性(即样本遵循正态分布)这一关键假设没有得到满足。因此,我们对两个相关样本进行了非参数检验,特别是用 Wilcoxon 符号秩检验法检验两个匹配样本(四年级和六年级被试的完形填空测试和阅读测试结果)的均值之间是否存在显著差异。Z 值代表这种测量的结果。

2. 写作流畅度通常被操作性地定义为作文的长度(Wolfe-Quintero 等,1998)。

3. 假朋友现象(在我们的数据中没有发现这种情况)是个例外,因为"假朋友"是从母语中衍生出来的。

4. Wolfe-Quintero 等(1998:4)还指出,随着水平的提高,流畅度(即学习者写得更多)和准确度(即学习者出错更少)的提高,是写作语言发展研究的两个基本假设。第三个基本假设是,随着学习者写作能力的提高,他们会写出语法和词汇更加复杂的文章(Wolfe-Quintero 等,1998:4)。

5. 一些研究(Hawkey 和 Barker,2004;Morris 和 Cobb,2004;Torras 和 Celaya,2001;Engber,1995)指出,写作中的词汇范围,即类型/标记比,是区分水平高低的一个特征。对我们的被试进行的分析表明,就我们的数据而言,随着水平的提高,类型/标记比也在增加,因此,被试在 T2 阶段比在 T1 阶段产生了更多不同的词汇,从而证实了之前的研究(Jimeńez Catalán 和 Ojeda Alba,2007)。

6. 将举例说明这些陈述。在每个例子中,被试都将用大写字母 S(代表被试)和例子之前的数字来标识。四年级被试编号为 1 到 283,六年级被试编号也是 1 至 283。例如,如果提供的例子来自四年级的被试 84 号,编码将表示如下:S84,四年级。

7. 值得一提的是,西班牙语的拼写非常规则,发音和拼写近乎绝对一致。

8. 另请比较:moder(mother,母亲)、mader(mother,母亲)、fader(father,父亲)、de(the)。

9. 至于相反的结果,即在接触量不变的情况下,随着年级和年龄的增长,借用词的使用也会增加,见 Gost 和 Celaya(2005)和 Cenoz(2001,2003)的研究。

10. 然而,正如 Olsen(1999:200)所指出的(另见 De Angelis 和 Selinker,2001),使用这种策略进行交际,并不总是成功的。下文将指出,只有当信息的读者/接收者与作者/学习者的一语相同时,交际才有成功的可能。

第7章

与写作质量有关的词汇偏误

在本章中,我们将探讨词汇偏误在整体写作评估中的作用。词汇历来被视为书面作文质量的正面指标或预测因素。从这个意义上讲,我们可以看到,词汇偏误或词汇准确率低,意味着作文等级较低。我们将研究和讨论不同类型的词汇偏误在不同程度上对作文质量的影响。词汇偏误作为不同水平的书面作文分数的预测指标,我们还将探讨词汇偏误类型的演变情况。

·作为作文质量预测因素的词汇偏误·

本节将试图确定词汇偏误与作文质量的关系。确定词汇偏误作为作文质量负面预测因素的作用,将是本节的重点。考虑到词汇偏误的数量是一个绝对指标,可能会影响结果,因此,我们采用了词汇偏误百分比这一相对指标。词汇偏误百分比是用每篇作文的绝对词汇偏误数,除以每篇作文的总字数,再乘以 100 得出的结果。词汇偏误百分比是准确率或错误密度的补充指标。这种方法可以进行均值比较测试和相关系数分析,以衡量各组之间的差异。对四年级和六年级学生的描述性分析结果见表 7.1。在此,我们重点关注写作能力评估结果,以及写作能力与词汇偏误之间的关系。六年级学生的作文在用"概况"评估后,取得了较高分数,具体为 66.79 分,与两年前四年级时相比,他们的分数有所提高,当初是 56.99 分。

表7.1　平均的词汇偏误产生数量、作文长度、词汇偏误百分比、准确率和作文得分

	四年级	六年级
平均的词汇偏误产生数量（标准差）	11. 14（7. 82）	8. 79（5. 83）
平均的作文长度（标准差）	91. 73（52. 94）	134. 57（70. 36）
平均的词汇偏误百分比（标准差）	14. 38（9. 75）	7. 65（7. 35）
平均的准确率（标准差）	12. 22（11. 86）	21. 71（22. 84）
平均的作文得分（标准差）	56. 99（12. 23）	66. 79（8. 61）

在两次测试中，词汇偏误的产生以及作文长度、准确率和每篇作文词汇偏误百分比的差异，都是显著的。用 Wilcoxon 法对作文质量进行检验，表明两次测试之间的差异也具有统计学意义（Z＝10. 755，$p<0.001$）。换句话说，六年级学生的作文水平明显高于两年之前。这与以往有关这一问题的文献一致。例如，Johns 和 Mayes（1990：265）认为，与二语水平较低的学习者相比，二语水平较高的学习者能写出质量更高的文章。

现在，我们来探讨词汇偏误与作文质量之间的关系，并研究词汇偏误在多大程度上影响了作文质量。相关分析的结果表明，词汇偏误对作文质量的评估有负面影响。正如表7.2所示的结果所表明的，在 T1 阶段，学习者在每篇作文中出现的词汇偏误的百分比，与通过"参考评分标准"获得的分数，具有显著的相关性（$r=-0.646$，$p<0.001$）。第二次测量时的相关系数稍弱一些，但同样是显著的（$r=-0.562$，$p<0.001$）。[1] 换句话说，词汇偏误对书面作文质量的评估有负面影响，因此，每 100 个单词中词汇偏误越多，作文的总分就越低。

表7. 2　四年级和六年级学生词汇偏误率与作文得分之间的 Spearman rho 相关系数

	词汇偏误百分比/作文得分
四年级	−0. 646[*]
六年级	−0. 562[*]

[*] 显著，$p<0.001$

表7. 3 给出了相关系数的 R^2 值。R^2 值说明了词汇偏误在多大程度上有助于预测使用"作文概况"做出的作文质量评估结果。因此，在 T1 和 T2 阶

段,每篇作文的词汇偏误百分比,各自负向解释了作文质量得分的方差42%和32%。这意味着,虽然还有其他因素有助于评估作文质量,但词汇偏误在评估中扮演着极其重要的角色,尤其是在低年级中。随着语言经验和语言水平的提高,词汇偏误的负面影响会降低其预测能力,写作中的其他要素开始成为决定作文质量的重要因素。我们可以认为,同义词的使用、复杂词语的使用和足量词汇的使用,是可能影响作文质量评估的几大方面。

表 7.3　四年级和六年级词汇偏误百分比与作文分数之间的相关系数 R^2 值

	词汇偏误百分比/作文得分
四年级	0.42
六年级	0.32

总之,根据上述结果,可以接受假设3,即词汇偏误在作文质量评估中起负面作用。推理统计分析证明,每篇作文中词汇偏误的百分比,对作文质量的评分有明显的负面影响。相关系数相当大,尤其是对四年级来说。从这些数据中可以得出结论,书面作文中出现词汇偏误将导致作文质量显著下降。不过,随着语言水平的提高,词汇偏误的作用会有所削弱,作文其他方面的作用则会增强。

·词汇偏误与作文质量之间的关系随时间变化而变化·

本节将讨论在评估英语书面作文时所发现的每种不同词汇偏误类型的影响程度。我们发现,辨别因词汇偏误导致的四年级42%和六年级32%的分数方差,有多少能归因于本研究所考虑的不同种类的词汇偏误,会很有趣。在观察到每种词汇偏误对写作得分的影响相对较弱后,我们认为进行回归分析是没有意义的,因为除了词汇偏误,还有其他因素也会影响作文得分。回归分析的结果将显示出极小的预测片段,同时有着较大的统计误差。

第一小节将讨论 T1 的结果,第二小节将重点研究词汇偏误类型对 T2 作文分数的影响。

T1 阶段的词汇偏误类型与作文质量

我们对词汇偏误类型和作文得分进行了多项相关分析。由于样本不符合正态假设,因此选择 Spearman 相关系数检验作为统计检验。我们用每篇作文中每种词汇偏误的绝对量来作相关分析。[2] 相关分析的结果如表 7.4 所示。

表中数据表明,只有两类词汇偏误对预测以英语为外语的作文得分有一定的帮助:借用和语义转借。我们将按照重要程度,对这两类偏误进行研究。

表 7.4　T1 作文得分与词汇偏误类型之间的 Spearman rho 相关系数

	作文分数
拼写错误	-0.024
借用	-0.326^{*}
语义转借	0.200^{*}
语义混淆	0.059
自造词	-0.069
选择错误	-0.022

* 显著,$p < 0.01$

借用,就是在英语语篇中插入一语词汇,会给作文质量带来负面影响,因此,包含大量借用错误的作文得分较低。更具体地说,借用错误对作文得分的负面影响占 10.62%。这一数据来自多元回归相关系数 $R^2 = 0.106\,2$。相反,语义转借,就是从一语直接翻译到二语,对作文分数有正面影响。换句话说,作文中的语义转借越多,作文得分就越高。特别是,4%的作文得分变化是由语义转化造成的。语义转化越多,作品得分越高。这一结果非常出人意料,因为除了语义转化和语义混淆之外,所有类型的词汇偏误都会对作文得分产生负面影响。

其余类型的词汇偏误,即拼写错误、自造词错误、语义混淆和选择错误,与作文得分的相关性不大。换句话说,它们对写作评估的影响微乎其微。在出现拼写错误、借用、自造词和选择错误的情况下,它们的出现会产生负面影响,导致作文分数降低。但语义混淆对写作评价的影响是积极的。总的来说,这些相关系数都比较弱。这证实了还有其他因素影响作文分数的观点。

为了提供更完整的结果,我们决定再次将词汇偏误类型分为形式/语义和一语主导/二语主导,并显示每个分组的因素对作文分数评估的影响。表 7.5

给出了形式偏误和语义偏误与作文分数之间的相关分析结果。

表 7.5　T1 作文得分与形式和语义的词汇偏误之间的 Spearman rho 相关系数

	作文分数
形式偏误	-0.188^*
语义偏误	0.188^*

* 显著, $p<0.01$

从相关分析结果可以看出,形式词汇偏误对作文得分的影响是消极的,语义偏误对作文评估的影响也同样重要,但它们的存在会导致学习者作文得分的积极变化。当作文中出现许多形式词汇偏误时,分数就会降低。相反,语义词汇偏误越多,作文得分越高。形式词汇偏误占学习者作文分数方差的 3.53%($R^2=0.0353$)。同样,语义词汇偏误也能解释 3.53%($R^2=0.0353$)的作文得分差异。

词汇偏误类型之间的第二个主要区别,涉及偏误的来源,即一语还是二语。表 7.6 显示了这两类情况能在多大程度上预测对学习者作文的评价。

表 7.6　T1 阶段作文得分与一语主导的词汇偏误和二语主导的
词汇偏误之间的 Spearman rho 相关系数

	作文分数
一语主导的偏误	-0.241^*
二语主导的偏误	-0.022

* 显著, $p<0.01$

源于一语的词汇偏误对学生的书面作文评价有负面影响。相比之下,二语主导的词汇偏误对作文得分没有重要影响。更具体地说,以一语为主导的词汇偏误可以解释 5.80%($R^2=0.0580$)的作文得分变化。简而言之,一语主导的词汇偏误在很大程度上可以预测作文得分。因此,来自一语的词汇偏误越多,作文得分就越低。在二语主导的词汇偏误中,没有发现明显的相关性。但我们同时也发现,二语主导的词汇偏误越多,作文得分越低。总之,与来自二语的词汇偏误相比,来自一语的词汇偏误对写作评估的负面影响更大。

T2 阶段词汇偏误类型与作文质量

在六年级,我们普遍注意到,词汇偏误类型与作文分数之间的相关性较低,但误选是个例外。在 T2 阶段,这类错误对作文分数的影响增大。具体数字见表 7.7。我们计算了作文分数与每篇作文中各类词汇偏误数量之间的 Spearman 相关系数。

表 7.7　T2 阶段作文得分与词汇偏误类型之间的 Spearman rho 相关系数

	作文分数
拼写错误	−0.008
借用	−0.104*
语义转借	0.179**
语义混淆	−0.005
自造词	−0.043
选择错误	0.106*

* 显著, $p < 0.5$
** 显著, $p < 0.01$

在 T2 阶段,相关系数跟四年级时的数据相比,略有不同。六年级时,有三类词汇偏误对作文得分有显著影响:依次是语义转借、选择错误和借用。其中,语义转借对作文分数的正面影响较大。具体来说,语义转借对作文分数的正面影响占 3.20%($R^2 = 0.032\,0$)。同样,选择错误对作文评估也有积极影响。具体来说,它们能解释 1.12% 的分数变化($R^2 = 0.011\,2$)。相反,借用对写作评估有负面影响。因此,借用的存在解释了学习者作文得分变化的 1.08%($R^2 = 0.010\,8$)。

选择错误与作文得分之间的相关系数很大,这是六年级出现的新现象,因为两年前,这一词汇偏误类型对作文得分并无明显影响。在 T2 阶段,选择错误似乎比 T1 阶段对学习者的作文产生了更积极的影响。令人大为惊讶的结果是,语义转借和选择错误与作文得分之间存在显著的正相关。尽管如此,它们对作文评估的正面影响非常微弱。

现在我们来分析形式偏误和语义偏误对六年级学生作文评价的影响程

度,我们发现相关系数低于四年级的时候,这意味着,尽管这些类型的偏误对作文得分有负面影响,但这份影响变得更弱了。在六年级,两年前显露出来的这份趋势反转了。从表 7.8 中的数据可以看出,形式词汇偏误比语义词汇偏误对作文分数的负面影响更大。但这种影响并不显著,几乎可以忽略不计。反过来,语义词汇偏误对作文得分有明显的积极影响。所以,语义词汇偏误正面解释了 2.28%(R^2=0.022 8)的作文分数变化。

表 7.8　T2 的作文得分与形式词汇偏误和语义词汇偏误之间的
Spearman rho 相关系数

	作文分数
形式偏误	−0.027
词义偏误	0.151[*]

[*] 显著,$p<0.01$

表 7.9 给出了一语和二语主导的词汇偏误与作文得分之间的 Spearman 相关性分析结果。这些类型的词汇偏误导致的分数变化极小且不显著。

表 7.9　T2 阶段作文得分与一语主导词汇偏误和二语主导词汇
偏误之间的 Spearman rho 相关系数

	作文分数
一语主导的偏误	0.047
二语主导的偏误	0.010

总之,本节报告的结果表明,不同类型的词汇偏误对学习者作文评价的影响不同。在四年级,借用和语义转借对作文得分的影响较大。不过,虽然作文中出现借用会产生负面影响,但作文中出现语义转借却会产生正面影响。在T2 阶段,借用、语义转借和选择错误对学习者的书面作文评分有显著影响。借用对作文得分有负面影响,但语义转借和选择错误对作文得分有正面影响。在两次测试中,其他类型对作文分数的影响微乎其微,并不显著。

在 T1 阶段,形式词汇偏误似乎比语义词汇偏误对作文得分的负面影响更大。但在六年级,语义词汇偏误显示出对作文分数的显著正面影响,而形式词汇偏误的影响非常弱。同样在 T1 阶段,一语主导的词汇偏误对写作评估的负面影响比二语主导的词汇偏误大。在 T2 阶段,我们可以看到,一语和二语主导的词汇偏误对作文分数不大显著的正面影响。

根据上述分析过的和给出的数据,我们可以确认假设 4,即不同类型的词汇偏误对写作评估的影响程度不同。根据这些数据,我们可以得出这样的结论:属于不同类型的词汇偏误,对学习者书面作文的得分会产生不同的影响。并且,这种趋势会随着二语水平的提高而发生变化。

·讨论·

词汇偏误与作文质量

尽管如今交际法大行其道,并且在评定文章质量时,文本的交际效果要比其他文本特征来得重要,但准确性或无差错仍被视为写作评估的关键要素。Hawkey 和 Baker(2004:142)的说法表达了这一问题的实质:

……即便在交际法占主导地位的语言教学和测试领域,强调信息而不是形式,准确性依然对交谈者的交际起关键作用。

在前面的章节中,我们试图确定词汇准确性与作文分数之间的关系。结果表明,词汇准确性与写作评估之间存在着非常显著的相关性。更具体地说,我们发现,词汇偏误的百分比与作文得分之间存在很强的负相关。换句话说,作文中的词汇偏误越多,作文在分析评分中的得分就越低。

这一结果说明,词汇偏误,或者说没有词汇偏误,是作文质量的良好预测因素和指标。因此,词汇偏误较多的作文得分较低。考虑到作文中出现的词汇偏误越少,说明学习者掌握的词汇知识越多。稳固的相关系数在我们意料之中。换句话说,如果一个学习者的词汇偏误很少,那么这个学习者就表现出了一定的词汇知识或对词汇的掌握。在本研究中,我们使用"作文概况"作为衡量标准,来评估学习者的写作能力。在这方面需要注意的是,该"作文概况"是根据交际效果而不是准确性来判断写作质量或写作水平的。评分者接受的培训,使他们在评分时不受错误的影响。从这个意义上讲,词汇偏误似乎会扭曲交际,因为它们出现在文章中,会使文章的交际性降低。

迄今为止,已有许多研究证明了准确性与水平之间的关系,即这两者呈线性关系;水平越高,准确性就越高(参见 Wolfe-Quintero 等,1998)。Wolfe-Quintero 等(1998)非常详细地介绍了调查准确性与水平或年级之间关系的研究。他们报告说,一般来说,这两个概念有着显著的关系,尽管有些准确性测量结果比其他测量结果体现出更高的显著性。比如,他们提到,一个潜在的非常有用的衡量标准,是总字数中的正确字数。在本研究中,我们使用的正是这种词汇准确性测量方法,即确定两个连续词汇偏误之间的无错词汇数量。这种测量方法与每篇作文的词汇偏误百分比形成互补(参见 Kroll,1990)。

关于二语习得的文献普遍认为,错误与水平有关(Engber,1995;Grant 和 Ginther,2000;Mutta,1999;Olsen,1999)。例如,尽管 Olsen(1999)并未进行统计分析,以确定作文中出现错误与低分之间的关系,但他反复指出,大量错误是导致其学习者作文低分的原因之一(第 195 页)。同样,Meara 等(2000:346)认为,无论作文的其他优缺点如何,词汇范围有限且词汇偏误比例较高的作文,往往会被评为差分。在我们的数据中,也可以观察到错误与语言水平之间的这种关系。随着学习者年级的升高,综合能力和接受的词汇知识的增加,他们会写出篇幅更长、词汇偏误更少、得分更高的文章。

一些研究结果表明了词汇偏误与水平之间的相关性。Bardovi-Harlig 和 Bofman(1989)发现,词汇偏误与及格/不及格判断之间的相关性,要高于形态错误。Grant 和 Ginther(2000)提出,词汇偏误的产生对预测作文质量有负面影响,因此,作文中出现的词汇偏误越多,该作文的得分就越低。Cumming 等(2005)发现,准确性与写作水平高度相关,故评分越高的作文,准确性就越高。Mutta(1999:339-340)也观察到,学习者作文中出现错误,会对评分产生破坏性影响。我们的研究结果也反映了这一观点。同样,Engber(1995)的研究结果表明,词汇偏误的百分比与书面英语测试所测得的写作质量得分之间存在中等程度的相关性($r=-0.43$, $p<0.01$)。

我们的研究结果与 Jarvis 等(2003)的研究结果一致,他们发现,尽管文本特征之间存在显著的相关性,但这种相关性往往只是低度到中度的。Engber(1995)的四年级相关系数比我们的稍弱一些,但与六年级学生的词汇偏误和作文得分的相关系数很相似。学习者的词汇能力可能对偏误与写作质量之间相关性的建立起着决定性的作用。例如,Linnarud(1986)发现,词汇偏误与高级学习者的写作质量得分之间的相关性很低,且不显著。根据这一结果,Linnarud 得出结论认为,作文中的词汇偏误可能对理解没有太大影响(转引自 Engber,1995)的研究中)。在这个意义上,我们同意 Engber(1995:149)的观点,即像 Linnarud 文中那样的高级学习者所犯的词汇偏误,在语境中可能是可以理解的,因此可能不会妨碍成功的理解。然而,如果我们观察一下中级和初级学习者(如 Engber 和我们的学习者)所犯的词汇偏误,就会发现有些词汇偏误明显扭曲了交际,无法被读者理解。这或许可以解释为什么中级尤其是初级学习者的词汇偏误与作文得分之间的相关性更强。

除了词汇偏误的可理解性会随着水平的提高而提高外,其他因素也可能会在更大程度上影响评分,从而解释了 T1 和 T2 的关联力度为何不同。例如,随着学习者水平的提高,他们的文章可能会变得更加复杂,他们可能会使用更多的单词和同义词,单词运用得可能更好、更妥帖。

我们的研究结果表明,词汇偏误是客观的写作评估标准。Argüelles Álvarez (2004)表达了她对寻找客观公正的手段来评估作文(直接测试写作方法)的担忧。建立一系列定义明确的描述词来评估作文,可以提高测试手段的信度和效度。从这个意义上讲,词汇偏误和词汇偏误类型是对文章质量定义明确的描述,可以作为公正的测试标准。

虽然词汇偏误能在很大比例上解释作文得分的变化,但还有其他一些写作方面的因素,也会影响作文得分。Jarvis 等(2003)的研究表明,写作评估可以通过综合使用各种特征来决定,而不是使用单一的特征。Cumming 等(2005)的研究结果,支持使用多种评分标准的观点。这些作者的研究结果表明,评分较高的文章篇幅较长,不同的词汇较多,分句较长,分句较多,准确性较高,论证中的命题和主张质量较高,对来源证据的总结较多。

因此,词汇偏误只能解释作文总分的一部分,这印证了以往文献的观点,即写作教学和写作评估不是从单一的方法出发,而是从几种方法的组合出发,相互补充。从这个意义上讲,将写作作为一种结果的方法,能够说明词汇偏误会影响写作质量这一事实。但准确性以及其他关键方面,如流畅性或(语法和词汇)复杂性,在评估作文时也很重要。

作文的流畅性或长度与作文评估有关,作文越长,得分越高。作文的长度是水平的标志(Cumming 等,2005;De Haan 和 van Esch,2005;Grant 和 Ginther,2000;Hawkey 和 Barker,2004;Jarvis 等,2003;Martínez Arbelaiz,2004)。文本长度的相关性可能有两种解释。一种可能是指篇幅较长的文章所包含的内容或信息量。因此,我们赞同 Freidlander(1990:115-116)的观点,即虽然篇幅不是质量的直接衡量标准,但篇幅较长的文章意味着文章的信息量更丰富。对于第二种解释,我们同意 Reid(1990:195)的观点,他认为单纯的篇幅并不能确保写作质量,但"文章的长度往往表明段落内的发展、结构的完整性和流畅性"。从这个意义上讲,我们注意到,当作文开始变长,即从 50 个单词开始,词汇偏误的产生似乎与作文得分有关。对较短的作文,词汇偏误的百分比在写作评估中似乎不那么重要。

但是,词汇能力也许是作文质量的最相关指标(例如,可参见 Santos,1988),"因此,词汇范围可能是区分能力水平的一个特征"(Hawkey 和 Barker,2004:152)。如果词汇是评估写作的关键因素,那么如果一篇文章中包含大量、丰富和多样的词汇,这篇文章的得分就会较高,而如果一篇文章中包含许多词汇偏误,这篇文章的得分就会较低。词汇是评估写作质量的一个关键方面,我们目前的发现进一步支持了之前的研究。词汇知识在写作中的重要性毋庸置疑,无论是在作文中运用词汇,还是确保没有词汇偏误。

总之,研究发现,词汇偏误是重要的质量预测因素,可以用于写作评估,对"作文概况"这类评估加以补充。之前的一项研究(Bacha,2001)表明,整体作文评分可以从其他分析方法中获益。不同的词汇偏误类型可以承担这一角色,我们现在就来讨论这个问题。

词汇偏误类型与作文质量

并不是所有的词汇偏误都具有相同的价值,或对写作评估的贡献相同。有些词汇偏误被认为比其他错误更具负面影响。Hawkey 和 Barker(2004:148)指出,某些类型的错误对读者的负面影响可能大于其他错误。然而,他们并没有具体说明哪类错误的负面影响更大。不过,他们认为错误的严重程度可能取决于水平。这意味着某个错误在某一水平上,可能比在另一水平上更为严重。例如,在较高的能力水平上,低级习得阶段的典型错误会被视为严重错误。对错误严重程度的判断,依据是交际性的标准,因此,影响交际最严重的错误被认为是最严重的(参见 Ellis,1994;Fayer 和 Krasinski,1987;James,1977;Johansson,1978;Khalil,1985;Lindell,1973;Picó,1987;Politzer,1978;Santos,1988)。

我们的结果表明,在两次测试中,词汇偏误类型与作文分数之间的相关性略有差异。这可以作为 Hawkey 和 Barker 上述主张的佐证。不过,我们没有发现随着水平的提高,相关性会有系统性的变化。也许学习阶段之间的距离要比我们的 T1 和 T2 学习阶段之间的距离更远,才会发现一些显著的差异。在这一点上,我们必须再次记住,本研究中用于评估写作的工具——"作文概况"——是独立于错误的;也就是说,它不是基于错误进行评估的。尽管如此,我们相信,错误会潜移默化地影响评分者的评估。此外,错误也经常被用作评估标准。例如,James(1977)和 Enkvist(1973)指出,写作评估可以通过错误评估方式进行,因此,作文的最终得分将取决于其中包含的错误数量。

虽然词汇偏误对作文分数的影响相当复杂,但还是可以观察到一些倾向和趋势。在与作文得分有显著相关性的类型中,借用是对作文评估产生负面影响最大的类型。作文中的借用越多,得分越低。这一结果并不奇怪,因为借用只是在二语中插入一语词汇,从这个意义上讲,使用借用词的学习者,并没有表现出任何二语词汇知识。换句话说,借用词不算是二语词,因此,它们的得分是负面的。除此之外,借用可能会在很大程度上影响交际,因为它们意味着编码的转换。编码的转换可能会对读者提出更高的认知要求,从而降低作文的价值。

语义转借和选择错误值得特别关注,因为在我们的数据中,它们对作文得分有积极的影响。语义转借意味着直译,即使用二语词表达一语概念。在使用语义转借时,学习者至少展现了一些词汇知识,因为他们使用了英语单词。在用"作文概况"进行写作评估时,这一点似乎得到了积极的评价。同样,在六年级,选择错误也与作文分数呈显著正相关。我们仍旧认为,选择错误意味着混淆了两个存在的目标词,这可能是评分者积极评价这一单词知识的原因。从 T2 阶段的结果还可以看出,学习者对某些英语单词的了解,即使在发生混淆的情况下,也是有积极意义的。与四年级相比,六年级出现的选择错误更多,这也可能是相关性在 T1 阶段显著,而在 T2 阶段不显著的原因。Santos Rovira(2007)认为,选词类型的词汇偏误,无论是选择错误还是语义混淆,都不会影响交际,因为尽管所使用的术语/单词在上下文中是错误的,但读者是可以理解的。

在 T1 阶段,形式词汇偏误对作文得分有负面影响。虽然借用或自造词等形式词汇偏误可能会在很大程度上歪曲交际,但拼写错误对信息交际的影响却微乎其微。包含拼写错误的单词通常很容易被读者识别,因此不会妨碍理解。我们的研究结果支持 Sánchez Jiménez(2006:176)的观点,他在数据中发现,拼写错误本身并不会干扰交际。在我们的数据中,拼写错误的大量存在并不会导致作文得分较低。其中一个可能的原因可能是,拼写错误并没有被判定为严重错误(Enkvist,1973)。Hughes 和 Lascaratou(1982)也发现,非母语评判者(如我们的评分员)对拼写错误的严重性评价比较宽松。不过,当拼写错误导致词汇混淆时,就会被认作比较严重的错误(见 Lindell,1973:94)。

令人惊讶的是,在两次测试中,语义词汇偏误都与作文得分呈显著正相关。产生语义混淆,尤其是产生语义转借,会使写作评估结果更好。看来,显示出一定的词汇知识,即使是片面或不完善的,也能凸显出交际能力。在这项研究中,我们发现,形式词汇偏误与作文得分呈负相关,而语义词汇偏误则呈正相关。对于这一现象,我们找不到其他合理的解释,只能用刚才提到的相互竞争的标准来解释:词汇能力与交际成功。Khalil(1985)的研究结果表明,错误对自然性的影响大于对可理解性的影响,我们可以从这一解释中找到答案。也就是说,错误对信息自然性的负面影响,似乎大于对信息可理解性的负面影响。Albrechtsen 等(1980:389)发现,由于选择了语义相关的词语,发生在有实际内容的词汇中的偏误并不妨碍交际,这就是语义混淆。此外,上下文语境可能有助于理解包含偏误的语句。与 Hawkey 和 Barker(2004)一样,我们可以推测,在这个水平上,形式词汇偏误比语义词汇偏误对信息交际效果的影响更大。在更高的学习阶段,这一趋势可能会发生逆转。

最后,关于一语主导和二语主导的词汇偏误的影响,我们会发现,只有在四年级才有显著的相关性。更具体地说,一语主导的词汇偏误对作文总分有负面影响。这些结果与前面关于二语词汇知识标准在写作评估中起决定作用的解释是一致的。值得注意的是,在 T1 阶段,受一语影响而产生的词汇偏误主要是借用,而在 T2 阶段,一语主导的词汇偏误中最突出的是语义转借。这也许可以解释,为什么在 T1 阶段相关性显著,而在 T2 阶段却不显著。

借用和自造词会极大地扭曲交际,除非对方能听懂学习者的一语。似乎在学习者知道对方说自己的一语时,就会采用以一语为基础的交际策略。我们的学习者也是这种情况:

在学习外语的过程中,学习者知道班上的其他同学,有时连老师也是以他/她的母语为母语的人。这也许就是为什么对他/她来说，从母语迁移可能是最好或最简单的解决办法。（Celaya，1992：57）

至此，我们认为，借用和受一语影响的词汇偏误一般会对读者产生负面影响的论点，似乎与 Celaya（1992）的上述主张相矛盾，因为作者和读者/阅卷人都有相同的一语。但先前的研究（Khalil，1985）表明，评分者判断错误严重与否的依据，是他们认为是否属于不可理解的错误，而不是不可理解性或可解释性的真正衡量标准。换句话说，一些很容易解释的错误，被评分者判定为不可理解的错误（Khalil，1985）。从这个意义上讲，我们的评分员虽然理解借用和受一语影响的词汇偏误，但似乎认为这些错误对写作非常不利。如果评分员是以英语为母语的人，词汇偏误类型与文章质量之间的关系结果很可能会非常相似。值得一提的是，非英语母语评委中的英语教师，要比母语评委中的教师或非教师更加严厉和严格（Fayer 和 Krasinski，1987；Hughes 和 Lascaratou，1982）。这表明，我们的非母语评判者，可能会对他们自己都能认识到的语言问题感到特别烦恼（Fayer 和 Krasinski，1987）。此外，信息的交流效果或可理解性，可能取决于其他因素，如烦躁程度（Fayer 和 Krasinski，1987）。如果评分员对学习者的信息感到烦躁或恼怒，那么该信息就可能无法有效传达，被判定为不可理解。

总之，我们希望谨慎解读的分析结果能足够具体，从而对教学具有一定的实用价值。通过对词汇偏误类型与文章质量之间关系的研究，我们对课堂教学中需要纠正和教授的词汇偏误类型作了现实的排序。

·小结·

本章介绍并讨论了有关词汇偏误与写作质量之间关系的数据。总的来说，我们发现随着词汇准确率的提高，作文分数也会随之提高。此外，统计分析显示，作文中出现的词汇偏误占分数变化的 1/3 以上。因为随着学习者水平的提高，他们的作文词汇越来越准确，词汇偏误对最终得分的影响也就越来越小，在判断或评估学习者的写作时，更详尽的论述、更正确的语法和更复杂的词汇可能会变得越来越重要。同样，我们可以认为，借用对分数的影响是负面的，而语义转借对分数的影响是正面的。同样，出现形式偏误和一语主导的偏误，会导致作文评估结果变差。

·注释·

1. Qian（1999：286）指出："在行为科学中，相关系数 r 为 0.50，通常被认为是表明'相关性的效应大小较大'（Cohen，1988：80），或至少是'中等程度的正相关'（Hamilton，1990：481）。"Wolfe-Quintero 等（1998：8）认为，$r=0.65$ 或以上的相关系数，足以表明相关性很强。

2. 在本次分析中，我们没有选择词汇偏误占作文总字数的百分比这一相对指标，因为它可能会产生误导性的结果。在考虑每 100 个单词中的词汇偏误比例的同时，这种方法还可以对不同场合下产生的各类词汇偏误进行比较。同样，在建立相关性时，也要考虑每类词汇偏误的数量，因此，最常见的词汇偏误也是对作文分数影响最大的词汇偏误。这会扭曲真实的情况。

第8章

词汇偏误与接受性词汇知识

本章阐述了词汇偏误和接受性词汇知识之间的关系。为了研究词汇偏误的性质,我们希望在学生接受性词汇知识的数量与他们在作文中错误使用的词汇之间,建立起某种联系。

·词汇偏误作为词汇知识的负面指标·

本研究探讨的最后一个问题,是接受性词汇知识与不同类型词汇偏误之间的关系。在本节中,我们将探讨拼写错误、借用、自造词、语义转借、选择错误和语义混淆与接受性词汇知识之间的关系,接受性词汇知识是通过 1 000 词测试(WT)和 2 000 常用词词汇水平测试(VLT)来测量的。

表 8.1 中的数据表明,学习者产生的不同类型的词汇偏误的数量各不相同。此外,词汇偏误的产生从四年级到六年级也有变化,如前所述,有些词汇偏误类型在 T2 阶段比 T1 阶段更常见。

表 8.1　T1 和 T2 阶段的词汇偏误绝对数量的类型分布

	四年级	六年级
拼写错误	1 796	1 199
借用	442	239
自造词	150	206
语义转借	139	323
选择错误	96	136

续表

	四年级	六年级
语义混淆	152	210
合计	2 775	2 313

　　同样,表 8.2 中的数据也体现了本研究中学习者接受性词汇知识方面的发展。从两次不同的接受性词汇知识测试的得分可以看出,学习者在 T2 阶段比两年前的 T1 阶段掌握了更多词汇。此外,学习者在词汇知识方面也取得了进步,数据表明,随着语言水平和语言经验的提升,接受的词汇知识也在增加。图 8.1 以图形方式呈现了接受性词汇知识的演变过程。

表 8.2　T1 和 T2 阶段接受性词汇知识的平均得分

	1 000 词测试	2 000 常用词测试
T1	16.76（SD 4.00） 55.86%	5.33（SD 3.35） 17.76%
T2	21.52（SD 3.42） 71.73%	9.41（SD 4.90） 31.36%

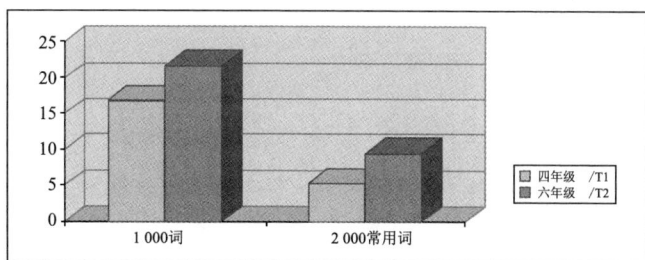

图 8.1　用 1 000 词和 2 000 常用词测验,测试在 T1 和 T2 阶段接受的词汇知识

　　这些结果非常有趣(见表 8.1);虽然产生的词汇偏误总数随着年级的升高而减少,但某些类型的词汇偏误实际上却增加了。尽管如此,所接受的二语词汇知识会随着年级的升高而增长。考察这些不同方面词汇知识之间有着怎样的联系,会给我们新的启发。我们来具体看一下。

　　表 8.3 显示了 T1 阶段不同类型的词汇偏误,与通过 1 000 词测试和 2 000 常用词测试测量的接受词汇知识之间的相关性分析结果。从表中可以看出,

只有两类词汇偏误与接受的词汇知识有显著的相关性。在 1 000 词测试中，学习者作文中包含的借用越多，测试得分就越低。但是就语义转借来说，作文中出现的语义转借越多，学习者对一语和二语的高频 1 000 词接受的词汇知识就越高。换句话说，根据 1 000 词测试和 2 000 常用词测试的测量结果，在前 2 000 个最常见的单词中，能产生更多语义转借的学习者，也知道更多的单词知识。

表 8.3　T1 阶段的词汇偏误类型、词汇准确率和接受的
词汇知识之间的 Spearman rho 相关系数

	1 000 词测试	2 000 常用词测试
拼写错误	0. 062	0. 091
借用	−0. 139*	−0. 117
自造词	0. 061	0. 077
语义转借	0. 164**	0. 186**
选择错误	0. 108	0. 041
语义混淆	−0. 067	0. 044
词汇准确率	0. 232**	0. 172**

* 显著，$p < 0.01$
** 显著，$p < 0.5$

其他相关系数虽然不显著，但也揭示了非常有趣的结果。除了两次测试中的借用和 1 000 词测试中的语义混淆，所有情况下都存在着正相关关系。这意味着，产生更多词汇偏误的被试，也表现出了更多的词汇知识。虽然这一结果乍看之下似乎自相矛盾，但其实很容易解释。虽然学习者表现出对相关单词的某些方面缺乏了解，但实际上他们对这些单词的其他方面也有所了解。例如，如果学习者拼错了一个单词，很明显，他或她缺乏这个单词完整的形式/书写知识。尽管如此，学习者也会通过恰当地使用该词，表现出对词义或其句法限制的某些方面的了解。与此相反，借用显然意味着绝对缺乏单词知识。因此，借用最多的学习者，其接受的单词知识水平也比较低。

如果将作文的词汇准确率与学习者接受的词汇知识进行比较，我们就会发现，这两个指标之间存在着显著的相关性。学习者掌握的单词越多，其作文

的词汇准确性就越高。换句话说，单词总数中的词汇偏误越少，说明学习者掌握的接受性词汇越多。相关系数虽然不是很高，但很显著。对前 1 000 个最常见单词来说，其接受性词汇知识的相关系数较高。

这一假设涉及词汇能力领域的主要维度，即词汇量或词汇知识的广度和深度，或词汇知识的质量。研究结果表明，这两个维度密切相关。掌握一个词的接受性知识，并不一定意味着完全掌握了这个词所有的方面，但掌握一个词的部分知识，有助于增加词汇量。

表 8.4 和表 8.5 显示，T1 阶段 1 000 词测试的分数与形式和语义词汇偏误之间的相关性很弱。但是这些关联是正面的。因此，这表明学习者的词汇偏误越多，他们接受的 1 000 常用词知识就越多。2 000 常用词测试的得分与形式偏误和语义词汇偏误之间的联系，有着类似的结果。然而，在这种情况下，语义错误和对 2 000 常用词的了解之间的相关性是显著的。

表 8.4　T1 阶段形式和语义词汇偏误与接受的词汇知识之间的
Spearman rho 相关系数

	1 000 词测试	2 000 常用词测试
形式偏误	0.009	0.049
语义偏误	−0.088	−0.078

* 显著，$p < 0.01$

表 8.5　T1 阶段一语和二语主导的词汇偏误与接受的
词汇知识之间的 Spearman rho 相关系数

	1 000 词测试	2 000 常用词测试
一语主导的偏误	−0.032	0.015
二语主导的偏误	0.058	0.094

关于接受性词汇知识和二语主导的词汇偏误的两场测试，得分之间存在正相关，但相关性极弱。一语主导的词汇偏误的数据，显示出不一致。无论是正相关还是负相关，相关性都非常弱。

表 8.6 显示，在 T2 阶段，每种不同类型的词汇偏误，都在不同程度上与 1 000 词测试和 2 000 常用词测试测得的接受性词汇知识相关。此外，对每一

类偏误来说,其关系的性质也各不相同。下面我们对这些类型进行更详细的研究。

表 8.6　T2 阶段词汇偏误类型、词汇准确率和接受性词汇知识之间的
Spearman rho 相关系数

	1 000 词测试	2 000 常用词测试
	−0. 110	−0. 111
	−0. 198*	−0. 059
	−0. 052	0. 071
	0. 248*	0. 191*
	−0. 006	0. 051
	0. 006	−0. 001
	0. 312*	0. 263*

*显著,$p<0.01$

　　六年级时拼写出现错误的学生,在 2 000 常用词中接受的词汇量较低。但相关性很低,且不显著。看来,在六年级时,学生对他们使用的单词非常陌生,他们甚至不知道这些单词的一般意思。也有可能,是那些拼写错误最多的单词属于其他频率段,即它们的频率低于前 2 000 个单词。

　　同理,正如我们所预料的那样,作文中的借用词越多,对 1 000 词和 2 000 常用词测试中词汇知识的接受水平就越低。这种关系在 1 000 词测试中很明显,但在 2 000 常用词测试中却不明显。学习者使用的一语对应词越多,其接受的知识水平就越低,这似乎是很合理的。自造词和选择错误与 1 000 词测试的分数呈负相关,但与 2 000 常用词测试的分数呈正相关。这些结果似乎有点令人困惑。我们可以认为,词汇测试是接受性的,而词汇偏误则来自语言的产出使用。从这个意义上讲,我们可以认为,学习者认识了单词,但在产出性的使用方面还存在问题。

　　在语义混淆方面,我们发现,选择错误的数量与 2 000 常用词测试分数呈负相关,而与 1 000 词测试分数呈正相关。不过,自造词、选择错误和语义混淆的相关系数非常小,这种结果可能表明,这些类型与接受的词汇知识之间缺乏关系。最后,语义转借与接受的词汇知识测试的分数呈显著的正相关,尤其是

与 1 000 词测试的相关系数。这意味着,在一篇作文中出现的语义转借错误或字面翻译越多,学习者接受的词汇知识就越多。

总的来说,当词汇准确性与 1 000 词和 2 000 常用词的接受性词汇知识相关联时,结果显示出显著的相关系数。与两年前的情况一样,在作文中词汇偏误较少的学员,关于 1 000 词和 2 000 常用词的知识较扎实。相关系数在常用词的第一个水平时比第二个水平的要高,而且在两次测试中六年级都比四年级高。这可以说是非常合乎逻辑的,因为学习者认识的单词越多,他们写作文的词汇准确性就越高。

六年级学生的数据表明,接受性词汇知识测试得分与形式、语义、一语主导和二语主导的词汇偏误之间的关系并不确定,而且结果互相矛盾。形式词汇偏误与 1 000 词测试的分数呈显著的负相关,但与 2 000 常用词测试的分数无显著相关性。学习者产生的形式词汇偏误越多,其接受的词汇知识就越少。语义词汇偏误与这两项测试的得分呈显著正相关,因此,语义词汇偏误越多,学习者对前 2 000 词的接受能力就越强。

以一语和二语主导的词汇偏误的相关系数非常低。源自一语的词汇偏误与 1 000 词和 2 000 常用词测试的分数呈正相关。相反,来自二语的词汇偏误与 2 000 常用词的接受性词汇知识呈负相关。结果见表 8.7 和表 8.8。

表 8.7　T2 阶段形式和语义词汇偏误与接受性词汇知识之间的
Spearman rho 相关系数

	1 000 词测试	2 000 常用词测试
形式偏误	−0.164**	−0.094
语义偏误	0.191**	0.167**

* 显著,$p < 0.01$

表 8.8　T2 阶段一语和二语主导的词汇偏误与接受性词汇知识之间的
Spearman rho 相关系数

	1 000 词测试	2 000 常用词测试
一语主导的偏误	0.025	0.106
二语主导的偏误	−0.113	−0.093

总之，我们可以得出这样的结论：不同类型的词汇偏误与英语 2 000 常用词的接受性词汇知识有不同程度的关系。对于四年级和六年级的学习者以及这种关系的性质来说，情况的确如此。我们的最后一个假设——所有不同类型的词汇偏误，与词汇知识的相关度都是相似的——必须被否定。缺乏对词汇不同方面的了解，会在不同程度上影响由 1 000 词测试和 2 000 常用词测试所测出的可接受的词汇知识。这些结果表明，知识深度与接受的词汇量之间存在关系，尽管这种关系的性质各不相同。根据我们所分析的词汇偏误类型，即根据学习者所缺乏的词汇知识方面，我们发现两者之间存在正相关关系，即该类型的词汇偏误越多，词汇知识水平越高；或负相关关系，即该类型的词汇偏误越多，接受的词汇知识水平越低。

总体而言，结果显示，在 1 000 和 2 000 词频率段中，接受的词汇知识水平较高的学习者所写的文章，词汇准确性较高，单词错误较少。前 1 000 词的相关系数高于前 2 000 词。

语义词汇偏误与属于 1 000 和 2 000 频率水平的单词的接受知识呈显著正相关。至于形式词汇偏误，结果则比较矛盾，而且取决于年级。四年级的正相关性较低，而六年级则与 1 000 词测试分数呈显著负相关。在四年级或六年级，英语前 2 000 常用词的接受性词汇知识与一语和二语主导的词汇偏误之间，没有发现明显的相关性。除了相关性低之外，不同年级之间的关系性质也不一致。

·讨论·

本节研究了接受的词汇量与词汇深度之间的关系，词汇深度是通过词汇偏误的产生来衡量的。换句话说，我们将英语中最常见的前 1 000 词和前 2 000 词的接受性词汇知识结果，与学习者作文中发现的词汇偏误相关联。结果显示，单词总数和词汇偏误产生的比例，与学习者在接受词汇测试中获得的分数之间，存在很强的相关性。我们的研究结果显示出三大趋势。

首先，虽然学习者可能会对属于前 1 000 词和 2 000 常用词的许多单词表现出接受性知识，但他们可能无法正确地认识所有这些单词。换句话说，他们可能不知道如何正确拼写这些词，不知道词义的细微差别，也不知道如何在上下文中正确使用这些词，只是了解了词汇知识的某些部分。此外，这也说明，他们对这些词语的其他一些方面缺乏了解。

前 1 000 词的相关系数高于 2 000 常用词。可能的解释是,书面作文中使用的大多数单词,实际上属于 1 000 词。如果发现 1 000 词测试的得分与"作文概况"中词汇部分的得分具有可比性,那就可以证实这种解释。分析学习者作文的词汇情况,以找出属于每个频率层次的词汇比例,会很有趣(参见 Laufer,2005;Laufer 和 Nation,1995)。在这方面有必要做进一步的研究。

从每篇作文中无词汇偏误的正确单词百分比,与 2 000 常用词测试得分之间的相关系数可以推测,学习者在书面作文中使用的一些单词,来自英语中使用频率不那么高的 1 000 词,与使用频率居前的 1 000 词相比,这些单词受词汇偏误影响的可能性更大。这些结果对两次测试来说都是一样的。

尽管相关系数数值稳定,但结果表明,学习者在作文中使用了其他频率带的词汇,这可能也容易造成词汇偏误。之所以如此,是因为相关系数虽然具有很高的统计显著性,但它们本可以更高。这并不奇怪,尤其是如果我们考虑到学员的母语是西班牙语,大多数拉丁语系单词被列入不太常用的单词列表(3 000 频率带,学术词汇表,5 000 频率带,等等)(Nation,1990)。我们有理由认为,西班牙语学习者会认识相当数量的来自拉丁语系的低频词汇(参见 Pérez Basanta,2005)。今后的研究应集中于考察词汇偏误的产生(即正确率)与低频词汇的接受知识之间的关系。对被试作文中的词汇情况进行详细分析,也会对澄清这一问题不乏启示。

其次,研究结果表明,学习者掌握的接受性词汇知识越多,他们写出的文章词汇准确性就越高。这与以往将词汇知识与写作质量联系起来的研究结果是一致的(参见 Engber,1995;Grant 和 Ginther,2000;Goodfellow 等,2002;Hawkey 和 Barker,2004;Jarvis 等,2003;Laufer 和 Nation,1995;Lee,2003;Morris 和 Cobb,2004;Santos,1988)。看来学习者掌握的单词越多,他们在作文中能写出的正确单词就越多。相关性是显著的,但强弱适中。因为词汇准确性只是词汇知识的多个不同维度之一,因此不可能有更强的相关性。

这一结果可以根据二语词汇习得的文献中的普遍隐含假设来解释,即"主动的词汇知识可以合理地从接受知识的测量中推断出来。这一假设并非不可靠"(Meara 和 Fitzpatrick,2000:20)。Laufer 和 Nation(1995)通过对词汇频率表的研究,得出结论:学习者的词汇量大小,反映在他们在作文中的词汇使用上。Takala（1984)在他的研究中也探讨了被动词汇和主动词汇之间的联系。

作为一种诊断工具,词汇准确率似乎也具有一定的潜力。我们的研究结果表明,学习者的词汇准确率与他们的接受词汇量大致相符(比较 Meara 和 Fitzpatrick,2000 使用 Lex30 的结果)。将不同类型的词汇能力(即词汇准确率和接受词汇知识)相互联系起来,有可能是深入理解词汇习得的第一步(Schmitt 和 Meara,1997:19)。

只不过,尽管以前的研究(Laufer,1998;Laufer 和 Paribakht,1998;Meara 和 Fitzpatrick,2000)已经观察到,随着被动词汇的增加,会引起主动词汇的增加,以及被动词汇和主动词汇之间差距的扩大,我们的研究结果却显示出相反的结论。在我们的研究中,我们发现对 T2 阶段来说,接受性词汇知识和词汇准确性之间的相关性高于 T1 阶段。我们大胆推测,学习者接受的词汇知识与他们在作文中如何正确使用这些词汇之间的差距,更有可能会缩小。

对于这一结果,主要有两种解释:首先,学习者水平低,可能是造成这种差异的原因。他们可能还没达到足够的词汇能力,因此,在他们的数据中,无法再现这种不断扩大的差距。与我们的信息提供者相比,以往研究的被试年龄更大、水平更高。这些结果表明,我们的学习者低于被动词汇量的临界水平,超过这个水平,被动 - 主动的差距就会扩大。第二大原因暗示了这样一个事实,即学习者可能不会富有成效地认识更多的单词,但他们已经认识的一些单词却能更准确地表达出来。也就是说,他们可能并没掌握新的单词,而是提高了对这些已知单词的认识。这些结果支持了 Fan（2000)以前的研究,他证明这种关系并不像表面上看起来那么简单,因为没有证据表明,被动词汇知识和作文中输出的词汇之间有一致的比例。此外,Schmitt 和 Meara（1997)认为,初学的学生在两类单词知识(接受和产出)之间的差距可能更大。随着学习者水平的提高,这种差距可能会缩小。我们的研究结果支持这一说法。

从结果中可以得出的第三个趋势,是词汇知识的广度和深度之间的关系。词汇知识的广度指的是对英语中最常见的前 2 000 个单词的接受性词汇知识。词汇深度是用词汇偏误来衡量的。我们试图找出,词汇能力或词汇知识的哪些维度,与接受词汇知识的联系最为紧密。我们发现了两个值得一提的主要结果。

借用与接受性词汇知识呈负相关,这表明学习者认识的词越多,其作文中的借用就越少。这一结果似乎很合乎情理,因为正如我们前面所说,借用源于交流的需要和词汇知识匮乏之间的矛盾。为弥补二语词汇知识的不足,学习者倾向于在他们的话语中加入一语词汇。当学习者掌握了二语词汇后,他们就可以使用这些词汇,而不再使用一语词汇。

相比之下,语义转借与接受性词汇知识呈正相关。这一结果表明,学习者的接受性词汇知识越多,所产生的语义转借数量也就越多。这也是非常合理的,因为语义转借涉及使用与一语中对应词具有相同分布意义的二语词。因此,学习者掌握的接受性单词越多,就越有可能将一语中的单词或表达从字面上翻译成二语的单词或表达。这与本研究的另一项发现密切相关,即语义词汇偏误与 2 000 常用词的接受性词汇知识呈正相关。其余词汇偏误类型的相关性并不显著。

用 1 000 词测试和 2 000 常用词测试测量学习者接受的词汇知识,可以测出学习者对单词的形式和意义之间联系的掌握情况。然而,这些测试并不测量其他类型的词汇知识,如句法限制、搭配或语域知识。这就解释了为什么尽管学习者表现出对某些单词的接受知识,但他们仍然会在这些单词的拼写和语义分布等方面出现词汇偏误。

这里需要指出的是,本研究的目的不是确定学习者的主动或被动词汇量,也不是确定词汇知识的深度。我们希望研究词汇偏误和词汇准确率与接受的词汇知识之间的关系。我们相信,探索这些关系的本质,观察词汇偏误在词汇量中的作用,会很有趣。这些研究结果表明,在二语词汇习得的发展过程中,可能存在一些基本模式,并且对词汇偏误产生的研究有助于揭示这种模式。不过,这一论点并不简单,其背后的假设还需要进行更详细的探讨。

·小结·

本章报告了词汇偏误与接受性词汇知识之间关系的研究。我们可以得出这样的结论:学习者接受的知识与作文的词汇准确性之间存在着强大的相关性,因此,接受性词汇知识越多,作文的词汇准确性就越高。相比之下,我们发现词汇能力与词汇偏误之间的关系是多变的,即不同类型的词汇偏误与接受性词汇知识的关系程度不同。词频、词源和词内因素,可以用来解释这种相关程度上的变化。

第9章

一些结论性的意见

　　最后一章是本书的总结论,我们将探讨研究成果对教学的影响,也会介绍一下本研究的局限性、存在的主要问题,还会对进一步研究提出建议。

　　本研究的出发点,是我们希望了解初学英语的低龄学习者的词汇习得是如何发展的,以及他们在这一过程中有哪些类型的词汇偏误。我们希望探究英语语言学习中的词汇习得过程,因为它体现在低水平学习者产生的词汇偏误中,并考察词汇偏误在写作质量和词汇水平方面的作用。我们重点研究了词汇偏误的产生与写作质量之间的关系,以及词汇偏误的产生与所接受的词汇知识之间的关系。该研究将词汇偏误作为研究框架的中心。本节总结了我们在这项工作中的收获和发现,并归纳了本研究的核心问题和发现。

　　本研究的主要目标,是确定小学学习者的词汇偏误类型,并研究这些偏误在两年内的变化情况。除了这个主要目标,我们还有兴趣探讨不同词汇偏误类型在写作评估中的影响程度,确定词汇准确率与所接受的词汇知识之间的关联程度,以及词汇偏误类型与所接受的词汇知识之间的关联程度。

　　通过回顾以往关于词汇问题的研究,我们注意到,有必要进一步研究在教育背景下低年级初学者学习和使用二语词汇的过程。大多数针对儿童词汇学习的研究,都侧重于二语环境下幼儿的双语发展,而不是外语的习得。此外,词汇偏误很少被用作诱导语言数据和分析词汇知识的工具。尽管有研究结果表明,词汇偏误对词汇习得过程、质量评估以及二语学习和使用的研究具有重要贡献(Ambroso, 2000; Engber, 1995; Fernández, 1997),但英语作为外语的实际教学和研究方法并未反映出这一点。或许是因为对词汇偏误的定义,尤其是对词汇偏误的分类缺乏共识,导致了对利用词汇偏误作为改进和丰富词汇学习和教学的工具的忽视。

本研究是一项初步的研究,试图对词汇偏误分析、西班牙小学的英语学习者的词汇习得过程,以及影响写作质量的因素等领域做出一些解释。本研究力求全面,但并非面面俱到。正如它尝试找出西班牙小学的英语学习者产生词汇偏误的基础一样,它本身也是一个基础,在此基础之上,才能对词汇偏误领域有更深入的了解。我们同意 Meara(1984)与 Ellis 和 Beaton(1993:609)的观点,即"我们不能想当然地认为,不同水平阶段的学习方式是相似的"。尽管如此,本研究通过将不同类型的词汇知识和词汇知识匮乏相互联系起来,在一定程度上促进了词汇习得解释模型的发展(参见 Schmitt 和 Meara,1997)。

对数据的分析表明,词汇偏误会随着学习者语言水平的提高和年级的升高(即从四年级到六年级)而下降。这种下降可以从绝对值(即每篇作文的词汇偏误总数)和相对值(即每 100 个单词的词汇偏误数(词汇偏误百分比),或者两个连续出现的词汇偏误之间的正确单词数(词汇准确率))两方面观察到,降幅很大。相对降幅高于绝对降幅,因为在原始词汇偏误数量下降的同时,作文长度(即每篇作文的字数)也在增加。我们初步认为,产生词汇偏误的三个主要原因如下:(a)缺乏词汇知识;(b)母语迁移或影响;(c)缺乏练习。我们可以得出结论,如果增加自由表达(即作文)的练习,许多词汇偏误就会消失(参见 Santos Rovira,2007)。

我们认为,文献中隐含的假设,即写作的流畅性和准确性会随着水平的提高而提高(Wolfe-Quintero 等,1998:4),是正确的,至少就我们的数据来看是如此。根据这一结果,我们可以得出这样的结论:每篇作文的词汇准确率和词汇偏误百分比,即流畅性和准确性的综合指标,是决定熟练水平的明显因素,至少在学习的早期阶段是这样。

写作中词汇偏误的减少,可能是两个主要因素共同作用的结果:(a)二语水平的提高;(b)一语写作能力(即一语读写能力)的提高。从这个意义上讲,似乎可以得出这样的结论:随着学习者二语水平的提高,他们产生的词汇偏误也会减少。这说明学习者掌握了更多的二语词,或者二语词的更多方面。因此,词汇偏误可以区分不同的语言水平。但在 T1 和 T2 阶段之间的两年中,并非所有词汇偏误类型都呈现出相同的演变模式。词汇偏误中最值得注意的变化是，从 T1 到 T2 阶段，拼写错误，尤其是借用错误大大减少，而语义转借错误明显增加。另外，非常重要的一点是，与 T1 相比，学习者在 T2 阶段出现语义混淆错误、语义转借和选择错误的情况更多，但前后差异非常小。从绝对值来看，两场测试时间的词汇偏误频率顺序非常相似，在 T1 和 T2 中，拼写错误是最常见的错误类型，而选择错误则是最不常见的词汇偏误类型。

从数据中可以得出结论，不同类型的词汇偏误体现了学习者的语言水平，通过确认某一类词汇偏误的出现频率，我们可以预测学习者所处的语言习得阶段。因此，更多的语义转借、语义混淆、自造词和选择错误，意味着更高水平的总体语言能力，是高年级学习者的典型表现。从这个意义上讲，语义转借、语义混淆、自造词和选择错误的增加，是词汇发展的标志。

我们发现，在两个测试时间段，形式词汇偏误都比语义词汇偏误更常见。不过，从四年级到六年级，形式词汇偏误有所减少，而意义主导的偏误却在两年内有所增加。从本研究的结果中，我们可以得出这样的结论：词汇发展要经过一系列的阶段。学习者似乎会首先学习单词的形式方面，如拼写，然后才是基本意义方面的知识，最后才是联想知识的发展。根据我们的研究结果，我们可以认为，学习者在辨别外观相似或意思相似的词时存在问题，尤其是当他们已经掌握了目标词和错误词的形式和核心意思时。当学习者将新词纳入其词库时，往往会先将它们与形式相似的词存储在一起，然后再将它们与语义相似的词存储在一起。在输出时，学习者往往会混淆那些存放在一起的相似单词，这突显了学习者对这些词汇的认识不完整、不稳定和片面。

考虑到语内和语际词汇偏误，从 T1 到 T2，一语主导的词汇偏误呈下降趋势。事实证明，学习者的一语是影响二语词汇使用和写作成绩的重要因素。然而，随着水平的提高，学习者使用更多的二语词汇，其一语的使用就会减少。一语在二语习得中总是反复出现，而且非常重要，不过在较低的水平上比在较高的水平上出现得更为频繁。尽管一语的影响无处不在，但我们观察到，处于不同习得阶段的学习者会表现出不同的迁移行为。换句话说，四年级学生借用一语词汇，不做任何变化，就插入到二语话语中，而六年级学生经常从他们的一语词汇中转借出新词，或根据一语词汇自行创造出新词，还会对其加以调整，使其听起来或看起来像是英语。我们认为，是交流的需要与缺乏二语词汇知识之间的冲突，导致了一语的使用。

本研究还证实,词汇偏误在写作评估和作文质量判定中起重要作用。这一结果不足为奇,因为它支持了之前的研究结果,即强调词汇准确性在写作评估中的重要作用。此外,如果我们考虑到词汇知识对写作质量的积极作用,那么大量词汇偏误会对作文产生负面影响的假设似乎也是合理的。如果丰富多采的词汇是高质量作文的典型特征,那么词汇偏误较多的作文质量就会很差。

与写作质量尤为相关的是低水平(即 T1 阶段)的词汇偏误。在较高的水平上,词汇偏误似乎不会导致太多的交际障碍,因为词汇偏误可能更容易从上下文中理解。此外,其他方面也可能会影响水平较高的学习者所写作文的质量,如词汇的多样性、更复杂的话语和使用更多的同义词。总之,作文的词汇准确率是衡量学习进步的指标,因此,词汇准确率越高,作文就越好。此外,这一发现也有助于巩固词汇是写作评估的关键方面这一论点。

对数据的分析也证实了我们最初的假设,即不同类型的词汇偏误会以不同的方式影响作文的质量,因为并非所有词汇偏误都同样严重和被动。其中,借用被认为是最被动的词汇偏误。当学习者出现借用词时,是缺乏词汇知识的表现,因为学习者没有表现出任何二语词汇知识。借用的出现涉及编码转换,可能会对认知能力提出更高的要求,因此,这类词汇偏误被认为是更为被动的。研究发现,语义转借和选择错误对作文得分有积极影响。它们能够体现出二语词汇知识,这一点可能是造成这一结果的原因。我们可以大胆推测,体现出一定的二语词汇知识,是比交际成功本身更有力的评价标准。这一点在评估初学英语的低龄学习者在外语学习环境下所写的作文时,尤为明显。其余类型的词汇偏误对写作质量的影响不大。尤其值得注意的是拼写错误。尽管拼写错误在我们的数据中占了大多数,但它们对作文评分没有任何影响。

我们的最终目标,是把用作文词汇准确率衡量的产出性词汇知识与接受性词汇知识联系起来。此外,我们还想确定以不同词汇偏误类型衡量的词汇知识深度与接受性词汇量之间的关系性质。从显著相关系数来看,我们可以得出结论:学习者要么对 1 000 词有部分了解,要么对 2 000 常用词完全不了解。由于词汇准确率和接受的词汇量之间的相关系数仅为中等,我们认为:学习者(a)不认识属于这些频率带的部分单词,(b)可能在作文中使用了其他频率带的单词,比如源自拉丁语系的低频词汇。

从研究结果中我们还发现,学习者接受的词汇知识越多,其作文的词汇准确率就越高。这一结果将接受的词汇知识和产出的词汇知识联系起来,证实了以前的研究结果,即接受的知识越多,使用的词汇量就越大。我们还注意到,随着水平的提高,两类词汇知识之间的差距也会缩小。

最后,研究结果证实,不同类型的词汇偏误,作为缺乏对词汇不同方面知识的证据,与接受的词汇量的关系各不相同。换句话说,借用与接受的词汇量呈负相关,而语义转借则呈正相关。这些结果表明,学习者接受的词汇量越大,他们产生的语义转借就越多,借用就越少,至少在学习的初级阶段是这样。

总的来说,这项研究有助于我们了解初学英语的低龄学习者学习词汇的过程。这项研究的结果虽然未就词汇教学作出定论,却有一些重要的教学意义。

·对教学的影响·

偏误分析是指导外语教学的一种有用的方法。根据偏误分析的结果,可以设计出语言教学的方案,根据所发现的偏误,将教学重点放在最相关的方面。由此可以帮助学习者改正他们所犯的错误,以便根据错误的成因找到补救的措施(Sánchez Jiménez, 2006: 109)。

这项研究表明,随着水平的提高,写作中的词汇偏误会减少,作文的长度会增加。Fernández(1997)认为,增加学习者对目的语的社会文化和语言经验,有助于减少词汇偏误和提高写作流利度。从这个意义上讲,我们赞同Fernández(1997: 75-76)的建议,即学习者应该获得丰富多样的学习二语的社会文化和语言经验,学习者还要进行互动和意义协商,以提高和丰富他们的词汇知识和词汇运用。

我们从数据中得出结论:写作中出现词汇偏误,尤其是拼写错误,可能是由于缺乏二语写作的经验,并且我们的学习者年龄较小,也缺乏一语写作的经验。课堂教学中交际法的盛行,使面对面的或口头的交际能力的训练优先于书面交际能力的训练。可以说,在本书所讨论的小学中,英语拼写教学很少受到重视。以往的研究也显示出对小学教育(Meijers, 1992)、二语教学(Brown, 1970)和西班牙学校系统(Santiago 和 Reparáz, 1993)中忽视拼写教学的担忧。

因为在低水平习得时,存在大量的拼写错误,也考虑到写作在二语习得中的重要作用(Harklau, 2002),我们主张,在二语课堂上多做写作练习。通过练习写作,学习者可望提高他们的综合语言能力,尤其是词语的书写。尽管如此,我们认为,在西班牙的学校环境中,学习英语的小学生会从结构化或方向性的拼写和发音的方法中受益,因为明确的指导会提高拼写和语音意识。另外,还应当在英语课堂上提供练习写和说新单词的机会。我们同意 Sánchez Jiménez(2006:177-178)的观点,即教授容易拼写错误的高频词汇[1],也许是纠正拼写错误的绝佳方法。

派生词和组合形态的知识,对拼写技能的发展起着重要的作用。正确拼写的能力跟掌握单词的词形有很大的关系,在某种程度上也源于对词形的掌握(见 Carlisle,1989)。不言而喻,了解与名词、动词、形容词或副词词根相结合的后缀和前缀的形式,对完成英语拼写这一艰巨任务大有帮助。例如,如果向学习者展示 beautiful、needless 或 impossible 等单词由哪些部分组成,以及这些部分或词素的拼写方式,就会减轻学习者拼写这些单词的认知负担。Pérez Basanta(1999)认为,形态分析是最相关的词汇学习策略之一,他建议教师应该展示和促进这一策略的运用,从而帮助学习者掌握二语词汇。

指导低龄学习者掌握英语的基本形态规则,不仅可以帮助他们拼写词汇(Sánchez Jiménez,2006:1771-1778),还可以扩大他们的词汇量,丰富他们的词汇知识,比如可以创造某一类的词域,如 mean、meaning、meaningless、meaningness。应该让学习者意识到,单词是由词素组成的,它们可以组合成其他单词(见 Beheydt,1987)。这种方法可以将看似无穷无尽的记忆过程,转变成"对模式和规律充满自信的探索,从而产生正字法意识,进而增加词汇知识"(Goldsmith,1995:124)。这可以帮助学习者减少对相似词形的混淆或选择错误。

鉴于语言成组的、有特点的发音,是造成大量拼写错误的原因,因此,教师理应向学生介绍英语的发音,以及二语正字法和发音之间的关系。英语单词的发音与拼写之间的差异,是造成混淆、拼写和发音困难的常见原因。Deschamps(1992)建议,向学习者展示这种关系是如何起作用的,并向他们提供一些简单的书写规则,避免在早期阶段进行复杂的理论解释(参见 Sánchez Jiménez,2006:177-178)。

考虑到本研究中有关形式偏误和语义偏误的数据,并与以前的研究相互照应,可以得出这样的结论:心理词库是在语义和形式的网络中组织起来的。

以口头和书面形式,从形式和语义两方面介绍新词汇,看来相当重要。学习者在学习新词时,应通过在语义场中呈现词汇的活动,来帮助和促进他们建立自己的词汇联想(Channell, 1988:94)。从理论上讲,我们赞同 Channell(1988:93)的观点,即建立形式(语音)和语义联想,是最有助于记忆词汇和减少选择错误、语义转借和语义混淆的方法。不过,这种说法还需要实证的检验。

正如我们的研究结果所显示的那样,语义词汇偏误会随着学习的进展而变得更加突出,因此具有相关性。对学习者来说,较为复杂的二语语义联想需要在课堂上得到更多的关注。语义场和典型联想网络的呈现,能够促进习得(Fernández, 1997; Gu, 2003)。从这个意义上讲,鉴于学习者似乎是先掌握单词的形式方面,然后才掌握语义或意义方面,我们呼吁,课堂活动应侧重意义,尤其是在较高水平的教学当中(McNeill, 1996)。我们认为,让学习者意识到相关的词,即来自同一词群的词,会让他们受益匪浅,而且"他们的确会从要求他们说出这些词的活动中受益"(McNeill, 1990:118)。

相反,Nation(1990)和 Waring(1997)则不鼓励在语义集内学习单词,因为这样做有可能导致词条在单词学习和检索中相互干扰,彼此竞争。但我们认为,只要把属于同一语义场的词汇放在一起介绍,并让学习者了解它们的语义成分、句法限制和用法,语义转借和语义混淆就会大大减少。此外,考虑到我们的数据显示,这些词汇偏误是随着学习的进展而出现的,这种语义联想和成分分析活动尤其应该在习得的高级阶段进行。Pérez Basanta(1999)也提倡这类词汇学习活动,她称之为半语境化。

Warren(1982)提出了偏误 – 详解的活动,以解决等价错误(借用)或语义转借的问题。与 Warren(1982)一样,我们建议,在出现语义等同错误时,如 My favourite *plate* is pasta and rice(S27,四年级),我们可以让学习者通过分析目标词的语义特征成分,来弄清词的含义。为此,我们可以给学生提供母语句子,每个句子都包含错误单词的不同语义特征。在本例中,两个解释句子可以是:

(1)El *plato* típico de La Rioja son patatas con chorizo。(中文:拉里奥哈的典型<u>菜肴</u>是香肠配土豆。)(英语:典型菜肴)

(2)Mi abuela me ha regalado unos *platos* con dibujos de flores。(我祖母给了我一些有花卉图案的<u>盘子</u>。)(英语:盘子)。

这样,学习者就能看到并学会单词的不同之处。

考虑到基于形式(选择错误)或基于意义(语义混淆)的混淆所产生的偏误是因为对(a)目标词和(b)错误词的双重无知造成的(参见 James,1998;Warren,1982),我们认为,应该让学习者了解目标词和错误词这两个词的形式-意义关系。

因为二语教学传统侧重于交际,所以词汇教学主要集中在大量阅读和语境猜测上(Laufer,2006;Pérez Basanta,1999)。然而,本研究的结果表明,有必要进行明确的词汇教学,以强化词汇学习。为提高词汇的保持率和记忆率,需要进行词汇练习,练习重点是孤立的词条和语境中的词汇(见 Laufer,2006)。在这方面,Cobb(2003:413)赞成在语境中教授词汇,以防学习者出现词汇偏误,并进一步坚持对搭配词组进行明确的教学。[2]

Lee(2003)的研究证明,明确的词汇教学不仅能增加接受性词汇知识,还能在自由作文中增加产出性词汇的使用。因此,他呼吁进行系统的、明确的词汇教学和词汇学习策略教学,包括加强词汇学习、词汇记忆和词汇回忆的策略,以提高写作水平(另见 Pavičić Takač,2008)。同样,写作练习也可以成为提高词汇知识和总体二语能力的工具(另见 Muncie,2002)。根据 Lee(2003:551)的研究,写作的主题,选择跟明确教授过的词汇相关的主题,以及与写作之前的阅读活动相关的主题,能最大限度地增加学会词汇的机会。

多年来的文献证明了明确教授的价值(Agustín Llach,2009b;Laufer,2005,2006;Nation,1993b;Torras 和 Celaya,2001)。Torras 和 Celaya(2001)得出结论认为,对较晚开始学习英语的二语学习者采用的教学方法,有利于他们的语言发展。语言系统的明确教授和以形式为重点、以元语言为基础的活动,可以促进语言意识,有助于提高语言知识和运用能力。对儿童二语拼写错误的研究表明,与二语接触,即使是密集接触,也不会必然导致学习者掌握单词的正确拼写(Morris,2001)。以前的研究结果和我们自己的研究结果,都强调了在二语课堂上应该注重形式教学,特别是克服拼写错误的教学。用 Morris(2001:285)的话来说:

> 从基本的交际角度看,尽管有漏字和拼写错误,但学习者肯定能以最基本的方式传达信息。但如果想让学习者形式方面的能力更上一层楼,显然需要教学的支持。

我们相信,除了简单记住或死记硬背之外,教授和推广使用词汇学习策略,可以促进词汇的习得。通过教授学习者新的学习策略,或者强化使用已有的学习策略,来帮助他们发展策略能力,是促进学习者成功掌握二语词汇的最佳途径之一(Beheydt, 1987; Pavičić Takač, 2008)。Harley 等(1990:23)已经指出,需要开展更多的课堂活动,来增加学习者的词汇资源。其中的一些策略包括从上下文中猜测、使用记忆技巧(如关键词技巧)、使用词典、新词造句、记笔记、重复或形成单词的心理图像、联想、分类和词语互联(Beheydt, 1987; Brown 和 Rodgers, 2002; Ellis 和 Beaton, 1993; Gu, 2003; Pérez Basanta, 1999)。

De Cock 和 Granger(2005)主张,在设计单语和双语词典时,要使用偏误分析法。在确定造成问题的词条,以及对特定学习者群体(学英语的西班牙语者)造成最大困难的词条方面之后,词典编纂者可以在词典中纳入出现问题方面的具体信息,这样学习者就能从之前的词汇偏误分析研究中受益了。

人们认为,教低龄的学习者用一语写作,给他们介绍一般的写作策略,有助于提高词汇的准确性,可能也有利于二语能力的提高。在小学阶段的一语和二语教育中,纳入广泛的写作练习,以及明确的写作策略教学,鼓励一语读写能力向二语迁移,都能很好地培养二语写作能力(Torras 和 Celaya, 2001)。这与一语对二语写作过程影响的研究结果是一致的。教师应将一语和二语语音系统进行比较。在西班牙语中,发音和拼写一致的情况要多于英语。这一点会让低龄的初学者误以为,他们母语中的发音-字母对应关系,在英语里也是一样。因此,有必要对词汇、正字法和语音的某些方面进行对比分析(见Swan, 1997)。这种对一语与二语词汇系统的比较,在二语词汇教学中十分有用。教师应始终意识到,学习者会利用他们以前的语言知识(通常是一语,也包括三语)来弥补词汇知识的不足(Odlin, 1989)。因此,强调一语和二语词汇系统在词条不同方面的异同,可以提高词汇学习、记忆和使用的效果(Swan, 1997)。Harley 等(1990:23)坚信"学生将受益于更有针对性的课堂输入,即提醒他们注意(⋯⋯外语)的词汇特点不同于(⋯⋯母语)"。我们的数据结果呼应了这些发现。

Lasagabaster 和 Doiz(2003)认为,翻译练习对处理源于一语的词汇偏误很有帮助。对比一语和二语,可以帮助学习者在其一语和二语心理词库中组织和构建单词,发现相同点和不同点。这有助于提高写作技能(Lasagabaster 和

Doiz, 2003: 156)。

　　此外,提高学习者学习词汇和在家练习的积极性,对减少他们写作中的词汇偏误也是至关重要的。积极的词汇学习态度是成功学会外语的起点。词汇学习可不是学习者轻易就能搞定的事。英语学习者必须努力,学习、记忆和让人满意地使用词汇。向学习者展示练习的好处和练习的有效性,被证明有利于学习过程。此外,Medina Bellido(1997)还主张根据学习者的学习方式,调整教学和评价方法,以进一步提高他们的学习积极性,改善他们对英语的态度。

　　考虑到本研究就词汇偏误的产生和类型得出的研究结果,我们提出了一种双管齐下的方法:突发式和前瞻式。突发式词汇教学法是指当场、自发地纠正课堂上出现的词汇偏误。这种干预的范围是一个明确的连续统,可以从非常隐性的词汇练习,转到非常显性的词汇学习练习。前瞻性干预是一种先验性的干预,因为是根据从以前的学习者群体中收集到的词汇缺陷,所以它能预测学习者将会产生哪些词汇偏误。因此,需要事先准备教学大纲和教材。这两种干预都可以采取理论解释和/或实践练习的形式,既可以是补救性的,也可以是预防性的,或者两者兼而有之。

　　突发式干预的形式是纠错,在文献中广为采用。在纠错这一领域,有着大量的研究。这一研究领域涉及的问题包括纠正什么、何时纠正以及如何纠正。尽管广泛的纠错报告超出了本研究的范围,但只需提及教师可以使用纠错表,上面标有每种不同错误类型的符号,将有助于学生识别错误。应鼓励学生自己纠正错误。也可以要求学习者收集自己的错误,并根据错误的频率、来源等进行分类(参见多文,如 Chandler, 2003; Muñoz Basols, 2005)。

　　本研究的结果部分证实了以往研究的结果,即以往有关词汇丰富度的测量,尤其是词汇偏误的产生,以及整体语言水平的研究(见 Engber, 1995)。这说明了词汇在写作过程中的重要性。教师必须强调词汇对写作质量的关联性和影响作用。并且,词汇量已被证明是衡量学业成功与否的一个不可或缺的标准(见,例如 Verhallen 和 Schoonen, 1993, 1998)。因此,我们有理由认为,扩大学习者的词汇量,会提高其总体语言能力和学习成绩。

　　那些对写作有较大负面影响的问题,应当首先处理(Khalil, 1985: 346)。应该告知学生,哪些词汇偏误对他们的写作负面影响最大,比如借用,还应该鼓励学生富有创意地运用这门新的语言,因为(例如说)借用对写作评估有积极的影响。教授一些词汇的组词规则、搭配模式或语用分布,也有助于减少作文中的词汇偏误,从而提高学生的写作质量。学会变换措辞的交际策略和培养创造性的语言,对作文质量有着明显的积极影响,因为这些策略有助于学习者传达信息和完成交际过程。这与 Khalil(1985:346)的论点是一致的,即"教材的编写和排序,应该反映出对培养有效交际所需技能的重视"。

扩大学习者接受的词汇量,可以提高词汇准确率,从而提高作文成绩。因此,要观察到写作质量的提高,就必须增加学习者掌握的词汇数量,并提高词汇知识的质量。清楚的词汇教学以及广泛的阅读和写作练习,似乎是丰富学习者词汇量、减少词汇偏误的好方法。

·本研究的局限性·

最明显的局限性在于,如何对词汇偏误进行分类。词汇偏误的分类在某种程度上是主观的,因为偏误可能由一个或多个来源造成,而这些来源又相互关联,从而导致词汇偏误。然而,这种主观性存在于任何使用错误分析的研究中,因此,在某种程度上也是无可避免的。总体而言,词汇偏误的总数统计可能相当准确,因为确定什么是词汇偏误,要比将一个词汇偏误的实例归入一个特定的类型容易得多。

无论在理论上如何努力设计一种详尽无遗的分类法,在实践中,我们相信,所有的词汇偏误分类法都会出现同样的问题;也就是说,语料库中的一些词汇偏误,可以用两种甚至三种有效的方法进行分类,而另一些偏误则无法归类,似乎不属于任何一种已提出的语言学和心理语言学类别。缺乏客观性,以及一定程度的随意性和主观性,是偏误分类和解释中常见的问题。

说到偏误分析的基本目标,是要解释词汇偏误背后的心理过程,并找出这些词汇偏误的原因。但从实际出发,几乎不可能明白无误地确定词汇偏误的起因。我们无法准确无误地断言,是什么原因导致某个学习者出现特定的偏误。因此,研究者不得不采用一些猜测、推测和推断的方法,将每种词汇偏误归入相应的类型。尽管存在这种主观性,但词汇偏误的这种分类法可以说是相当可靠的,因为我们已经尝试对每个单独的类型做了巧妙而精确的界定,几乎不留任何随意的余地。

　　此外,尽管本分类法所区分的不同类型,被认为是将所有可能的词汇偏误包揽无遗,但其他分类法可能也是有效的,例如,那些考虑到词语的添加、省略或混淆的分类法,或者那些基于词类(即名词、动词、形容词、副词)的区分来对偏误进行分类的分类法。

　　本研究设计的另一不足之处,与数据收集手段有关。Da Rocha(1980:85)认为,作文无法产生可靠的数据,因此,作文作为偏误分析研究的数据收集手段的局限性,在于学习者语言的信度。这种说法的主要观点是,作文可能无法反映信息提供者的实际语言知识,从而对学习者的语言能力提供误导性或混淆性的证据。这一缺点与"回避"这一概念密切相关。在面对复杂的结构或难懂的词条时,学习者可能会回避使用它,转而寻找其他形式来表达自己最初的想法,也可能会改变想法,甚至完全放弃。我们无法确定,体现在作文中的语言,在何种程度上代表了被试真实的语言知识。

　　尽管存在这一缺陷,但本研究的设计完全符合其目标和特点。在这里,作文是收集数据的最佳方法,因为这些低龄学习者竭尽全力想要写出真实、正确和准确的英语,而他们的低水平实际上排除了任何回避的可能性,因为他们不具备表达思想的其他手段。更具体地说,他们的词汇能力太有限,无法找到更简单的词汇,也无法使用转述或进行词汇简化。样本中的词汇偏误是真实的、自然的,也是名副其实的。显然,在所获得的数据中,学习者并未展示出他们知道或不知道的全部内容。但可以肯定的是,他们所犯的词汇偏误,是他们词汇知识空白的表现。

　　作文作为数据收集工具的另一个局限,就是采用了单一的作文题目。研究证明,不同的作文题目会在词汇偏误产生的数量和质量上产生差异(Agustín Llach 等,2005)。如果我们采用不止一个作文题目,我们可能会得出更为明确的结论。

　　尽管能力水平测试(完形填空测试和阅读理解测试)在总体上是确定被试语言水平的有效和可靠的工具,但也受到了一些批评。文献中指出的多选题答题形式的主要局限性,是学习者可能只是通过排除法,就选出了正确的单词。在此,学习者从三个备选词中选出正确单词的几率超过 33%。这一做法的其他缺点是,学习者可能知道所要选择的单词的含义,但不知道其他单词的含义,或者他们可能知道干扰词的含义,而不知道目标词的含义(见 Read,

2000：77-78；Wesche 和 Paribakht，1996：17）。

此外，本研究的结果是对 283 名西班牙学习者在小学四年级和六年级时的作文进行词汇偏误分析得出的。因此，将这些研究结果推而广之，使之超出西班牙小学教学中外语课堂的范围，难免会有问题。这些研究结果是初步的，也应该被看作初步的，在推而广之的时候，务必多加小心。

·进一步的研究·

通过实证研究描述英语初学者词汇习得过程的工作远未完成。该领域的研究正在起步，但还需要更多的研究，才能就低龄的英语初学者学习和使用英语词汇的特点，以及词汇偏误作为该过程的预测因素和标志所起的作用，如何使针对英语水平较低的学习者的二语教学更加高效，得出更明确的结论。尽管这项研究指出了词汇偏误作为写作质量的预测因素和接受的词汇知识指标的关联性，但仍需要一些进一步的研究，来为这些问题提供结论性的结果。需要研究的领域包括低龄初学者在词汇偏误和词汇发展方面的情况，还有写作评估的研究议题，包括以下内容：

• 一语读写能力（例如写作能力）与词汇偏误的产生有什么关系？这种关系如何随着时间和水平的提高而变化？

• 流利性和准确性如何随着时间和水平的发展而变化？这些衡量写作发展的标准与词汇复杂性有何关系？

• 就准确率而言，词汇偏误的产生与高水平阶段的（即不常用的词汇）接受知识之间的关系有何特点？

• 学习者作文中的词频特征是什么？这种情况与作文中的词汇偏误有什么关系？

• 在学习者的作文中，词汇偏误与词汇丰富度的其他衡量标准之间的关系如何？这种关系是如何随着时间的推移、水平的提高和词汇知识的增加而变化的？

• 词汇偏误与男女学生的总体学业成绩有何关系？

• 总的来说，词汇偏误的产生，与学习外语的动机和兴趣，以及学校作业之间，有关系吗？

• 不同教学方案对词汇发展和词汇偏误的产生有何影响？

· 随着学习者外语经验的增加,词汇偏误的产生将如何演变? 哪些类型的词汇偏误在学习的高级阶段最为突出?

· 低龄的西班牙初学者在词汇偏误的产生上,无论是在数量方面还是在质量方面,是否与母语不同但具有可比性的学习者相似?

· 写作中产生的词汇偏误与口语中产生的词汇偏误是否一致,例如,是否也会出现跟拼写错误一样多的词汇发音错误?

· 对目的语和母语之间词汇近似性的看法,如何影响词汇输出?

· 对目的语和母语之间词汇难度的看法,如何影响词汇输出?

对这些问题和其他研究问题的回答,将有助于形成更精准的教学理论和更有效的教学实践。

在本书的最后一段,我们想回顾我们做这项研究的动机,那就是对于外语词汇习得的过程,以及儿童如何发展和使用外语词汇知识的兴奋和好奇。我们希望这项研究可以帮助研究人员、教师和学习者认识到词汇偏误的重要性,以及今后在这一领域开展研究的必要性,从而进一步澄清词汇偏误在词汇发展和写作评估过程中的作用。

·注释·

1. 他把这类词称为"正字法恶魔(*demonios ortográficos*)"(Sánchez Jiménez, 2006:177),因为它们经常被拼错。在我们的数据中,这类"正字法恶魔"包括"beautiful(美丽的)""football(足球)""swimming（游泳）"或"birthday(生日)"。

2. 参见 Pérez Basanta（1999）,其中对词汇练习和词汇学习的技巧和活动进行了深入评述;另见 Gu（2003）。

附　录

附录1:英语作为二语的作文概况

学生　　　　　　　　　　　　　日期　　　　　　　题目

	分数水平	标准	评语
内容	30~27	**优秀到很好**:知识广博,内容充实,论述深入,文章切题	
	26~22	**好到一般**:对主题有一定了解,篇幅尚可,论述展开受限,基本切题但缺乏细节	
	21~17	**普通到差**:对主题了解有限,内容贫乏,论述未能展开	
	16~13	**很差**:对主题不了解,无实质内容,不切题或无法评价	
组织	20~18	**优秀到很好**:表达流畅,观点明确,支持有力,简明扼要,组织良好,逻辑连贯,前后统一	
	17~14	**好到一般**:表达有些不连贯,组织松散但主要观点突出,支持有限,合乎逻辑但顺序不当	
	13~10	**普通到差**:表达不流畅,观点混乱或不连贯,缺少合乎逻辑的顺序和展开	
	9~7	**很差**:不传达信息,没有组织,或不足以评价	
词汇	20~18	**优秀到很好**:范围复杂,对词汇/习语做出有效的选择和使用,词形掌握充分,语域适当	
	17~14	**好到一般**:范围适中,在词汇/习语的词形、选择、使用上偶尔出错,但文意未受影响	
	13~10	**普通到差**:范围有限,在词汇/习语的词形、选择、使用上频繁出错,文意含糊不清	

	分数水平	标准	评语
词汇	9～7	**很差**:基本上是翻译,对英语词汇、习语、词形知之甚少,或不足以评估	
语言运用	25～22	**优秀到很好**:有效的复杂结构,很少出现一致性、时态、数量、词汇顺序/功能、冠词、代词、介词的错误	
	21～18	**好到一般**:有效但简单的结构,复杂结构有小问题,有几处一致性、时态、数量、词汇顺序/功能、冠词、代词、介词的错误,但文意未受影响	
	17～11	**普通到差**:简单/复杂结构中有大问题,在否定句、一致性、时态、数量、词汇顺序/功能、冠词、代词、介词上频繁出错,和/或有碎片化、不分段、划掉删除的情况,文意含糊不清	
	10～5	**很差**:几乎没有掌握句子构造规则,被错误主导,不传达信息或不足以评估	
写作手法	5	**优秀到很好**:展现出对规范的掌握,拼写、标点、大写、段落划分的错误很少	
	4	**好到一般**:拼写、标点、大写、段落划分偶尔出错,但文意不受影响	
	3	**普通到差**:拼写、标点、大写、段落划分频繁出错,书写差,文意含糊不清	
	2	**很差**:对规范没有掌握,被拼写、标点、大写、段落划分的错误主导,书写难以辨认,或不足以评估	

总分　　　　　　评分人　　　　　　评语

附录 2:写作任务(2005/2006)

学校_____

班级_____日期_____

姓氏_____名字_____

　　想象一下,你要在英国牛津的一个家庭住一个月。这个家庭是爱德华夫妇一家,他们有两个子女:彼得和海伦。用英语给他们写一封信,介绍你自己,谈谈你的城市、你的学校、你的爱好,以及你想要补充的任何其他有趣的事情。

时间:30 分钟

附录 3:2 000 词汇水平测试
（2005/2006）

学校＿＿＿＿＿＿＿＿＿＿＿＿＿＿＿＿＿＿＿＿＿＿＿＿＿＿＿＿＿＿＿＿

班级＿＿＿＿＿＿＿＿＿＿＿＿＿＿＿＿　日期＿＿＿＿＿＿＿＿＿＿＿＿＿＿

姓氏＿＿＿＿＿＿＿＿＿＿＿＿＿＿＿＿　名字＿＿＿＿＿＿＿＿＿＿＿＿＿＿

　　这是一次词汇测试。在左侧，我们为你提供了每组六个英语单词，而在它们右侧，只有其中三个单词的含义。在这些含义旁边，写上对应英语单词的编号。请参考以下示例：

1 business	示例	→	1 business	正确答案	
2 clock	＿＿ part of a house		2 clock	__6__	part of a house
3 horse	＿＿ animal with 4		3 horse	__3__	animal with 4
4 pencil	legs		4 pencil		legs
5 shoe	＿＿ something used		5 shoe	__4__	something used
6 wall	for writing		6 wall		for writing

1 coffee

2 disease　　　　＿＿ money for work

3 justice　　　　＿＿ a piece of clothing

4 skirt　　　　　＿＿ using the law in the right way

5 stage

6 wage

1 adopt   _____ go up
2 climb   _____ look at closely
3 examine   _____ be on every side
4 pour
5 satisfy
6 surround

1 choice   _____ heat
2 crop   _____ meat
3 flesh   _____ money paid regularly for doing a job
4 salary
5 secret
6 temperature

1 bake   _____ join together
2 connect   _____ walk without purpose
3 inquire   _____ keep within a certain size
4 limit
5 recognize
6 wander

1 cap   _____ teaching and learning
2 education   _____ numbers to measure with
3 journey   _____ going to a far place
4 parent
5 scale
6 trick

1 burst   _____ break open
2 concern   _____ make better
3 deliver   _____ take something to someone

4 fold

5 improve

6 urge

1 attack   _____ gold and silver

2 charm   _____ pleasing quality

3 lack   _____ not having something

4 pen

5 shadow

6 treasure

1 original   _____ first

2 private   _____ not public

3 royal   _____ all added together

4 slow

5 sorry

6 total

1 cream   _____ part of milk

2 factory   _____ a lot of money

3 nail   _____ person who is studying

4 pupil

5 sacrifice

6 wealth

1 ancient   _____ not easy

2 curious   _____ very old

3 difficult   _____ related to God

4 entire

5 holy

6 social

附录 4:1 000 词测试（2005/2006）

学校＿＿＿＿＿＿＿＿＿＿＿＿＿＿＿＿＿＿＿＿＿＿＿＿＿＿＿＿＿＿

班级＿＿＿＿＿＿＿＿＿＿＿＿＿＿＿日期＿＿＿＿＿＿＿＿＿＿＿＿＿＿

姓氏＿＿＿＿＿＿＿＿＿＿＿＿＿＿＿名字＿＿＿＿＿＿＿＿＿＿＿＿＿＿

这是一次英语词汇测试。在左侧，我们为你提供了每组六个英语单词，而在它们右侧，只有其中三个单词的西班牙语翻译。在每个西班牙语单词[1]旁边，写下具有相同意义的英语单词的编号。请参考以下示例：

1 dog	示例		1 dog	正确答案
2 house	＿＿黑色		2 house	5 黑色
3 girl	＿＿鼻子		3 girl	6 鼻子
4 fork	＿＿房子		4 fork	2 房子
5 black			5 black	
6 nose			6 nose	

1 could	＿＿能够	1 kill	＿＿前进
2 during	＿＿在……期间	2 reply	＿＿回答
3 this	＿＿为了	3 advance	＿＿杀死
4 piece		4 appoint	
5 of		5 divide	
6 in order to		6 receive	

---

1 此处已汉译。——译者注

1 indeed	____ 我的		1 moment	____ 分开的	
2 what	____ 事实上		2 separate	____ 时刻	
3 along	____ 某个,某些		3 worse	____ 黄色的	
4 my			4 free		
5 some			5 heavy		
6 away			6 yellow		

1 church	____ 汽车		1 spring	____ 姐妹	
2 scene	____ 问题		2 danger	____ 危险	
3 hour	____ 事实		3 stone	____ 石头	
4 trouble			4 product		
5 fact			5 sister		
6 car			6 subject		

1 meet	____ 放		1 example	____ 宽度	
2 leave	____ 给		2 breadth	____ 害怕	
3 put	____ 使用		3 fear	____ 市政厅	
4 give			4 desert		
5 use			5 bit		
6 begin			6 town hall		

1 wind	____ 男人		1 surround	____ 合群	
2 room	____ 线条		2 shoot	____ 警告	
3 line	____ 夜晚		3 paint	____ 射击	
4 enemy			4 fit		
5 night			5 command		
6 man			6 warm		

195

附录5:完形填空测试

学校_____

班级_____日期_____

姓氏_____名字_____

（1）阅读有关恐龙的信息。

（2）选择你认为最适合每个空格的单词（A，B，C）。

（3）在答案部分用圆圈标出正确答案。

Dinosaurs

No one has ___0___ seen a dinosaur. The last dinosaur died about 60 million years ago，a long time ___28___ there were any people on the earth. ___29___ knows for sure why they all died. The nearest living relatives of dinosaurs are birds.

Dinosaurs didn't all look the same. There were more ___30___ 5,000 kinds. Some were very small，___31___ others were giants. The largest were bigger than any other animals that ever lived ___32___ land. The Brontosaurus, for example，was twenty metres long, and it ___33___ plants. The Tyrannosaurus Rex was not as ___34___ but it was stronger. It had sharp teeth for eating meat. Also it could run fast ___35___ it had long back legs.

示例　　　　　　　　　　　　　　　　　　　　答案

| 0 | A ever | B never | C yet | Ⓐ |

答案

28	A that	B when	C before
29	A everybody	B people	C nobody
30	A than	B that	C as
31	A as	B but	C or
32	A in	B on	C at
33	A ate	B eat	C eats
34	A bigger	B biggest	C big
35	A that	B because	C where

附录6:阅读理解测试

时间:10分钟

学校_____

班级_____日期_____

姓氏_____名字_____

(1)阅读关于 Ingrid McFarlane 的文章,并回答下列问题,用圆圈标出正确答案。

Ingrid McFarlane
Zoo Keeper

When I left school at eighteen, I got a job at a zoo as a student keeper. Now, five years later, things have changed – I have passed my exams and I am a full animal keeper.

The money is not good. I only get £ 9,000 a year. You have to be outside in rain and snow, which is hard work, and you get very dirty. But this doesn't matter to me because animals are the most important thing in my life!

There are a hundred monkeys and fifty deer in my part of the zoo and I give them their food and clean their houses. I also need to watch them carefully to be sure that they are all well. In fact, rhinos are my favourite animals and so last year I went to Africa with a colleague for a month to study them.

The zoo is open every day and I work five different days each week. I live in a small flat twenty minutes away and I get up at ten to seven and start work at eight.

The first thing I do when I get home at quarter past five is having a shower!

示例

0　Ingrid left school

  A　five years ago.

  B　earn more money.

  C　change her job.

  答案 Ⓐ

21　Ingrid would like to

  A　take some exams.

  B　earn more money.

  C　change her job.

22　How does Ingrid feel about working in bad weather?

  A　She hates getting dirty.

  B　She doesn't mind it.

  C　She likes the snow.

23　If Ingrid doesn't check the monkeys,

  A　they may become ill.

  B　they may get hungry.

  C　they may run away.

24　The animals Ingrid likes best are the

  A　monkeys.

  B　deer.

  C　rhinos.

25　Ingrid travelled to Africa

  A　to have a month's holiday.

  B　to visit a colleague there.

  C　to learn more about some animals.

26　The zoo is open

  A　only five days a week.

  B　seven days a week.

C   on different days every week.

27 Ingrid arrives at her flat in the evening at

A   five fifteen.

B   twenty past five.

C   ten to seven.

附录7:调查问卷

学校_____

班级_____ 日期_____

姓氏_____ 名字_____

请在相应答案上打勾:

1. 性别:□男　□女

2. 国籍:□西班牙　□其他,请具体说明:_____

3. 母语:□西班牙语　□其他,请具体说明:_____

4. 你是否在校外接受过英语辅导?

□是的　□没有　□我去过,但现在不去了

5. 如果你在校外读过英语课程,请具体说明:

▶持续了多久:

□不到一年　□一年多　□两年　□三年　□四年　□五年　□超过五年

▶每周上课几小时:

□1小时　□2小时　□3小时　□4小时　□5小时　□超过5小时

▶参加课程的原因是什么:

□我挂科了,想要通过考试

□我在学校英语成绩不错,但想要提高

□我非常喜欢语言,学习它们很有趣

□为了满足家人的期望

6. 你是否去过母语是英语的国家？

□没有

□去过

▶什么时候？ _____

▶待了多久？ _____

▶你在那里上过英语课吗？ □是的　□没有

7. 你是否参加过英语兴趣班或夏令营？

□没有

□去过

▶什么时候？ _____

▶待了多久？ _____

8. 你在上个学期三年级英语课的成绩是什么？

□成绩良好　□需要改进　□其他,请具体说明_____

9. 请在相应答案上打勾,以表示结果：

• 阅读英语书面材料

□非常简单　□简单　□普通　□困难　□非常困难

• 如果是困难或非常困难,请勾选一个原因：

□因为出现了我不理解的词

□因为出现了我不理解的复杂语法结构

□因为某些单词的书写

□其他困难,请具体说明_____

• 理解英语口语

□非常困难　□困难　□普通　□简单　□非常简单

• 如果是困难或非常困难,请勾选一个原因：

□因为出现了我不理解的词

□因为出现了我不理解的语法结构

□因为有些英语发音对我来说难以理解

□其他困难：请具体说明_____

· 用英语正确书写

□非常困难　□困难　□普通　□简单　□非常简单

· 如果是困难或非常困难,请勾选一个原因:

□因为缺乏词汇

□因为出现了我不理解的语法结构

□因为需要写一些单词

□其他困难:请具体说明_____

· 用英语正确说话

□非常困难　□困难　□普通　□简单　□非常简单

· 如果是困难或非常困难,请勾选一个原因:

□因为缺乏词汇

□因为缺乏语法结构

□因为某些单词不会发音

□其他困难:请具体说明_____

10. 你如何描述你的英语水平?

□非常好　□好　□一般　□差

11. 你在家花多少时间学习英语(不包括你可能上的英语课）?

□少于半小时　　　　　□半小时到一小时

□一小时到两小时　　　□超过两小时,请说明具体时间_____

12. 你在家学习英语的时间,你是如何使用的?

□阅读英语书籍或杂志　□看英语电视

□听英语音乐　　　　　□学习词汇

□做作业　　　　　　　□其他,请具体说明_____

13. 你在家通常阅读英语吗?

□每天　　　　□经常　　　□很少　　　□从不

14. 请在以下七个选项中打"×",标记出你认为最符合你观点的方格(包括阴影方案)。阴影方格是中间选项,是给你作为参考用的。

学习英语是……

必要的							不必要的
难看的							好看的
困难的							容易的
有吸引力							无吸引力
愉快的							不愉快的
不重要的							重要的
无用的							有用的
有趣的							无聊的

请在相应的方格内打"×"

15. 我喜欢学习英语。

完全同意	同意	中立	不同意	完全不同意

16. 学习英语很重要。

完全同意	同意	中立	不同意	完全不同意

17. 学习英语很无聊。

完全同意	同意	中立	不同意	完全不同意

18. 我想学习很多英语。

完全同意	同意	中立	不同意	完全不同意

19. 我喜欢英语课。

完全同意	同意	中立	不同意	完全不同意

20. 我对学习英语感兴趣。

完全同意	同意	中立	不同意	完全不同意

21. 学习英语是浪费时间。

完全同意	同意	中立	不同意	完全不同意

22. 我努力学习英语。

完全同意	同意	中立	不同意	完全不同意

23. 英语对我将来找工作很有帮助。

| 完全同意 | 同意 | 中立 | 不同意 | 完全不同意 |

24. 我想把英语说好写好。

| 完全同意 | 同意 | 中立 | 不同意 | 完全不同意 |

25. 在英语课上我努力学习所有知识。

| 完全同意 | 同意 | 中立 | 不同意 | 完全不同意 |

26. 我想很好地掌握英语，以便能和说这种语言的其他人交流。

| 完全同意 | 同意 | 中立 | 不同意 | 完全不同意 |

参考文献

Adolphs, S. and Schmitt, N. (2004) Vocabulary coverage according to spoken discourse context. In P. Bogaards and B. Laufer (eds) *Vocabulary in a Second Language* (pp. 39–52). Amsterdam: John Benjamins.

Agustín Llach, M. P. (2007) Lexical errors as writing quality predictors. *Studia Linguistica* 61 (1), 1–19.

Agustín Llach, M. P. (2009a) Lexical L1 transfer in Spanish EFL writing. Paper presented at the XXVII International AESLA Conference, Ciudad Real, 26–28 March 2009.

Agustín Llach, M. P. (2009b) The effect of reading only, reading and comprehension, and sentence writing in lexical learning in a foreign language. *RESLA* 22, 9–34.

Agustín Llach, M. P. , Fernández Fontecha, A. and Moreno Espinosa, S. (2005) Responding to different composition topics: A quantitative analysis of lexical error production *Glosas Didácticas* 13, 133–141.

Agustín Llach, M. P. and Jiménez Catalán, R. M. (2007) Measuring lexical knowledge through lexical accuracy ratio. *Language Forum: A Journal of Language and Literature* 33 (2, Special Issue: New Trends in Vocabulary Acquisition), 65–84.

Agustín Llach, M. P. and Terrazas Gallego, M. (2008) Gender differences in receptive vocabulary size in EFL primary school learners: A longitudinal study. Paper presented at the XXXII International AEDEAN Conference, Palma de Mallorca, 13–15 November 2008.

Agustín Llach, M. P. and Terrazas Gallego, M. (2009) Examining the relationship between receptive vocabulary size and reading and writing of primary school learners. *Atlantis* 31 (1), 11–29.

Al-Othman, N. M. A. (2004) The relationship between gender and learning styles in Internet-based teaching—A study from Kuwait. *The Reading Matrix* 4 (1),

38-54.

Albrechtsen, D. , Henriksen, B. and Faerch, C. （1980）Native speaker reactions to learners' spoken interlanguage. *Language Learning* 30, 365-396.

Alderson, J. C. (1979) The cloze procedure and proficiency in English as a foreign language. *TESOL Quarterly* 13 (2), 219-227.

Alonso Alonso, M. R. and Palacios Martínez, I. M. (1994) Expresión escrita y transferencia: Análisis de errores en la lengua escrita de estudiantes de español como segunda lengua. *REALE* 2, 23-38.

Altenberg, B. and Granger, S. (2002) Recent trends in cross-linguistic lexical studies. In B. Altenberg and S. Granger (eds) *Lexis in Contrast* (pp. 3-48). Amsterdam: John Benjamins.

Álvarez Castrillo, C. and Diez-Itzá, E. (2000) Competencia léxica y rendimiento académico en alumnos de segundo de Bachillerato. *Aula Abierta* 76, 185-195.

Ambroso, S. (2000) Descripción de los errores léxicos de los hispanohablantes: análisis de la producción escrita de IT, el certificado de competencia general en italiano como L2. In E. de Miguel, M. Fernández Lagunilla and F. Cartoni (eds) *Sobre el lenguaje: miradas plurales y singulares* (pp. 53-72). Madrid: Arrecife.

Anderson, J. C. and Freebody, P. (1981) Vocabulary knowledge. In J. T. Guthrie (ed.) *Comprehension and Teaching* (pp. 77-117). Newark, DE: International Reading Association.

Andreou, G. , Vlachos, F. and Andreou, E. (2005) Affecting factors in second language learning. *Journal of Psycholinguistic Research* 34 (5), 429-438.

Anglin, J. M. (1985) The child's expressible knowledge of word concepts: What preschoolers can say about the meanings of some noun and verbs. In K. E. Nelson (ed.) *Children's Language* (Vol. 5, pp. 77-120). Hillsdale, NJ: Erlbaum.

Ard, J. and Gass, S. (1987) Lexical constraints on syntactic acquisition. *Studies in Second Language Acquisition* 9, 233-252.

Argüelles Álvarez, I. (2004) Evaluación y calificación de resúmenes de textos expositivos en el aula de ILE/IFE: la guía 'BABAR'. *Ibérica* 8, 81-99.

Arnaud, P. (1992) Objective lexical and grammatical characteristics of L2 written compositions and the validity of separate-component tests. In P. Arnaud and H. Béjoint (eds) *Vocabulary and Applied Linguistics* (pp. 133-145). London: MacMillan Academic and Professional Ltd.

Arnaud, P. and Béjoint, H. (eds) (1992) *Vocabulary and Applied Linguistics*.

London: Macmillan.

Atai, M. R. and Akbarian, I. (2003) The effect of exposure on EFL learners' acquisition of idioms with reference to proficiency levels. *Indian Journal of Applied Linguistics* 29 (1), 21−34.

Bacha, N. (2001) Writing evaluation: What can analytic versus holistic essay scoring tell us? *System* 29, 371−383.

Barcroft, J. (2004) Effects of sentence writing in second language lexical acquisition. *Second Language Research* 20 (4), 303−334.

Bardovi−Harlig, K. and Bofman, T. (1989) Attainment of syntactic and morphological accuracy by advanced language learners. *Studies in Second Language Acquisition* 11, 17−34.

Beheydt, L. (1987) The semantization of vocabulary in foreign language learning. *System* 15 (1), 55−67.

Beglar, D. and Hunt, A. (1999) Revising and validating the 2000 word level and university word level vocabulary tests. *Language Testing* 16 (2), 131−162.

Berg, E. C. (1999) The effects of trained peer response on ESL students' revision types and writing quality. *Journal of Second Language Writing* 8 (3), 215−241.

Berko Gleason, J. (ed.) (1997) *The Development of Language* (4th edn). Boston: Allyn and Bacon.

Berkoff, N. A. (1981) Error analysis revisited. In G. Nickel and D. Nehls (eds) *Error Analysis, Contrastive Linguistics and Second Language Learning.* Papers from the 6th International Congress of Applied Linguistics (pp. 5−17). Lund 1981. Heidelberg: Groos.

Blum, S. and Levenston, E. A. (1978) Universals of lexical simplification. *Language Learning* 28, 399−415.

Blum−Kulka, S. and Levenston, E. (1983) Universals of lexical simplification. In C. Faerch and G. Kasper (eds) *Strategies in Interlanguage Communication* (pp. 119−139). London: Longman.

Bogaards, P. and Laufer, B. (eds) (2004) *Vocabulary in a Second Language.* Amsterdam: John Benjamins.

Bouvy, C. (2000) Towards the construction of a theory of cross−linguistic transfer. In J. Cenoz and U. Jessner (eds) *English in Europe: The Acquisition of a Third Language* (pp. 143−156). Clevedon: Multilingual Matters.

Brown, H. D. (1970) Categories of spelling difficulty in speakers of English as a first and second language. *Journal of Verbal Learning and Verbal Behaviour* 9,

232–236.

Brown, J. D. and Rodgers, T. (2002) *Doing Second Language Research*. Oxford: Oxford University Press.

Bruce, I. (2005) Syllabus design for general EAP writing courses: A cognitive approach. *Journal of English for Academic Purposes* 4, 239–256.

Bruton, A. (2007) Vocabulary learning from dictionary reference in collaborative EFL translational writing. *System* 35, 353–367.

Brutten, S. , Mouw, J. and Perkins, K. (1986) The effects of language group, proficiency level, and instruction on ESL subjects' control of the {D} and {Z} morphemes. *TESOL Quarterly* 20 (3):553–559.

Burling, R. (1978) Language development of a Garo and English-speaking child. In E. Hatch (ed.) *Second Language Acquisition: A Book of Readings* (pp. 54–76). Rowley, MA: Newbury House.

Burstall, C. , Jamieson, M. , Cohen, S. and Hargreaves, M. (1974). *Primary French in the Balance*. Slough: NFER.

Cabaleiro González, M. B. (2003) La escritura en L1 y L2: estudio empírico. *RESLA* 16, 33–52.

Cameron, L. (1994) Organizing the world: Children's concepts and categories, and implications for the teaching of English. *ELT Journal* 48 (1), 28–39.

Cameron, L. (2001) *Teaching Languages to Young Learners*. Cambridge: Cambridge University Press.

Cameron, L. (2002) Measuring vocabulary size in English as an additional language. *Language Teaching Research* 6 (2), 145–173.

Cameron, L. (2003) Challenges for ELT from the expansion in teaching children. *ELT Journal* 57 (2), 105–112.

Cameron, L. and Blesser, S. (2004) Writing in English as an additional language at key stage 2. Research Report RR586. ON WWW at http://www. dfes. gov. uk/ research/data/uploadfiles/RR586. pdf.

Camp, R. (1993) Changing the model for the direct assessment of writing. In M. W. Williamson and B. Hout (eds) *Validating Holistic Scoring for Writing Assessment: Theoretical and Empirical Foundations* (pp. 45–78). Cresskill, NJ: Hampton Press.

Campbell, C. (1990) Writing with others' words: Using background reading text in academic compositions. In B. Kroll (ed.) *Second Language Writing: Research Insights for the Classroom* (pp. 211–230). Cambridge: Cambridge University Press.

Carlisle, J. (1989) Knowledge of derivational morphology and spelling ability in fourth, sixth, and eighth graders. *Applied Psycholinguistics* 9, 247–266.

Carrió Pastor, M. L. (2004) Las implicaciones de los errores léxicos en los artículos en inglés científico–técnico. *RAEL* 3, 21–40.

Carroll, J. B. (1969) Psychological and educational research into second language teaching to young children. In H. H. Stern (ed.) *Languages and the Young School Child.* London: Oxford University Press.

Carson, J. (2001) Second language writing and second language acquisition. In T. Silva and P. K. Matsuda (eds) *On Second Language Writing* (pp. 191–200). Hillsdale, NJ: Erlbaum.

Cassany, D. (1989) *Describir el escribir.* Barcelona. Paidós Comunicación.

Celaya, M. L. (1992) *Transfer in English as a Foreign Language: A Study on Tenses.* Barcelona: Promociones y Publicaciones Universitarias.

Celaya, M. L. (2006) Lexical transfer and L2 proficiency: A longitudinal analysis of EFL written production. In A. Alcaraz–Sintes, C. Soto–Palomo and MC. Zunido–Garrido (eds) *Proceedings of the 29th AEDEAN Conference.* Jaen: Universidad de Jaen.

Celaya, M. L. and Torras, M. R. (2001) L1 influence and EFL vocabulary: Do children rely more on L1 than adult learners? *Proceedings of the 25th AEDEAN Meeting, University of Granada, 13-15 December* (pp. 1–14).

Celaya, M. L. and Ruiz de Zarobe, Y. (2008) CLIL, age, and L1 influence. Paper presented at the XXXII AEDEAN Conference, Palma de Mallorca, 13–15 November.

Celce–Murcia, M. (1978) The simultaneous acquisition of English and French in a two–year–old child. In E. Hatch (ed.) *Second Language Acquisition: A Book of Readings* (pp. 38–54). Rowley, MA: Newbury House.

Cenoz, J. (2001) The effect of linguistic distance, L2 status and age on crosslinguistic influence in third language acquisition. In J. Cenoz, B. Hufeisen and U. Jessner (eds) *Cross-Linguistic Influence in Third Language Acquisition: Psycholinguistic Perspectives* (pp. 8–20). Clevedon: Multilingual Matters.

Cenoz, J. (2002) Age differences in foreign language learning. *ITL Review of Applied Linguistics* 135–136, 125–142.

Cenoz, J. (2003) The influence of age on the acquisition of English: General proficiency, attitudes and code mixing. In M. P. García Mayo and M. L. García Lecumberri (eds) *Age and the Acquisition of English as a Foreign*

Language (pp. 77–93). Clevedon: Multilingual Matters.

Cervero, M. J. and Pichardo Castro, F. (2000) *Aprender y enseñar vocabulario.* Madrid: Edelsa.

Chandler, J. (2003) The efficacy of various kinds of error feedback for improvement in the accuracy and fluency of L2 student writing. *Journal of Second Language Writing* 12, 267–296.

Channell, J. (1988) Psycholingusitc considerations in the study of L2 vocabulary acquisition. In R. Carter and M. McCarthy (eds) *Vocabulary and Language Teaching* (pp. 83–96). London: Longman.

Chastain, K. (1988) *Developing Second-Language Skills: Theory to Practice* (2nd edn). New York: Harcourt Brace Jovanovich.

Cherry, R. and Meyer, P. (1993) Reliability issues in holistic assessment. In M. W. Williamson and B. Hout (eds) *Validating Holistic Scoring for Writing Assessment: Theoretical and Empirical Foundations* (pp. 109–141). Cresskill, NJ: Hampton Press.

Chiang, S. (2003) The importance of cohesive conditions to perceptions of writing quality at the early stages of foreign language learning. *System* 31, 471–484.

Cho, Y. (2003) Assessing writing: Are we bound by only one method? *Assessing Writing* 8, 165–191.

Cho, K. –S. and Krashen, S. (1994) Acquisition of vocabulary from the Sweet Valley Kids Series: Adult ESL acquisition. *Journal of Reading* 37, 662–667.

Clark, E. (1993) *The Lexicon in Acquisition.* Cambridge: Cambridge University Press.

Clark, M. and Ishida, S. (2005) Vocabulary knowledge differences between placed and promoted EAP students. *Journal of English for Academic Purposes* 4, 225–238.

Coady, J. (1995) Research on ESL/EFL vocabulary acquisition: Putting it in context. In T. Huckin, M. Haynes and J. Coady (eds) *Second Language Reading and Vocabulary Learning* (pp. 3–24). Norwood, NJ: Ablex Publishing Corporation.

Coady, J. , Magoto, J. , Hubbard, P. , Graney, J. and Mokhtari, K. (1995) High frequency vocabulary and reading proficiency in ESL readers. In T. Huckin, M. Haynes and J. Coady (eds) *Second Language Reading and Vocabulary Learning* (pp. 217–226). Norwood, NJ: Ablex Publishng Corporation.

Coady, J. and Huckin, T. (eds) (1997) *Second Language Vocabulary Acquisition.* Cambridge: Cambridge University Press.

Cobb, T. (2000) One size fits all? Francophone learners and English vocabulary tests. *The Canadian Modern Language Review* 57 (2), 295-324.

Cobb, T. (2003) Analyzing late interlanguage with learner corpora: Quebec replication of three European studies. *The Canadian Modern Language Review* 59, 393-423.

Cobb, T. and Horst, M. (1999) Vocabulary sizes of some *City University students*. *City University (HK) Journal of Language Studies* 1, 59-68.

Cobb, T. and Horst, M. (2004) Is there room for an academic word list in French? In P. Bogaards and B. Laufer (eds) *Vocabulary in a Second Language* (pp. 15-38). Amsterdam: John Benjamins.

Codina Espurz, V. and Usó Juan, E. (2000) Influencia del conocimiento previo y del nivel de una segunda lengua en la comprensión escrita de textos académicos. In C. Muñoz (ed.) *Segundas lenguas. Adquisición en el aula* (pp. 299-315). Barcelona: Ariel Lingüística.

Consejo de Europa (2001) Marco común europeo de referencia para las lenguas: aprendizaje, enseñanza y evaluación. Estrasburgo (Spanish version by Instituto Cervantes, 2002). [English version: Council of Europe (2001). Common European Framework of Reference for Languages: Learning, Teaching, Assessment. Cambridge: Cambridge University Press.]

Connor, U. (2003) Changing currents in contrastive rhetoric: Implications for teaching and research. In B. Kroll (ed.) *Exploring the Dynamics of Second Language Writing* (pp. 218-241). Cambridge: Cambridge University Press.

Cook, V. (1991/1996) *Second Language Learning and Language Teaching*. London: Edward Arnold.

Corder, S. P. (1967) The significance of learner's errors. *IRAL* 5, 161-170.

Corder, S. P. (1973) *Introducing Applied Linguistics*. Middlesex: Penguin Books.

Corporate Author Cambridge ESOL (2004) http://www. cambridge. org/aus/browse/browse_samples. asp?subjectid=55

Crusan, D. (2002) An assessment of ESL writing placement assessment. *Assessing Writing* 8, 17-30.

Crystal, D. (1980) *A First Dictionary of Linguistics and Phonetics*. London: André Deutsch.

Cumming, A. (2001) Learning to write in a second language: Two decades of research. *International Journal of English Studies* 1 (2), 1-23.

Cumming, A. (2003) Experienced EFL/ESL writing instructors conceptualizations of their teaching: Curriculum options and implications. In B. Kroll (ed.)

Exploring the Dynamics of Second Language Writing (pp. 71–92). Cambridge: Cambridge University Press.

Cumming, A. , Kantor, R. , Baba, K. , Erdosy, U. , Eouanzoui, K. and James, M. (2005) Differences in written discourse in independent and integrated prototype tasks for next generation TOEFL. *Assessing Writing* 10, 5–43.

Curtis, M. (1987) Vocabulary testing and vocabulary instruction. In M. McKeown and M. Curtis (eds.) *The Nature of Vocabulary Acquisition* (pp. 37–51). Hillsdale, NJ: Erlbaum.

Da Rocha, F. J. （1980）On the reliability of error analysis. *Studia Anglica Posnaniensia* 12, 83–90.

Dagneaux, E. , Denness, S. and Granger, S. (1998) Computer–aided error analysis. *System* 26, 163–174.

Dagut, M. B. (1977) Incongruencies in lexical 'gridding'—An application of contrastive semantics analysis to language teaching. *IRAL* 15, 221–229.

Dagut, M. , and Laufer, B. (1982) How intralingual are 'intralingual errors'? In G. Nickel and D. Nehls (eds) *International Review of Applied Linguistics: Error Analysis, Contrastive Linguistics and Second Language Learning* (pp. 19–41).

De Angelis, G. and Selinker, L. (2001) Interlanguage transfer and competing linguistic systems in the multilingual mind. In J. Cenoz, B. Hufeisen and U. Jessner (eds) *Cross-Linguistic Influence in Third Language Acquisition: Psycholinguistic Perspectives* (pp. 42–58). Clevedon, UK: Multilingual Matters.

De Bot, K. and Schreuder, R. (1993) Word production and the bilingual lexicon. In R. Schreuder and B. Weltens (eds) *The Bilingual Lexicon* (pp. 191–214). Amsterdam: John Benjamins.

De Cock, S. and Granger, S. (2005) Computer learner corpora and monolingual learners dictionaries: The perfect match. In W. Teubert and M. Mahlberg (eds) *The Corpus Approach to Lexicography* (pp. 72–86). Special issue of *Lexicographica 20*. Berlin, New York: Walter de Gruyter.

De Groot, A. M. B. (1993) Word–type effects in bilingual processing tasks: Support for a mixed–representational system. In R. Schreuder and B. Weltens (eds) *The Bilingual Lexicon* (pp. 27–51). Amsterdam: John Benjamins.

De Haan, P. and van Esch, K. (2005) The development of writing in English and Spanish as foreign languages. *Assessing Writing* 10, 100–116.

Delisle, H. (1982) Native speaker judgement and the evaluation of errors in German. *Modern Language Journal* 66, 39–48.

Deschamps, A. (1992) From spelling to sound: English graphematics as an aid to vocabulary acquisition. In P. Arnaud and H. Bejoint (eds) *Vocabulary and Applied Linguistics* (pp. 182–195). London: MacMillan.

Dewaele, J. M. (1998) Lexical inventions: French interlanguage as L2 versus L3. *Applied Linguistics* 19 (4), 471–490.

Dewaele, J. M. (2001) Activation or inhibition? The interaction of L1, L2 and L3 on the language mode continuum. In J. Cenoz, B. Hufeisen and U. Jessner (eds) *Cross-Linguistic Influence in Third Language Acquisition: Psycholinguistic Perspectives* (pp. 69–89). Clevedon: Multilingual Matters.

Díaz Galán, A. and Fumero Pérez, M. C. (2004) The problem–solution pattern: A tool for the teaching of writing? *BELLS: Barcelona English and Literature Studies* 12. ON WWW at http://www. publicacions. ub. es/revistes/bells12/PDF/art03. pdf. Accessed XX. XX. XX.

Djokic, D. (1999) Lexical errors in L2 learning and communication. *Rassegna Italina di Linguistica Aplicata* 1, 123–135.

Dordick, M. (1996) Testing for a hierarchy of the communicative interference value of ESL errors. *System* 24 (3), 299–308.

Dušková, L. (1969) On sources of errors in foreign language learning. *IRAL* 7, 11–35.

Ecke, P. (2001) Lexical retrieval in a third language: Evidence from errors and tip–of–the–tongue states. In J. Cenoz, B. Hufeisen and U. Jessner (eds) *Cross–Linguistic Influence in Third Language Acquisition: Psycholinguistic Perspectives* (pp. 90–114). Clevedon, UK: Multilingual Matters.

Eisterhold, J. C. (1990) Reading–writing connections: Towards a description for second language learners. In B. Kroll (ed.) *Second Language Writing: Research Insights for the Classroom* (pp. 88–102). Cambridge: Cambridge University Press.

Ellis, N. (1997a) Vocabulary acquisition: Word structure, collocation, word–class, and meaning. In N. Schmitt and M. McCarthy (eds) *Vocabulary: Description, Acquisition and Pedagogy* (pp. 122–139). Cambridge: Cambridge University Press.

Ellis, N. (2004) The processes of SLA. In B. VanPatten, J. Williams, S. Rott and M. Overstreet (eds) *Form–Meaning Connections in Second Language Acquistion* (pp. 139–154). Mahwah, NJ: Erlbaum.

Ellis, N. and Beaton, A. (1993) Psycholinguistic determinants of foreign language vocabulary learning. *Language Learning* 43 (4), 559–617.

Ellis, R. (1985) *Understanding Second Language Acquisition*. Oxford: Oxford University Press.

Ellis, R. (1994) *The Study of Second Language Acquisition*. Oxford: Oxford University Press.

Ellis, R. (1997b) *Second Language Acquisition Research and Language Teaching*. Oxford: Oxford University Press.

Ellis, R. and Heimbach, R. (1997) Bugs and birds: Children's acquisition of second language vocabulary through interaction. *System* 25 (2), 247–259.

Engber, C. A. (1995) The relationship of lexical proficiency to the quality of ESL compositions. *Journal of Second Language Writing* 4 (2), 139–155.

Enkvist, N. E. (1973) Should we count errors or measure success? In J. Svartvik (ed.) *Errata: Papers in Error Analysis* (pp. 16–23). Lund: GWE Gleerup.

Erdmenger, M. (1985) Word-acquisition and vocabulary structure in third-year EFL learners. *IRAL* 23 (2), 159–164.

Faerch, C. and Kasper, G. (1983) Plans and strategies in foreign language communication. In C. Faerch and G. Kasper (eds) *Strategies in Interlanguage Communication* (pp. 20–60). London: Longman.

Fan, M. (2000) How big is the gap and how to narrow it? An investigation into the active and passive vocabulary knowledge of L2 learners. *RELC Journal* 31 (2), 105–119.

Fathman, A. K. and Whalley, E. (1990) Teacher response to student writing: Focus on form versus content. In B. Kroll (ed.) *Second Language Writing: Research Insights for the Classroom* (pp. 178–190). Cambridge: Cambridge University Press.

Fayer, J. M. and Krasinski, E. (1987) Native and nonnative judgements of intelligibility and irritation. *Language Learning* 37 (3), 313–326.

Fernández, S. (1995) Errores e interlengua en el aprendizaje del español como lengua Extranjera. *Didáctica* 7, 203–216.

Fernández, S. (1997) *Interlengua y análisis de errores en el aprendizaje del español como lengua extranjera*. Madrid: Edelsa.

Ferris, D. and Hedgcock, J. S. (1998) *Teaching ESL Composition: Purpose, Process and Practice*. Mahwah, NJ: Erlbaum.

Fisher, R. (1984) Testing written communicative competence in French. *Modern Language Journal* 68, 13–20.

Fitzgerald, J. (1995) English-as-a-second-language learners' cognitive reading processes: A review of research in the United States. *Review of Educational*

Research 65, 145-190.

Flower L. and Hayes, J. (1981) A cognitive process theory of writing. *College Composition and Communication* 32, 365-387.

Frantzen, D. (1995) The effects of grammar supplementation on written accuracy in an intermediate Spanish content course. *Modern Language Journal* 79, 329-344.

Freidlander, A. (1990) Composing in English: Effects of a first language on writing in English as a second language. In B. Kroll (ed.) *Second Language Writing: Research Insights for the Classroom* (pp. 109-125). Cambridge: Cambridge University Press.

Gabryś -Barker, D. (2006) The interaction of languages in the lexical search of multilingual language users. In J. Arabski (ed.) *Cross-Linguistic Influences in the Second Language Lexicon* (pp. 144-166). Clevedon: Multilingual Matters.

García Lecumberri, M. L. and Gallardo, F. (2003) English FL sounds in school learners of different ages. In M. P. García Mayo and M. L. García Lecumberri (eds) *Age and the Acquisition of English as a Foreign Language* (pp. 115-135). Clevedon: Multilingual Matters.

García Mayo, M. P. (2003) Age, length of exposure and grammaticality judgements in the acquisition of English as a foreign language. In M. P. García Mayo and M. L. García Lecumberri (eds) *Age and the Acquisition of English as a Foreign Language* (pp. 94-114). Clevedon: Multilingual Matters.

García Mayo, M. P. and García Lecumberri, M. L. (eds) (2003) *Age and the Acquisition of English as a Foreign Language*. Clevedon: Multilingual Matters.

Gass, S. (1988) Second language vocabulary acquisition. *Annual Review of Applied Linguistics* 9, 92-106.

Gass, S. and Schachter, J. (1990) *Linguistic Perspectives in Second language Acquisition*. Cambridge: Cambridge University Press.

Gearhart, M. , Herman, J. L. , Novak, J. R. and Wolf, S. A. (1995) Toward the instructional utility of large-scale writing assessment: Validation of a new narrative rubric. *Assessing Writing* 2 (2), 207-242.

Gleitman, L. , and Landau, B. (1996) *The Acquisition of the Lexicon*. Amsterdam: MIT/Elsevier.

Glenwright, P. (2002) Language proficiency assessment for teachers: The effects of benchmarking on writing assessment in Hong Kong schools. *Assessing Writing* 8, 84-109.

Goldfield, B. A. and Reznick, J. S. (1990) Early lexical acquisition: Rate, content, and the vocabulary spurt. *Journal of Child Language* 17, 171–183.

Goldsmith, P. (1995) The development of spelling and word knowledge in older students (Years 5–11). *Australian Review of Applied Linguistics* 18 (1), 109–128.

González Álvarez, E. (2004) *Interlanguage Lexical Innovation*. Munich: Lincom Europa.

Goodfellow, R. , Jones, G. , Lamy, M–N. (2002) Assessing Learners' Writing Using Lexical Frequency. *ReCALL* 14 (1), 129–142.

Gost, C. and Celaya, M. L. (2005) Age and the use of L1 in EFL oral production. In M. L. Carrió Pastor (ed.) *Perspectivas Interdisciplinares de la Lingüística Aplicada* (pp. 129–136). València: Universitat Politècnica de València—AESLA, Asociación Española de Lingüística Aplicada.

Grabe, W. (2001) Notes towards a theory of second language writing. In T. Silva and P. K. Matsuda (eds) *On Second Language Writing* (pp. 39–58). Hillsdale, NJ: Erlbaum.

Grabe, W. (2003) Reading and writing relations: Second language perspective on research and practice. In B. Kroll (ed.) *Exploring the Dynamics of Second Language Writing* (pp. 242–262). Cambridge: Cambridge University Press.

Grabe, W. and Stoller, F. (1997) Reading and vocabulary development in a second language: A case study. In J. Coady and T. Huckin (eds) *Second Language Vocabulary Acquisition* (pp. 98–122). Cambridge: Cambridge University Press.

Grace, C. (2000) Gender differences: Vocabulary retention and access to translations for beginning language learners in CALL. *The Modern Language Journal* 84 (2), 214–224.

Grant, L. and Ginther, A. (2000) Using computer–tagged linguistic features to describe L2 writing differences. *Journal of Second Language Writing* 9 (2), 123–145.

Gu, P. Y. (2003) Vocabulary learning in a second language: Person, task, context and strategies. *Teaching English as a Second or Foreign Language* 7 (2), 1–24. On WWW at www. writing. berkeley. edu/TESL–EJ/ej26/toc. html.

Gu, Y. and Leung, C. (2002) Error patterns of vocabulary recognition for EFL learners in Beijing and Hong Kong. *Asian Journal of English Language Teaching* 12, 121–141.

Haastrup, K. and Phillipson, R. (1983) Achievement strategies in learner/

native speaker interaction. In C. Faerch and G. Kasper (eds) *Strategies in Interlanguage Communication* (pp. 140–158). London: Longman.

Hakuta, K. , Bialystok, E. and Wiley, E. (2005) Critical evidence: A test of the critical period hypothesis for second language acquisition. *Psychological Science* 14 (1), 31–38. On WWW at www. faculty. ucmerced. edu/khakuta/docs/Critical Evidence. pdf. Accessed 14. 12. 05.

Halden-Sullivan, J. (1996) Reconsidering assessment: From checklist to dialectic. *Assessing Writing* 3 (21), 173–195.

Hamp-Lyons, L. (1990) Second language writing: Assessment issues. In B. Kroll (ed.) *Second Language Writing: Research Insights for the Classroom* (pp. 69–87). Cambridge: Cambridge University Press.

Hamp-Lyons, L. (1991) Scoring procedures for ESL contexts. In L. Hamp-Lyons (ed.) *Assessing Second Language Writing in Academic Contexts* (pp. 241–276). Norwood, NJ: Ablex Publishing Corporation.

Hamp-Lyons, L. (1992) Holistic writing assessment for LEP students. *Proceedings of the Second National Research Symposium on Limited English Proficient Student Issues: Focus on Evaluation and Measurement.* OBEMLA. On WWW at http:// www. ncela. gwu. edu/pubs/symposia/second/vol2/holistic. htm.

Hamp-Lyons, L. (2001) Fourth generation writing assessment. In T. Silva and P. K. Matsuda (eds) *On Second Language Writing* (pp. 117–128). Hillsdale, NJ: Erlbaum.

Hamp-Lyons, L. (2003) Writing teachers as assessors of writing. In B. Kroll (ed.) *Exploring the Dynamics of Second Language Writing* (pp. 162–190). Cambridge: Cambridge University Press.

Hancin-Bhatt, B. and Nagy, W. (1994) Lexical transfer and second language morphological development. *Applied Psycholinguistics* 15, 289–310.

Hansen, L. , Umeda, Y. and McKinney, M. (2002) Savings in the relearning of second language vocabulary: The effects of time and proficiency. *Language Learning* 52 (4), 653–678.

Harklau, L. (2002) The role of writing in classroom second language acquisition. *Journal of Second Language Writing* 11, 329–350.

Harley, B. (1986) *Age in Second Language Acquisition.* Clevedon: Multilingual Matters.

Harley, B. (1995) Introduction: The lexicon in second language research. In B. Harley (ed.) *Lexical Issues in Language Learning* (pp. 1–28). Ann Arbor, MI: Research Club in Language Learning.

Harley, B. , Allen, P. , Cummins, J. and Swain, M. (eds) (1990) *The Development of Second Language Proficiency*. Cambridge: Cambridge University Press.

Harley, B. and King, M. L. (1989) Verb lexis in the written compositions of young L2 learners. *Studies in Second Language Acquisition* 11, 415-439.

Hartman, G. W. (1946) Further evidence of the unexpected large size of recognition among college students. *Journal of Educational Psychology* 37, 436-439.

Hatzidaki, A. and Pothos, E. (2008). Bilingual language representations and cognitive processes in translation. *Applied Psycholinguistics* 29, 125-150.

Hawkey, R. and Barker, F. (2004) Developing a common scale for the assessment of writing. *Assessing Writing* 9, 122-159.

Hazenberg, S. and Hulstijn, J. (1996) Defining a minimal receptive second-language vocabulary for non-native university students: An empirical investigation. *Applied Linguistics* 17, 145-163.

Helms-Park, R. and Stapleton, P. (2003) Questioning the importance of individualised voice in undergraduate L2 argumentative writing: An empirical study with pedagogical implications. *Journal of Second Language Writing* 12, 245-265.

Hemchua, S. and Schmitt, N. (2006) An analysis of lexical errors in the English compositions of Thai learners. *Prospect* 21 (3), 3-25.

Henning, G. H. (1973) Remembering foreign language vocabulary: Acoustic and semantic parameters. *Language Learning* 23 (2), 185-197.

Herwig, A. (2001) Plurilingual lexical organization: Evidence from lexical processing in L1-L2-L3-L4 translation. In J. Cenoz, B. Hufeisen and U. Jessner (eds) *Cross-Linguistic Influence in Third Language Acquisition: Psycholinguistic Perspectives* (pp. 115-137). Clevedon: Multilingual Matters.

Hirsh, D. and Nation, P. (1992) What vocabulary size is needed to read unsimplified texts for pleasure? *Reading in a Foreign Language* 8, 689-696.

Hirvela, A. and Sweetland, Y. L. (2005) Two case studies of L2 writers' experiences across learning-directed portfolio contexts. *Assessing Writing* 10, 192-213.

Horst, M. , Cobb, T. and Meara, P. (1998) Beyond a clockwork orange: Acquiring second language vocabulary through reading. *Reading in a Foreign Language* 11 (2), 207-223.

Huckin, T. , Haynes, M. and Coady, J. (eds) (1995) *Second Language Reading and Vocabulary Learning*. Norwood, NJ: Ablex Publishing Corporation.

Hudson, W. (1990) Semantic theory and L2 lexical development. In S. Gass and

J. Schachter (eds) Linguistic Perspectives in Second language Acquisition (pp. 222–238). Cambridge: Cambridge University Press.

Hughes, A. and Lascaratou, C. (1982) Competing criteria for error gravity. *ELT Journal* 36 (3), 175–182.

Hulstijn, J. and Laufer, B. (2001) Some empirical evidence for the involvement load hypothesis in vocabulary acquisition. *Language Learning* 51 (3), 539–558.

Hyland, K. (2003) *Second Language Writing.* Cambridge: Cambridge University Press.

Hyltenstam, K. (1988) Lexical characteristics of near–native second–language learners of Swedish. *Journal of Multilingual and Multicultural Development* 9, 67–84.

Itoh, H. and Hatch, E. (1978) SLA: A case study. In E. Hatch (ed.) *Second Language Acquisition: A Book of Readings* (pp. 76–91). Rowley, MA: Newbury House.

Jacobs, H. , Zinkgraf, S. , Wormuth, D. R. , Hartfiel, V. F. and Hughey, J. B. (1981) *Testing ESL composition: A Practical Approach.* Rowley, MA: Newbury House.

James, C. (1977) Judgements of error gravities. *ELT Journal* 31 (2), 116–124.

James, C. (1998) *Errors in Language Learning and Use: Exploring Error Analysis.* London: Longman.

Janopoulus, M. (1993) Comprehension, communicative competence and construct validity: Holistic scoring from an ESL perspective. In M. W. Williamson and B. Hout (eds) *Validating Holistic Scoring for Writing Assessment: Theoretical and Empirical Foundations* (pp. 303–325). Cresskill, NJ: Hampton Press.

Jarvis, S. , Grant, L. , Bikowski, D. and Ferris, D. (2003) Exploring multiple profiles of highly rated learner compositions. *Journal of Second Language Writing* 12, 377–403.

Jiang, N. (2000) Lexical representation and development in a second language. *Applied Linguistics* 21 (1), 47–77.

Jiménez Catalán, R. M. (1992) *Errores en la producción escrita del inglés y posible factores condicionantes.* Colección Tesis Doctorales n8 73/92, Editorial de la Universidad Complutense.

Jiménez Catalán, R. M. and Ojeda Alba, J. (2007) The English vocabulary of girls and boys: Evidence from a quantitative study. In L. Litosseliti, H. Sauton, K. Harrington and J. Sunderland (eds) *Theoretical and Methodological*

Approaches to Gender and Language Study. London: Palgrave Macmillan.

Jiménez Catalán, R. M. and Terrazas Gallego, M. (2008) The receptive vocabulary of English foreign language young learners. *Journal of English Studies* 5, 173–192.

Johansson, S. (1978) Problems in studying the communicative effect of learner's errors. *SSLA* 1 (10), 41–52.

Johns, A. M. (1990) L1 composition theories: Implications for developing theories of L2 composition. In B. Kroll (ed.) *Second Language Writing: Research Insights for the Classroom* (pp. 24–36). Cambridge: Cambridge University Press.

Johns Ann M. and P. Mayes. (1990) An analysis of summary protocols of university ESL students. *Applied Linguistics* 11, 253–271.

Katznelson, H. , Perpignan, H. and Rubin, B. (2001) What develops along with the development of second language writing? Exploring the 'by-products'. *Journal of Second Language Writing* 10, 141–159.

Källkvist, M. (1998) How different are the results of translation tasks? A study of lexical errors. In K. Malmkjær (ed.) *Translation and Language Teaching: Language Teaching and Translation* (pp. 77–87). Manchester: St. Jerome Publishing.

Kepner, C. (1991) An experiment on the relationship of types of written feedback to the development of second language writing skills. *Modern Language Journal* 75, 305–313.

KET Handbook (2004) Read/Write Sample Test 2. Available online http://www. candidates. cambridgeesol. org/cs/digitalAssets/105923_Sample_Paper_R_W_ KET. pdf.

Khalil, K. (1985) Communicative error evaluation: Native speakers evaluation and interpretation of written errors of Arab EFL learners. *TESOL Quarterly* 19 (2), 335–352.

Kobayashi, H. and Rinnert, C. (1992) Effects of first language on second language writing: Translation versus direct composition. *Language Learning* 42, 182–215.

Kobayashi, H. and Rinnert, C. (2002) High school student perceptions of first language literacy instruction: Implications for second language writing. *Journal of Second Language Writing* 11, 92–116.

Kormos, J. and Csizér, K. (2008) Age-related differences in the motivations of learning English as a foreign language: Attitudes, selves and motivated learning behaviour. *Language Learning* 58 (2), 327–355.

Krapels, A. R. (1990) An overview of second language writing process research. In B. Kroll (ed.) *Second Language Writing: Research Insights for the Classroom* (pp. 37–56). Cambridge: Cambridge University Press.

Krashen, S. (1993) *The Power of Reading*. Englewood, Colorado: Libraries Unlimited.

Krashen, S. (2004) *The Power of Reading* (2nd edn). Portsmount, NH: Heinemann Publishing Company.

Kroll, B. (1990) What does time buy? ESL student performance on home versus class composition. In B. Kroll (ed.) *Second Language Writing: Research Insights for the Classroom* (pp. 140–154). Cambridge: Cambridge University Press.

Kroll, J. F. (1993) Assessing conceptual representations for words in a second language. In R. Schreuder and B. Weltens (eds) *The Bilingual Lexicon* (pp. 53–81). Amsterdam: John Benjamins.

Kroll, B. (2003) Introduction: Teaching the next generation of second language writers. In B. Kroll (ed.) *Exploring the Dynamics of Second Language Writing* (pp. 1–10). Cambridge: Cambridge University Press.

Kroll, J. , Michael, E. , Tokowicz, N. and Dufour, R. (2002) The development of lexical fluency in a second language. *Second Language Research* 18 (2), 137–171.

Kubota, R. (1998) An investigation of L1–L2 transfer in writing among Japanese university students: Implications for contrastive rhetoric. *Journal of Second Language Writing* 7 (l), 69–100.

Kucera, H. and Francis, W. N. (1967) *Computational Analysis of Present-Day American English*. Providence, RI: Brown University Press.

Kuiken, F. and Vedder, I. (2007) Task complexity and measures of linguistic performance in L2 writing. *IRAL* 45, 261–284.

Kumaravadivelu, B. (1988) Communication strategies and psychological processes underlying lexical simplification. *IRAL* 26 (4), 309–319.

Kweon, S. and Kim, H. (2008) Beyond raw frequency: Incidental vocabulary acquisition in extensive reading. *Reading in a Foreign Language* 20 (2), 191–215.

Larsen-Freeman, D. and Long, M. (1991) *An Introduction to Second Language Research*. London: Longman.

Lasagabaster, D. and Doiz, A. (2003) Maturational constraints on foreign-language written production. In M. P. García Mayo and M. L. García Lecumberri (eds) *Age and the Acquisition of English as a Foreign Language* (pp. 136–160). Clevedon: Multilingual Matters.

Laufer, B. (1990a) 'Sequence' and 'order' in the development of L2 lexis: Some evidence from lexical confusions. *Applied Linguistics* 11 (3), 281–296.

Laufer, B. (1990b) Why are some words more difficult than others? Some intralexical factors that affect the learning of words. *IRAL* 28, 293–307.

Laufer, B. (1991a) Some properties of the foreign language learner's lexicon as evidenced by lexical confusions. *IRAL* 29 (4), 317–330.

Laufer, B. (1991b) The development of L2 lexis in the expression of the advanced learner. *Modern Language Journal* 75, 440–448.

Laufer, B. (1992) How much lexis is necessary for reading comprehension? In P. Arnaud and H. Béjoint (eds) *Vocabulary and Applied Linguistics* (pp. 126–132). London: Macmillan.

Laufer, B. (1996) The lexical threshold of second language reading comprehension. In K. Sajavaara and C. Fairweather (eds) *Approaches to Second Language Acquisition* (pp. 55–62). Jyväskylä: Jyväskylä University Printing House.

Laufer, B. (1997a) The lexical plight in second language reading. In J. Coady and T. Huckin (eds) *Second Language Vocabulary Acquisition* (pp. 20–34). Cambridge: Cambridge University Press.

Laufer, B. (1997b) What's in a word that makes it hard or easy: Some intralexical factors that affect the learning of words. In N. Schmitt and M. McCarthy (eds) *Vocabulary: Description, Acquisition and Pedagogy* (pp. 140–155). Cambridge: Cambridge University Press.

Laufer, B. (1998) The development of active and passive vocabulary in a second language: Same or different? *Applied Linguistics* 19, 255–271.

Laufer, B. (2003) Vocabulary acquisition in a second language: Do learners really acquire most vocabulary by reading? Some empirical evidence. *The Canadian Modern Language Review* 59 (4), 567–587.

Laufer, B. (2005) Lexical competence: What is it and how can it be measured? Paper presented at the Universidad de La Rioja, 11 May 2005.

Laufer, B. (2006). Comparing focus on form and focus on forms in second-language vocabulary learning. *The Canadian Modern Language Review* 63 (1), 149–166.

Laufer, B. and Nation, P. (1995) Vocabulary size and use: Lexical richness in L2 written production. *Applied Linguistics* 16, 307–322.

Laufer, B. and Nation, P. (1999) A vocabulary-size test of controlled productive ability. *Language Testing* 16, 33–51.

Laufer, B. and Paribakht, T. S. (1998) The relationship between active and passive vocabularies: Effects of language learning context. *Language Learning* 48 (3), 365–391.

Lee, S. H. (2003) ESL learners' vocabulary use in writing and the effects of explicit vocabulary instruction. *System*, 31, 537–561.

Lee, S. H. and Muncie, J. (2006) From receptive to productive: Improving ESL learners' use of vocabulary in a postreading composition task. *TESOL Quarterly* 40 (2), 295–320.

Legenhausen, L. (1975) *Fehleranalyse und Fehlerbewertung*. Berlin: Cornelsen-Velhagen & Klasing.

Lehmann, M. (2007). Is intentional or incidental vocabulary learning more effective? *The International Journal of Foreign Language Teaching* 3 (1), 23–28. On WWW at http://www. tprstories. com/ijflt/IJFLTJuly07. pdf. Accessed 22. 10. 07.

Leki, I. and Carson, J. G. (1994) Students' perceptions of EAP writing instruction and writing needs across the disciplines. *TESOL Quaterly* 28 (1), 81–101.

Lennon, P. (1991a) Error: Some problems of definition, identification, and distinction. *Applied Linguistics* 12 (2), 180–195.

Lennon, P. (1991b) Error and the very advanced learner. *IRAL* 29 (1), 31–43.

Lennon, P. (1996) Getting 'easy' verbs wrong at the advanced level. *IRAL* 34 (1), 23–36.

Leopold, W. F. (1978) A child's learning of two languages. In E. Hatch (ed.) *Second Language Acquisition: A Book of Readings* (pp. 23–33). Rowley, MA: Newbury House.

Li, P. (2009). Lexical organization and competition in first and second languages: Computational and neural mechanisms. *Cognitive Science* 33 (4), 629–664.

Li, L. , Mo, L. , Wang, R. , Luo, X. and Chen, Z. (2008). Evidence for long-term cross-language repetition priming in low fluency Chinese-English bilinguals. *Bilingualism: Language and Cognition* 12 (1), 13–21.

Lin, J. and Wu, F. (2003) Differential performance by gender in foreign language testing. Poster for the 2003 Annual Meeting of NCME, Chicago.

Lindell, E. (1973) The four pillars: On the goals of a foreign language teaching. In J. Svartvik (ed.) *Errata: Papers in Error Analysis* (pp. 90–101). Lund: GWE Gleerup.

Linnarud, M. (1986) *Lexis in Composition: A Performance Analysis of Swedish Learner's Written English*. Malmö, Sweden: Liber Förlag Malmö.

Littlewood, W. T. (1984) *Foreign and Second Language Learning: Language-Acquisition Research and Its Implications for the Classroom*. Cambridge: Cambridge University Press.

Liu, M. , and Braine, G. (2005) Cohesive features in argumentative writing produced by Chinese undergraduates. *System* 33, 623–636.

LoCoco, V. (1975) An analysis of Spanish and German learners' errors. *Working Papers in Bilingualism* 7, 96–124.

López-Mezquita Molina, M. T. (2005) *La Evaluación de la Competencia Léxica: Tests de Vocabulario*. Su Fiabilidad y Validez. Doctoral dissertation, Universidad de Granada.

López Guix, J. G. and J. Wilkinson (2001) *Manual de traducción: inglés-castellano*. Barcelona: Gedisa.

López Morales, H. (1993) En torno al aprendizaje del léxico. Bases psicolingüísticas de la planificación curricular. *Proceedings of the III Congreso Nacional de ASELE*. El español como lengua extranjera: De la teoría la aula (pp. 9–22).

MacIntyre, P. , Baker, S. , Clément, R. and Donovan, L. (2002) Sex and age effects on willingness to communicate, anxiety, perceived competence, and L2 motivation among junior high school French immersion students. *Language Learning* 52 (3), 537–564.

Manchón, R. M. , Roca, J. and Murphy, L. (2000) La influencia de la variable 'grado de dominio de la L2' en los procesos de composición en lengua extranjera: hallazgos recientes de la investigación. In C. Muñoz (ed.) *Segundas lenguas. Adquisición en el aula* (pp. 277–297). Barcelona: Ariel Lingüística.

Manchón, R. M. , Roca de Larios, J. and Murphy, L. (2007) Second and foreign language writing strategies: Focus on conceptualization and impact of the first language. In D. Cohen and E. Macaro (eds) *Language Learners Strategies: 30 Years of Research and Practice*. Oxford: Oxford University Press.

Marinova-Todd, S. (2003) Know your grammar: What the knowledge of syntax and morphology in an L2 reveals about the critical period for second/foreign language acquisition. In M. P. García Mayo and M. L. García Lecumberri (eds) *Age and the Acquisition of English as a Foreign Language* (pp. 59–73). Clevedon: Multilingual Matters.

Marsden, E. and David, A. (2008) Vocabulary use during conversation: A cross-sectional study of development from year 9 to year 13 among learners of Spanish and French. *Language Learning Journal* 36 (2), 181–198.

Martínez Arbelaiz, A. (2004) Índices de progreso en la producción escrita de estudiantes de español en situación de inmersión. *RAEL* 3, 115–145.

Matera, C. and M. Gerber (2008) Effects of a literacy curriculum that supports writing development of Spanish–speaking English learners in head start. *NHSA Dialog* 11 (1), 25–43.

Matsuda, P. K. (2003) Second language writing in the twentieth century: A situated historical perspective. In B. Kroll (ed.) *Exploring the Dynamics of Second Language Writing* (pp. 15–34). Cambridge: Cambridge University Press.

McCarthy, M. (2006) Spoken fluency in theory and in practice. Plenary talk held at the BAAL/IRAAL Conference, Cork, 7–9 September 2006.

McKeown, M. and Curtis, M. (1987) *The Nature of Vocabulary Acquisition*. Hillsdale, NJ: Erlbaum.

McNeill, A. (1990) Second language vocabulary: Problems caused by the formal representation of words. *Perspectives* 2, 104–122.

McNeill, A. (1996) Vocabulary knowledge profiles: Evidence from Chinese–speaking ESL teachers. *Hong Kong Journal of Applied Linguistics* 1, 39–63.

Meara, P. (1983) Word associations in the foreign language: A report on the Birkbeck Vocabulary Project. *Nottingham Linguistic Circular* 11, 29–38.

Meara, P. (1984) The study of lexis in interlanguage. In A. Davies, C. Criper and A. P. R. Howatt (eds) *Interlanguage* (pp. 225–239). Edinburgh: Edinburgh University Press.

Meara, P. (1992) Network structures and vocabulary acquisition in a foreign language. In P. Arnaud and H. Béjoint (eds) *Vocabulary and Applied Linguistics* (pp. 62–70). London: MacMillan Academic and Professional Ltd.

Meara, P. (1996) The dimensions of lexical competence. In G. Brown, K. Malmkjaer and J. Williams (eds) *Performance and Competence in Second Language Acquisition* (pp. 35–53). Cambridge: Cambridge University Press.

Meara, P. and Bell, H. (2001) P_Lex: A simple and effective way of describing the lexical characteristics of short L2 texts. *Prospect* 16 (3), 5–17.

Meara, P. and English, F. (1987) Lexical errors and learners' dictionaries. Reports–Research/Technical 143. On WWW at http://www. eric. ed. gov/ ERICDocs/ data/ericdocs2sql/content_storage_01/0000019b/80/1c/4b/98. pdf.

Meara, P. and Fitzpatrick, T. (2000) Lex30: An improved method of assessing productive vocabulary in an L2. *System* 28, 19–30.

Meara, P. and Jones, G. (1987) Tests of vocabulary size in English as a foreign Language. *Polyglot* 8, Fiche 1.

Meara, P. , Rodgers, C. and Jacobs, G. (2000) Vocabulary and neural networks in the computational assessment of texts written by second-language learners. *System* 28, 345–354.

Mecartty, F. (1998) The effects of proficiency level and passage content on reading skills assessment. *Foreign Language Annals* 31 (4), 517–534.

Medina Bellido, M. (1997) Actitudes de los alumnos ante el aprendizaje de la gramática, el léxico y la pronunciación de la lengua inglesa. *Lenguaje y Textos* 10, 67–78.

Medgyes, P. and Ryan, C. (1996) The integration of academic writing skills with other curriculum components n teacher education. *System* 24 (3), 361–373.

Meijers, G. (1992) The foreign language vocabulary acquisition of mono- and bilingual children and teachers' evaluation ability. In P. Arnaud and H. Bejoint (eds) *Vocabulary and Applied Linguistics* (pp. 146–155). London: MacMillan.

Milton, J. and Meara, P. (1998) Are the British really bad at learning foreign languages? *Language Learning Journal* 18, 68–76.

Min, H. T. (2008) EFL vocabulary acquisition and retention: Reading plus vocabulary enhancement activities and narrow reading. *Language Learning* 58 (1), 73–115.

Miralpeix, I. and Celaya, M. L. (2002) The use of P_Lex to assess lexical richness in compositions written by learners of English as an L3. *Proceedings of the 26th AEDEAN Meeting* (pp. 399–406).

Moon, J. and Nikilov, M. (2000) *Research into Teaching English to Young Learners*. Pécs: University of Pécs.

Morris, L. (2001) Going through a bad spell: What the spelling errors of young ESL learners reveal about their grammatical knowledge. *The Canadian Modern Language Review/La Revue canadienne des langues vivantes* 58 (2), 273–286.

Morris, L. , and Cobb, T. (2004) Vocabulary profiles as predictors of the academic performance of teaching English as a second language trainees. *System* 32, 75–87.

Morrissey, M. (1983) Toward a grammar of learners' errors. *IRAL* 21 (3), 193–207.

Moskovsky, C. (2001) The critical period hypothesis revisited. *Proceedings of the*

2001 Conference of the Australian Linguistic Society.

Moya Guijarro, A. J. (2003) La adquisición/ aprendizaje de la pronunciación, del vocabulario y de las estructuras interrogativas en lengua inglesa. Un estudio por edades. *Didáctica* 15, 161–177.

Mukattash, L. (1986) Persistence of fossilization. *IRAL* 24, 187–203.

Muncie, J. (2002) Process writing and vocabulary development: Comparing lexical frequency profiles across drafts. *System* 30, 225–235.

Muñoz, C. (2000) Bilingualism and trilingualism in school students in Catalonia. In J. Cenoz and U. Jessner (eds) *English in Europe: The Acquisition of a Third Language* (pp. 157–178). Clevedon: Multilingual Matters.

Muñoz, C. (2001) Factores escolares e individuales en el aprendizaje formal de un idioma extranjero. In S. Pastor Cesteros and V. Salazar García (eds) *Estudios de Lingüística. Anexo 1. Tendencias y Líneas de Investigación en Adquisición de Segundas Lenguas.* Alicante: Departamento de Filología Española, Lingüística General y Teoría de la Literatura, Universidad de Alicante.

Muñoz, C. (2003) Variation in oral skills development and age of onset. In M. P. García Mayo and M. L. García Lecumberri (eds) *Age and the Acquisition of English as a Foreign Language* (pp. 161–181). Clevedon, UK: Multilingual Matters.

Muñoz, C. (2008) Symmetries and asymmetries of age effects in naturalistic and instructed L2 learning. *Applied Linguistics* 29 (4), 1–19.

Muñoz, C. , Pérez, C. , Celaya, M. L. , Navés, T. , Torras, R. M. , Tragant, E. and Victori, M. (2005) En torno a los efectos de la edad en el aprendizaje escolar de una lengua extranjera. On WWW at www. ub. es/ice/portaling/educaling/cat/n_1/munoz-article-n1. pdf. Accessed 20. 12. 05.

Muñoz Basols, J. (2005) Aprendiendo de los errores de la abuela Dolores: el error como herramienta didáctica en el aula de ELE. Paper delivered at FIAPE. I Congreso Internacional: El español lengua del futuro, Toledo, Spain, 20–23 March.

Mutta, M. (1999) The role of vocabulary in language learning: A study of entrance examination compositions. *Diálogos hispánicos de Amsterdam* 23, 333–348.

Myles, F. (2005) The emergence of morpho-syntactic structure in French L2. In J. Dewaele (ed.) *Focus on French as a Foreign Language* (pp. 88–113). Clevedon: Multilingual Matters.

Nagy, W. and Herman, P. (1987) Breadth and depth of vocabulary knowledge: Implications for acquisition and instruction. In M. G. McKeown and M. E.

Curtis (eds) *The Nature of Vocabulary Acquisition* (pp. 19-35). Hillsdale, NJ: Lauwrence Erlbaum.

Nation, P. (1990) *Teaching and Learning Vocabulary*. Boston: Heinle and Heinle Publishers.

Nation, P. (1993a) Vocabulary size, growth and use. In R. Schreuder and B. Weltens (eds) *The Bilingual Lexicon* (pp. 115-134). Amsterdam: John Benjamins.

Nation, P. (1993b) Measuring readiness for simplified material: A test of the first 1,000 words of English. In M. L. Tickoo (ed.) *Simplification: Theory and Application*. RELC Anthology Series 31 (pp. 193-203).

Nation, P. (2001) *Learning Vocabulary in Another Language*. Cambridge: Cambridge University Press.

Nation, P. (2004) A study of the most frequent word families in the British National Corpus. In P. Bogaards and B. Laufer (eds) *Vocabulary in a Second Language* (pp. 3-13). Amsterdam: John Benjamins.

Nation, P. (2006) How large a vocabulary is needed for reading and listening? *The Canadian Modern Language Review/La revue canadienne des langues vivantes* 63 (1), 59-81.

Nation, P. and Waring, R. (1997) Vocabulary size, text coverage and word lists. In N. Schmitt and M. McCarthy (eds) *Vocabulary: Description, Acquisition and Pedagogy* (pp. 6-19). Cambridge: Cambridge University Press.

Nattinger, J. (1988) Some current trends in vocabulary teaching. In R. Carter and M. McCarthy (eds) *Vocabulary and Language Teaching* (pp. 62-82). London: Longman.

Naves, T. and Miralpeix, I. (2002) Short-term effects of age and exposure on writing development. In I. Palacios Martínez, M. J. López Couso, P. Fra López and E. Seoane Posse (eds) *Fifty Years of English Studies in Spain (1952-2002): A Commemorative Volume. Proceedings of the XXVI Congreso de AEDEAN, Santiago de Compostela, 12-14 December 2002* (pp. 407-416). Universidad de Santiago de Compostela: Santiago de Compostela.

Naves, T. , Miralpeix, I. and Celaya, M. L. (2005) Who transfer more ... and what? Cross-linguistic influence in relation to school grade and language dominance in EFL. *International Journal of Multilingualism* 2 (2), 113-134.

Neff, J. (2006) A rhetorical analysis approach to English for academic purposes. *Revista de Lingüística y Lenguas Aplicada*s 1, 63-72. On WWW at http:// ojs. upv. es/index. php/rdlla/article/viewFile/683/670.

Ninio, A. (1995) Expression of communicative intents in the single-word period and the vocabulary spurt. In K. E. Nelson and Z. Reger (eds) *Children's Language* (Vol. 8, pp. 103-124). Hillsdale, NJ: Erlbaum.

Nippold, M. A. (1998) *Later Language Development: The School-Age and Adolescent Years* (2nd edn). Austin, TX: Pro-Ed.

Niżegorodcew, A. (2006) Assessing L2 lexical development in early L2 learning: A case study. In J. Arabski (ed.) *Cross-Linguistic Influences in the Second Language Lexicon* (pp. 167-176). Clevedon: Multilingual Matters.

Nurweni, A. and Read, J. (1999) The English language knowledge of Indonesian university students. *English for Specific Purposes* 18 (2), 161-175.

Odlin, T. (1989) *Language Transfer*. Cambridge: Cambridge University Press. (Second Edition, 1996.)

Oliver, R. (2000) Age differences in negotiation and feedback in classroom and Pairwork. *Language Learning* 50 (1), 119-151.

Olsen, S. (1999) Errors and compensatory strategies: A study of grammar and vocabulary in texts written by Norwegian learners of English. *System* 27, 191-205.

Olsson, M. (1973) The effects of different types of errors in the communication situation. In J. Svartvik (ed.) *Errata: Papers in Error Analysis* (pp. 153-160). Lund: GWE Gleerup.

Palapanidi, K. (2009) Análisis de errores léxicos en la lengua escrita de los aprendientes griegos de español. Unpublished MPhil Dissertation, Universidad Antonio de Nebrija.

Palmberg, R. (1987) Patterns of vocabulary development in foreign-language learner. *SSLA* 9, 201-220.

Pavičić Takač, V. (2008) *Vocabulary Learning Strategies and Foreign Language Acquisition*. Clevedon: Multilingual Matters.

Pearson, B. , Fernández, S. and Oller, D. K. (1995) Lexical development in bilingual infants and toddlers: Comparison to monolingual norms. In B. Harley (ed.) *Lexical Issues in Language Learning* (pp. 31-57). Ann Arbor, MI: Research Club in Language Learning.

Penny, J. , Johnson, R. and Gordon, B. (2000) The effect of rating augmentation on inter-rater reliability: An empirical study of a holistic rubric. *Assessing Writing* 7, 146-164.

Pérez Basanta, C. (1999) La enseñanza del vocabulario desde una perspectiva lingüística y pedagógica. In M. S. Salaberri Ramiro (ed.) *Lingüística aplicada a la enseñanza de lenguas extranjeras* (pp. 262–306). Almeria: Universidad de Almeria.

Pérez Basanta, C. (2005) Assessing the receptive vocabulary of Spanish students of English philology: An empirical investigation. In J. L. Martínez-Dueñas Espejo, N. Mclaren, C. Pérez_Basanta and L. Quereda Rodríguez-Navarro (eds) *Towards an Understanding of the English Language: Past, Present, and Future. Studies in Honour of Fernando Serrano* (pp. 457–486). Granada: Universidad de Granada.

Philp, J. , Oliver, R. and Mackey, A. (2008) *Second Language Acquisition and the Young Learner. Child's Play?* Amsterdam: John Benjamins.

Picó, E. (1987) Error tolerance and error gravity: A report. In M. DeJuan (ed.) *New Horizons in TEFL.* Cinquemes Jorneles Pedagogiques d'Angles. Febrer-Marc.

Pigada, M. and Schmitt, N. (2006) Vocabulary acquisition from extensive reading: A case study. *Reading in a Foreign Language* 18 (1), 1–28. On WWW at http:// nflrc. hawaii. edu/rfl/April2006/pigada/pigada. htm.

Polio, C. (1997) Measures of linguistic accuracy in second language writing research. *Language Learning* 47 (1), 101–143.

Polio, C. (2001) Research methodology in second language writing research: The case of text-based studies. In T. Silva and P. K. Matsuda (eds) *On Second Language Writing* (pp. 91–116). Hillsdale, NJ: Erlbaum.

Polio, C. and Glew, M. (1996) ESL writing assessment prompts: How students choose. *Journal of Second Language Writing* 5 (I), 35–49.

Polio, C. , Fleck, C. and Leder, N. (1998) "If I only had more time": ESL learners' changes in linguistic accuracy on essay revisions *Journal of Second Language Writing* 7 (I), 43–68.

Politzer, R. L. (1978) Errors of English speakers of German as perceived and evaluated by German natives. *Modern Language Journal* 62, 253–261.

Poulin-Dubois, D. (1995) Object parts and the acquisition of the meaning of names. In K. E. Nelson and Z. Reger (eds) *Children's Language* (Vol. 8, pp. 125–143). Hillsdale, NJ: Erlbaum.

Poulisse, N. (1993) A theoretical account of lexical communication strategies. In R. Schreuder and B. Weltens (eds) *The Bilingual Lexicon* (pp. 157–189). Amsterdam: John Benjamins.

Qian, D. (1999) Assessing the role of depth and breadth of vocabulary knowledge in reading comprehension. *Canadian Modern Language Review* 56, 282–307.

Qian, D. (2002) Investigating the relationship between vocabulary knowledge and academic reading performance: An assessment perspective. *Language Learning* 52 (3), 513–536.

Raimes, A. (1985) What unskilled ESL students do as they write: A classroom study of composing. *TESOL Quarterly* 19, 229–258.

Read, J. (1997) Vocabulary and testing. In N. Schmitt and M. McCarthy (eds) *Vocabulary: Description, Acquisition and Pedagogy* (pp. 303–320). Cambridge: Cambridge University Press.

Read, J. (2000) *Assessing Vocabulary.* Cambridge: Cambridge University Press.

Read, J. (2004) Plumbing the depths: How should the construct of vocabulary knowledge be defined? In P. Bogaards and B. Laufer (eds) *Vocabulary in a Second Language* (pp. 209–227). Amsterdam: John Benjamins.

Reid, J. (1990) Responding to different topic types: A quantitative analysis from a contrastive rhetoric perspective. In B. Kroll (ed.) *Second Language Writing: Research Insights for the Classroom* (pp. 191–210). Cambridge: Cambridge University Press.

Reynolds, D. (2001) Language in the balance: Lexical repetition as a function of topic, cultural background, and writing development. *Language Learning* 51 (3), 437–476.

Richards, J. (1971) A non-contrastive approach to error analysis. *English Language Teaching* 25, 204–219.

Ringbom, H. (1981) The influence of other languages on the vocabulary of foreign language learners. In G. Nickel and D. Nehls (eds) *Error Analysis, Contrastive Analysis and Second Language Learning* (pp. 85–96). Heidelberg: Julios Groos Verlag.

Ringbom, H. (1983) Borrowing and lexical transfer. *Applied Linguistics* 4, 207–212.

Ringbom, H. (1987) *The Role of the First language in Foreign Language Learning.* Clevedon, UK: Multilingual Matters.

Ringbom, H. (2001) Lexical transfer in L3 production. In J. Cenoz, B. Hufeisen and U. Jessner (eds) *Cross-Linguistic Influence in Third Language Acquisition: Psycholinguistic Perspectives* (pp. 59–68). Clevedon: Multilingual Matters.

Ringbom, H. (2006) The importance of different types of similarity in transfer studies. In J. Arabski (ed.) *Cross-Linguistic Influences in the Second Language Lexicon* (pp. 36–45). Clevedon: Multilingual Matters.

Robinson, P. (1989) A rich view of lexical competence. *ELT Journal* 43 (4), 274–

281.

Robinson, P. (1995) Procedural and declarative knowledge in vocabulary learning: Communication and the language learners' lexicon. In T. Huckin, M. Haynes and J. Coady (eds) *Second Language Reading and Vocabulary Learning* (pp. 229–262). Norwood, NJ: Ablex Publishing Corporation.

Robinson, P. and Ellis, N. C. (eds) (2008) *Handbook of Cognitive Linguistics and Second Language Acquisition*. New York: Routledge.

Roca de Larios, J. , Machón, R. M. and Murphy, L. (2007) Componentes básicos y evolutivos del proceso de formulación en la escritura de textos en lengua materna y lengua extranjera. *RESLA* 20, 159–183.

Rokita, J. (2006) Code–mixing in early L2 lexical acquisition. In J. Arabski (ed.) *Cross–Linguistic Influences in the Second Language Lexicon* (pp. 177–190). Clevedon: Multilingual Matters.

Ruiz de Zarobe, Y. (2002) Edad y tipología pronominal en la adquisición del inglés como tercera lengua. In I. Palacios Martínez, M. J. López Couso, P. Fra López and E. Seoane Posse (eds) *Fifty Years of English Studies in Spain (1952–2002): A Commemorative Volume. Procreedings of the XXVI Congreso de AEDEAN, Santiago de Compostela, 12–14 December 2002* (pp. 417–428). XXX: XXX.

Ruiz de Zarobe, Y. (2005a). Age and third language production: A longitudinal study. *International Journal of Multilingualism* 2 (2), 105–112.

Ruiz de Zarobe, Y. (2005b) Perspectiva longitudinal de la edad en producción escrita. *Proceedings of the II Simposio Internacional de Bilingüismo* (pp. 333–341).

Sajavaara, K. and Fairweather, C. (eds) (1996) *Approaches to Second Language Acquisition*. Jyväskylä: Jyväskylä University Printing House.

San Mateo Valdehíta, A. (2003/2004). Aprendizaje de léxico en español como segunda lengua. Investigación sobre tres métodos. Unpublished MPhil Thesis, UNED. On WWW at http://www. mec. es/redele/biblioteca2005/san_ mateo. shtml.

Sánchez Rodríguez, S. (2002). El léxico en la construcción de la expresión creativa en la edad infantil. *Textos de Didáctica de la Lengua y de la Literatura* 31, 24–34.

Sánchez Jiménez, D. (2006) Análisis de errores ortográficos de estudiantes filipinos en el aprendizaje del español como lengua extranjera. Unpublished Masters Thesis, Universidad de Salamanca. On WWW at http://www. mec. es/

redele/Biblioteca2006/DavidSanchez. shtml.

Santiago, R. and Repáraz, C. (1993) La incorporación temprana de un segundo idioma: Análisis de errores ortográficos en lengua inglesa. *Bordon* 45 (2), 207–219.

Santos, T. (1988). Professor's reactions to the academic writing of non-native-speaking students. *TESOL Quarterly* 22, 69–90.

Santos Gargallo, I. (1993) *Análisis Contrastivo, Análisis de Errores e Interlengua en el marco de la Lingüística Contrastiva.* Madrid: Síntesis.

Santos Rovira, J. M. (2007) Errores en el proceso de aprendizaje de la lengua española. Un estudio sobre alumnos chinos. *IDEAS- Investigación y Estudios Hispánicos Aplicados* 4, 19–30.

Sanz, C. (2000) Bilingual education enhances third language acquisition: Evidence from Catalonia. *Applied Psycholinguistics* 21 (1), 23–44.

Scarcella, R. and Higa, C. (1982) Input and age differences in second language Acquisition. In S. D. Krashen, R. C. Scarcella and M. H. Long (eds) *Child-Adult Differences in Second Language Acquisition* (pp. 175–201). Rowley, MA: Newbury House Publishers.

Scarcella, R. and Zimmerman, C. (1998) Academic words and gender: ESL student performance on a test of academic lexicon. *Studies in Second Language Acquisition* 20, 27–49.

Schmitt, N. (1995) A fresh approach to vocabulary using a word knowledge framework. *RELC Journal* 26, 86–94.

Schmitt, N. (1998) Tracking the incremental acquisition of second language vocabulary: A longitudinal study. *Language Learning* 48, 281–317.

Schmitt, N. (2000) *Vocabulary in Language Teaching.* Cambridge: Cambridge University Press.

Schmitt, N. and McCarthy, M. (eds) (1997) *Vocabulary. Description, Acquisition and Pedagogy.* Cambridge: Cambridge University Press.

Schmitt, N. and Meara, P. (1997) Researching vocabulary through a word knowledge Framework: Word associations and verbal suffixes. *Studies in Second Language Acquisition* 19, 17–36.

Schmitt, N. , Schmitt, D. and Clapham, C. (2001) Developing and exploring the behaviour of two new versions of the vocabulary levels test. *Language Testing* 18 (1), 55–89.

Schreuder, R. and Weltens, B. (eds) (1993) *The Bilingual Lexicon.* Amsterdam: John Benjamins.

Seashore, R. H. and Eckerson, L. D. (1940) The measurement of individual differences in general English vocabularies. *Journal of Education Psychology* 31, 14–38.

Selinker, L. (1972) Interlanguage. *IRAL* 10, 209–230.

Selinker, L. , Swain, M. and Dumas, G. (1975) The interlanguage hypothesis extended to children. *Language Learning* 25 (1), 139–152.

Silva, T. (1990) Second language composition instruction: Developments, issues and directions in ESL. In B. Kroll (ed.) *Second Language Writing: Research Insights for the Classroom* (pp. 11–23). Cambridge: Cambridge University Press.

Silva, T. and Matsuda, P. K. (eds) (2001) *On Second Language Writing*. Hillsdale, NJ: Erlbaum.

Silva, T. , Reichelt, M. , Chikuma, Y. , Duval–Couetil, N. , Mo, R. P. J. , Vélez Rendón, G. and Wood, S. (2003) Second language writing up close and personal: Some success stories. In B. Kroll (ed.) *Second Language Writing: Research Insights for the Classroom* (pp. 93–114). Cambridge: Cambridge University Press.

Singleton, D. (1989) *Language Acquisition: The Age Factor*. Clevedon: Multilingual Matters.

Singleton, D. (1996) Formal aspects of the L2 mental lexicon: Some evidence from university–level learners of French. In K. Sajavaara and C. Fairweather (eds) *Approaches to Second Language Acquisition* (pp. 79–85). Jyväskylä: Jyväskylä University Printing House.

Singleton, D. (1999) *Exploring the Second Language Mental Lexicon*. Cambridge: Cambridge University Press.

Singleton, D. (2000) *Language and the Lexicon: An Introduction*. London: Edward Arnold.

Singleton, D. (2003) Critical period or general age factor(s)? In M. P. García Mayo and M. L. García Lecumberri (eds) *Age and the Acquisition of English as a Foreign Language* (pp. 3–22). Clevedon: Multilingual Matters.

Singleton, D. and Little, D. (1991) The second language lexicon: Some evidence from university–level learners of French and German. *Second Language Research* 7 (11), 61–81.

Skehan, P. (1989) *Individual Differences in Second Language Learning*. London: Edward Arnold.

Skjær, S. (2004) El análisis de errores y su impacto en la comunicación en textos escritos por alumnos noruegos en su examen final de bachillerato. Unpublished Masters Thesis, Universidad Antonio Nebrija. On WWW at http:// www. mec. es/redele/biblioteca2005/skjaer. shtml.

Smith, C. (1993) *Collins Spanish–English/English–Spanish Dictionary, Third Edition.* New York: HarperCollins.

Smith, M. D. and Locke, J. L. (1988) *The Emergent Lexicon. The Child's Development of a Linguistic Vocabulary.* San Diego: Academic Press.

Staehr, L. S. (2008) Vocabulary size and the skills of listening, reading and writing. *Language Learning Journal* 36 (2), 139–152.

Stoller, F. and Grabe, W. (1995) Implications for L2 vocabulary acquisition and instruction from L1 vocabulary research. In T. Huckin, M. Haynes and J. Coady (eds) *Second Language Reading and Vocabulary Learning* (pp. 24–45). Norwood, NJ: Ablex Publishng Corporation.

Stowe, L. and Sabourin, L. (2005) Imaging the processing of a second language: Effects of maturation and proficiency on the neural processes involved. *International Review of Applied Linguistics* 43, 329–353.

Sunderman, G. and Kroll, J. (2006) First language activation during second language lexical processing. *Studies in Second Language Acquisition* 28, 387–422.

Swan, M. (1997) The influence of the mother tongue on second language vocabulary acquisition and use. In N. Schmitt and M. McCarthy (eds) *Vocabulary: Description, Acquisition and Pedagogy* (pp. 156–180). Cambridge: Cambridge University Press.

Szulc–Kurpaska, M. (2000) Communication strategies in 11 year–olds. In J. Moon and M. Nikolov (eds) *Research into Teaching English to Young Learners* (pp. 345–359). Pecs: Pecs University Press .

Takala, S. J. (1984) *Evaluation of Students' Knowledge of English Vocabulary in the Finnish Comprehensive School.* Reports of the Institute of Educational Research 350. Jyväskylä: Institute of Educational Research.

Taylor, B. (1975) The use of overgeneralization and transfer learning strategies by elementary and intermediate students of ESL. *Language Learning* 25 (1), 73–107.

Taylor, G. (1986) Errors and explanation. *Applied Linguistics* 7, 144–166.

Tercanlioglu, L. (2004) Pre–service EFL teachers' beliefs about foreign language learning and how they relate to gender. *Electronic Journal of Research in Educational Psychology* 5–3 (1), 145–162.

Terrazas Gallego, M. and Agustín Llach, M. P. (2009) Exploring the increase of receptive vocabulary knowledge in the foreign language: A longitudinal study. *International Journal of English Studies* 9 (1), 113-133.

Terrebone, N. G. (1973) English spelling problems of native Spanish speakers. In R. Nash (ed.) *Reading in Spanish-English Contrastive Linguistics* (pp. 136-155). San Juan: Inter American University Press.

Thorndike, E. L. and Lorge, I. (1944) *The Teacher's Word Book of 30,000 Words.* New York: Teachers College, Columbia University.

Torras, R. M. and Celaya, M. L. (2001) Age-related differences in the development of written production: An empirical study of EFL school learners. *IJES* 1 (2), 103-126.

Tremblay, M. C. (2006) Cross-linguistic influence in third language acquisition: The role of L2 proficiency and L2 exposure. *Otawa Papers in Linguistics* 34, 109-120. On WWW at http://aix1. uottawa. ca/~clo/Tremblay. pdf.

Tschihold, C. (2003) Error analysis and lexical errors. In C. Tschihold (ed.) *English Core Linguistics* (pp. 287-299). Bern: Peter Lang.

Umbel, V. and Oller, D. K. (1994) Developmental changes in receptive vocabulary in Hispanic bilingual school children. *Language Learning* 44 (2), 221-242.

Urquhart, A. H. and Weir, C. J. (1998) *Reading in a Second Language: Process, Product and Practice.* New York: Longman.

Valero Garcés, C. , Mancho Barés, G. , Flys Junquera, C. and Cerdá Redondo, E. (2000) Evolución de la Interlengua y analysis de textos: *ENWIL* y el análisis de errores en la expresión escrita en EFL. In F. J. Ruiz de Mendoza Ibañez (ed.) *Panorama actual de la lingüística aplicada* (pp. 1849-1857). Logroño: Universidad de la Rioja.

Valero Garcés, C. , Mancho Barés, G. , Flys Junquera, C. and Cerdá Redondo, E. (2003) *Learning to Write: Error Analysis Applied.* Alcalá de Henares: Universidad de Alcalá.

VanParys, J. , Zimmer, C. , Li, X. and Kelly, P. (1997) Some salient and persistent difficulties encountered by Chinese and francophone students in the learning of English vocabulary. *ITL Review of Applied Linguistics* 115-116, 137-164.

VanPatten, B. , Williams, J. , Rott, S. and Overstreet, M. (eds) (2004) *Form-Meaning Connections in Second Language Acquistion.* Mahwah, NJ: Erlbaum.

Vandrick, S. (2003) Literature in the teaching of second language composition. In B. Kroll (ed.) *Second Language Writing: Research Insights for the Classroom* (pp. 263-284). Cambridge: Cambridge University Press.

Vázquez, G. (1987) Didáctica de la comprensión lectora. *Hispanorama* 47 (Special issue): 84–139.

Vázquez, G. (1991) *Análisis de errores y aprendizaje de español lengua extranjera.* Frankfurt: Peter Lang.

Vázquez, G. (1992) La enseñanza del español como segunda lengua: El concepto de error: estado de la cuestión y posibles investigaciones. *Proceedings of the Spanish Language Conference*, Seville, 7–10 *October* 1992 (pp. 497–504).

Verhallen, M. and Schoonen, R. (1993) Lexical knowledge of monolingual and bilingual children. *Applied Linguistics* 14, 344–363.

Verhallen, M. and Schoonen, R. (1998) Lexical knowledge in L1 and L2 of third and fifth graders. *Applied Linguistics* 19 (4), 452–470.

Viberg, Å. (1996) The study of lexical patterns in L2 oral production. In K. Sajavaara and C. Fairweather (eds) *Approaches to Second Language Acquisition* (pp. 87–107). Jyväskylä: Jyväskylä University Printing House.

Victori, M. (1999) An analysis of writing knowledge in EFL composing: A case study of two effective and two less effective writers. *System* 27, 537–555.

Victori, M. and Tragant, E. (2003) Learner strategies: A cross-sectional and longitudinal study of primary and high-school EFL learners. In M. P. García Mayo and M. L. García Lecumberri (eds) *Age and the Acquisition of English as a Foreign Language* (pp. 182–209). Clevedon: Multilingual Matters.

Vihman, M. M. and Miller, R. (1988) Words and babble at the threshold of language acquisition. In M. D. Smith and J. L. Locke (eds) *The Emergent Lexicon: The Child's Development of a Linguistic Vocabulary* (pp. 151–183). San Diego: Academic Press.

Viladot, J. and Celaya, M. L. (2006) How do you say 'preparar'? L1 use in EFL oral production and task-related differences. Paper presented at the XXX AEDEAN Conference, University of Huelva, 14–16 December 2006.

Wang, L. (2003) Switching to first language among writers with differing second-language proficiency. *Journal of Second Language Writing* 12, 347–375.

Wang, W. and Wen, Q. (2002) L1 use in the L2 composing process: An exploratory study of 16 Chinese EFL writers. *Journal of Second Language Writing* 11, 225–246.

Waring, R. (1997) The negative effects of learning words in semantic sets: A replication. *System* 25 (2), 261–274.

Waring, R. (2002) Scales of vocabulary knowledge in second language vocabulary assessment. On WWW at http://wwwl. harenet. ne. jp/~waring/papers/

scales. htm.

Warren, B. (1982) Common types of lexical errors among Swedish learners of English. *Moderna Språk* 76 (3), 209-228.

Webb, S. (2008) The effects of context on incidental vocabulary learning. *Reading in a Foreign Language* 20 (2), 232-245.

Weigle, S. C. (2002) *Assessing Writing*. Cambridge: Cambridge University Press.

Weinreich, U. (1974) *Languages in Contact: Findings and Problems*. The Hangue: Mouton & Co. (8th reprint, first published in 1953).

Weinreich, U. (1953) *Languages in Contact*. New York: Linguistic Circle.

Wen, Q. and Johnson, R. K. (1997) L2 learner variables and English achievement: A study of tertiary-level English majors in China. *Applied Linguistics* 18 (1), 27-48.

Wesche, M. and Paribakht, T. S. (1996) Assessing second language vocabulary knowledge: Depth versus breadth. *Canadian Modern language Review* 53 (1), 13-40.

West, M. (1953) *A General Service List of English Words*. London: Longman.

White, E. M. (1993) Holistic scoring: Past triumphs, future challenges. In M. Williamson and B. Hout (eds) *Validating Holistic Scoring for Writing Assessment: Theoretical and Empirical Foundations* (pp. 79-108). Cresskill, NJ: Hampton Press.

Williams, S. and Hammarberg, B. (1998) Language switches in L3 production: Implications for a polyglot speaking model. *Applied Linguistics* 19 (3), 295-333.

Williamson, M. M. (1993) An introduction to holistic scoring: The social, historical, and theoretical context for writing assessment. In M. M. Williamson and B. Hout (eds) *Validating Holistic Scoring for Writing Assessment: Theoretical and Empirical Foundations* (pp. 1-43). Cresskill, NJ: Hampton Press.

Williamson, M. M. and Hout, B. (1993) *Validating Holistic Scoring for Writing Assessment: Theoretical and Empirical Foundations*. Cresskill, NJ: Hampton Press.

Wolfe, E., Bolton, S., Feltovich, B. and Niday, D. (1996) The influence of student experience with word processors on the quality of essays written for a direct writing assessment. *Assessing Writing* 3 (2), 123-147.

Wolfe-Quintero, K., Inagaki, S. and Kim, H. (1998) *Second Language Development in Writing: Measures of Fluency, Accuracy, and Complexity*. Hawaii: University of Hawaii at Manoa.

Wolter, B. (2001) Comparing the L1 and L2 mental lexicon: A depth of individual word knowledge model. *Studies in Second Language Acquisition* 23, 41–69.

Wolter, B. (2002) Assessing proficiency through word associations: Is there still hope? *System* 30, 315–329.

Woodall, B. (2002) Language–switching: Using the first language while writing in a second language. *Journal of Second Language Writing* 11, 7–28.

Wray, A. (2002) *Formulaic Language and the Lexicon*. Cambridge: Cambridge University Press.

Yamada, J. , Takatsuka, S. , Kotake, N. and Kurusu, J. (1980) On the optimum age for teaching foreign vocabulary to children. *IRAL* 18 (3), 245–247.

Yang, Y. (2001) Sex and language proficiency level in color–naming performance: An ESL/EFL perspective. *International Journal of Applied Linguistics* 11 (2), 238–256.

Yoshida, M. (1978) The acquisition of English vocabulary by a Japanese–speaking child. In E. Hatch (ed.) *Second Language Acquisition: A Book of Readings* (pp. 91–99). Rowley, MA: Newbury House.

Zamel, V. (1983) The composing processes of advance ESL students: Six case studies. *TESOL Quarterly* 17, 165–187.

Zhang, S. (1987) Cognitive complexity and written production in English as a second language. *Language Learning* 37, 469–481.

Zhu, W. (2004) Faculty views on the importance of writing, the nature of academic writing, and teaching and responding to writing in the disciplines. *Journal of Second Language Writing* 13, 29–48.

Zimmermann, R. (1986a) Classification and distribution of lexical errors in the written work of German learners of English. *Papers and Studies in Contrastive Linguistics* 21, 31–40.

Zimmermann, R. (1986b) Semantics and lexical error analysis. *Englisch-Amerikanische Studien* 2, 294–305.

Zimmermann, R. (1987) Form–oriented and content–oriented lexical errors in L2 learners. *IRAL* 25, 55–67.

Zola, D. (1984) Redundancy and word perception during reading. *Perception and Psychophysics* 36 (3), 277–284.

Zughoul, M. R. (1991) Lexical choice: Towards writing problematic word lists. *IRAL* 29, 45–60.

Zydatiss, W. (1974) A 'kiss of life' for the notion of error. *IRAL* 12 (3), 231–237.